Reviews & Praises

현지 미디어의 서평과 찬사

"부모로서, 그리고 정책결정자로서 나는 이 놀랍도록 사려 깊은 책에 깊은 감명을 받았다. 이 책으로 우리는 아이들이 최대한 잠재력을 발휘하고 다양한 환경 속에서 번영할 수 있도록 (그리고 너무나 중요한 요소인 실패도 맛볼 수 있도록) 북돋워줄 필요성을 절감하게 된다. 이제 우리 집 식구들은 저녁식사를 하면서 실제로 서로 이렇게 묻곤 한다. "자, 오늘 실패했던 이야기를 해봐요." 실패의 경험에서 교훈을 얻고 어떻게 좌절에서 회복하는지를 배우는 것이다. 저자는 가장 불우하고 위험한 환경의 아이들을 위해 신중한 지원 전략을 제시한다. 나는 이 책으로 인해 빈곤하고 기회를 박탈당한 국민들의 삶을 획기적으로 개선할 수 있다는 희망을 갖게 되었다."

안 던컨 Arne Duncan, 교육부장관
월 스트리트 저널 2012년 12월 14일 기사에서

"아이가 성공하도록 키우는 것은 우연의 게임이 아니다. 아이의 삶이 번영하도록 도와줄 새롭고 파워풀한 아이디어, 학교와 가정과 인생을 확 바꿔주는 혁신이 도처에 있다. 폴 터프는 그런 과학을 두루 찾고 수많은 전문가들을 인터뷰함으로써 이 탁월한 성공의 매뉴얼을 만들었다."

찰스 두히그 Charles Duhigg, 〈습관의 힘〉 저자

"너무나 소중해서 푹 빠져들 수밖에 없는 책이다. 사회경제적 스펙트럼의 양쪽 끝에 처해 있는 우리 아이들이 이처럼 중요하고 필수적인 경험의 기회를 놓치고 있다니. 타락을 막아줄 안전망이라곤 조

"금도 없는 빈곤한 아이들, 안전망이 너무 튼튼해 족쇄가 되어버린 부잣집 아이들, 이 책은 어린 시절의 두 극단을 모두 보여준다."

애니 머피 폴 Annie Murphy Paul, 뉴욕 타임즈 북 리뷰어

"수많은 자녀교육서의 맨 위에 올려놓지 않을 수 없는 탁월한 책. 실수와 실패에 대한 심오한 탐구와 이를 통한 우리 아이들의 성격 형성이 빛을 발한다."

주디 볼턴-패즈먼 Judy Bolton-Fasman, 허핑턴 포스트

"폴 터프는 공감하고 이해하며 글을 쓴다. 이 책은 핸드북이 아니다. 그보다는 어떤 학생들이 역경을 딛고 일어서며 어떤 학생들은 그러지 못하는가를 이해하는 하나의 신선한 접근법이다."

일리저베스 테일러 Elizabeth Taylor, 시카고 트리뷴

"이 어마어마하게 흥미로운 책에는 우리를 사로잡고 매료시킬 만한 것이 너무나도 많이 들어있다."

주디스 우즈 Judith Woods, 더 텔리그라프

"정말 훌륭하고도 도발적인 책……. 야심만만하게 그리고 우아하게 써내려간 작품이다."

이코노미스트 (런던)

"생생하고 설득력 넘치는 사회적 논쟁이 펼쳐진다. 그 논쟁은 아이들이 실제로 겪는 삶에 뿌리를 내리고 있다……. 자녀교육의 탁월한 읽을거리."

인디펜던트 (런던)

"탁월한 솜씨로 저술된 이 새 책에는 우리의 학교, 특히 저소득층 지역의 학교를 탈바꿈시킬 잠재력을 담고 있는 학교교육 개선 방안의 단초가 드러나 있다."

제이 매튜즈 Jay Mathews, 워싱턴 포스트

"학부모와 교사들이 결코 놓쳐서는 안 될 책."

데이빗 브룩스 David Brooks, 뉴욕 타임즈

"수십 년에 걸친 매력적인 연구조사의 결과가 이제 폴 터프의 《아이는 어떻게 성공하는가》라는 작품에 기막히게 집대성되어 있다. 이 책이 베스트셀러 리스트에 오래오래 갇혀 있기를!"

니컬러스 크리스토프 Nicholas Kristof, 뉴욕 타임즈

"강렬하고 또렷하며 아름답게 저술된 이 책 속에 압축된 내용을 모든 학부모와 교사와 정책입안자들의 손에 하나씩 쥐어줄 수 있다면 좋겠다. 인지능력이 아니라 성격강점이야말로 성공의 요체이며, 성격을 가르칠 수 있다는 핵심 개념은 그 창의성과 낙관주의로 인해 우리를 전율하게 만든다. 이 책은 아이들에 대한 우리의 생각을 바꾸어놓을 것이다. 아니, 그보다 더 중요하게, 이 책은 무엇이 가능한가에 대한 느낌으로 우리의 마음을 가득 채울 것이다."

앨렉스 코틀로위츠 Alex Kotlowitz, 《여긴 아이들 없어요》 저자

"아이의 성장에 관한 전통적인 지혜를 완전히 뒤집어엎은 저자 폴 터프는 (뚝심, 끈기, 자제력, 호기심, 성실성, 자신감과 같은) 비인지능력이 학교에서나 사회에서 성공하기 위해 필수 불가결한 요소라고 주장한다. 탁월하게 저술되었을 뿐 아니라 참신한 아이디어가 넘쳐흐르는 이 책은 자녀교육에 관심 있는 모든 사람들이 꼭 읽어야 할 것이다."

커커스 리뷰 Kirkus Reviews

"이 책은 교사들과 교육계에 몸 담은 모든 사람들을 위한 필독서다. 이 매력적인 책은 아동발달에 관한 우리의 전통적인 지혜가 완전히 틀렸다는 것을 똑똑히 보여준다."

School Leadership Briefing Audio Journal

"학교교육 개혁에 대한 논쟁에 완전히 새롭고 도발적인 관점을 제시하는 강렬한 책……. 저자는 빈곤과 교육의 상호작용을 연구했던 경제학자, 심리학자, 신경과학자 등 폭넓은 분야의 전문가들이 이룩한 업적을 흥미진진하게 펼쳐 보여준다."

토머스 토치 Thomas Toch, 월간 워싱턴

"이 책은 저자가 학교교육 개혁의 일선에서 직접 관찰해온 결과와 뇌 연구 분야에서의 놀라운 발견들을 결합시킨 탁월한 결과물이다. 아이의 성공에 절대적으로 기여하는 요소는 인지능력에 따른 학

업성적이 아니라 아이의 성격강점에 있다는 것이 저자가 주장하는 핵심이다. 그의 책 자체가 하나의 영감이다. 이 책으로 인해 나는 숙명론자에서 낙관주의자로 변하기 시작했다."

마거릿 웬트 Margaret Wente, 글로브 앤 메일

"이 책에는 불우한 환경에도 불구하고 성공을 이룩하는 아이들과 그들을 돕는 사람들에 관한 이야기로 가득하다. 이 책도, 그 이야기들도, 모두 너무나 마음에 든다. 철저한 연구와 조사를 세밀히 관찰하고 축적했을 뿐 아니라 물 흐르듯 유려한 저술 방식으로 인해, 많은 생각을 불러일으키는 작품이다."

시오반 큐어리어스 Siobhan Curious, '작은 우주로서의 교실'

"이렇게 충고할게요, 당장 이 책을 사세요. 쉽게 읽히면서도 완전히 마음을 사로잡는데다, 흥미진진한 이야기가 가득하고, 선생님들이나 학부모들이 반드시 알아야 할 것들이 담겨있어서, 예기치 못한 아이디어들이 불쑥불쑥 나타날 것입니다."

엘러너 애길라 Elena Aguilar, 에듀토피아

How Children Succeed

※ 이 도서의 국립중앙도서관 출판시도서목록(CIP)은 서지정보유통지원시스템 홈페이지
(http://seoji.nl.go.kr)와 국가자료공동목록시스템(http://www.nl.go.kr/kolisnet)에서
이용하실 수 있습니다. (CIP제어번호 : CIP2013023119)

How Children Succeed : Grit, Curiosity, and the Hidden Power of Character
by Paul Tough

Copyright © 2012 by Paul Tough
Korean Translation Copyright © 2013 by Vega Books, Co.
All rights reserved.

This Korean edition is published by arrangement with Paul Tough c/o McCormick & Williams, New York, through Duran Kim Agency, Seoul.

이 책의 한국어판 저작권은 듀란킴 에이전시를 통하여
McCormick & Williams와 독점 계약한 베가북스에 있습니다.
저작권법에 의해 한국 내에서 보호를 받는 저작물이므로
무단 전제와 무단 복제를 금합니다.

뚝심, 호기심, 자제력 그리고 숨겨진 성격의 힘

아이는 어떻게 성공하는가

폴 터프 지음 l 권기대 옮김 l 손석한 감수

VegaBooks

덤프트럭에 관한 책만 보면 싱글벙글하는
우리 아들 엘링턴을 위해서

추천사 * 14
들어가는 말 * 20

SEARCH 01 어떻게 실패하는가 (혹은 실패하지 않는가)

Keyword 01 펜저고등학교 – 개혁의 시작 * 44
Keyword 02 너딘 버크 해리스 – 빈곤과 역경의 충격 * 54
Keyword 03 ACE 스터디 – 불우한 아이의 삶 * 57
Keyword 04 소방서 효과 * 61
Keyword 05 무서워 죽겠어 – 아동기 스트레스 * 66
Keyword 06 실행기능 * 71
Keyword 07 사이먼 게임 – 가난이라는 스트레스 * 75
Keyword 08 머쉬의 경우 – 유아기 트라우마 * 79
Keyword 09 LG (핥아주고 쓰다듬고) * 90
Keyword 10 애착 * 96
Keyword 11 미네소타 – 따뜻한 보살핌 * 103
Keyword 12 양육이란 이름의 간섭 * 107
Keyword 13 머케일러를 만나다 – 따뜻한 유대관계 * 112
Keyword 14 스티브 게이츠 스토리 * 115
Keyword 15 키서 존즈 – 조기 인성교육 * 119

SEARCH 02 성격은 어떻게 형성되는가

Keyword 01 이보다 더 좋은 클래스는 없었다 * 130
Keyword 02 학습된 낙관주의 * 135
Keyword 03 리버데일 – 이 학교의 성격교육 * 140
Keyword 04 성격강점 * 145
Keyword 05 자제력과 의지의 힘 * 150
Keyword 06 동기 * 155
Keyword 07 코딩 스피드 시험 – 동기부여 * 160
Keyword 08 성실성 * 166
Keyword 09 자제력만으로는 2퍼센트 부족 * 169
Keyword 10 뚝심 * 174
Keyword 11 수치로 나타내는 성격 * 177
Keyword 12 풍요로운 삶 * 186
Keyword 13 기강紀綱 * 195
Keyword 14 좋은 습관 * 203
Keyword 15 정체성 * 209
Keyword 16 성적표 * 215
Keyword 17 등산 * 220

SEARCH 03 어떻게 생각할 것인가

Keyword 01   그 아이의 엄청난 실수 ✽ 228

Keyword 02   IQ와 체스에 관하여 ✽ 237

Keyword 03   체스 열풍 ✽ 244

Keyword 04   잘 계산된 불친절 ✽ 249

Keyword 05   저스터스와 제임스의 경우 ✽ 257

Keyword 06   마셜체스클럽 그리고 라이벌 ✽ 263

Keyword 07   숙달 ✽ 268

Keyword 08   몰입 ✽ 277

Keyword 09   낙관주의 VS 비관주의 ✽ 282

Keyword 10   일요일에 거둔 결실 ✽ 289

Keyword 11   테스트 ✽ 294

SEARCH 04 아이는 어떻게 성공하는가

Keyword 01 대학교육 : 난처한 수수께끼 ∗ 302
Keyword 02 결승선 ∗ 306
Keyword 03 서른 가운데 단 한 명 ∗ 312
Keyword 04 뜻밖의 전화 ∗ 318
Keyword 05 에이스 테크에서 일어난 일 ∗ 327
Keyword 06 테스트 스코어 – 하나의 과정일 뿐 ∗ 332
Keyword 07 키워너의 야망 ∗ 337
Keyword 08 격차를 극복하려면 ∗ 343

SEARCH 05 좀 더 나은 길

Keyword 01 중도 탈락 혹은 터닝 포인트 ∗ 352
Keyword 02 "High LG" 부모 되기 ∗ 360
Keyword 03 색다른 도전 ∗ 367
Keyword 04 다른 종류의 개혁 ∗ 374
Keyword 05 불우와 역경의 정치 ∗ 382

Discussion Guide ∗ 388
Index ∗ 394

추천사

이제는 성격이다!

손 석 한
의학박사, 소아청소년정신과전문의

폴 터프의 책을 감수해 달라는 제안을 출판사로부터 받았을 때 우선 제목부터 무척 흥미로웠다. '아이는 어떻게 성공하는가'라는 원제목에 뚝심, 호기심, 자제력 그리고 숨겨진 성격의 힘이라는 설명이 붙어 있었다. 게다가 폴 터프는 소아정신과의사나 아동심리학자가 아닌 그저 칼럼니스트였기에 반신반의하면서 이 책을 읽어 나갔다. 솔직히 별로 기대를 하지 않았다. 그런데 '들어가는 말'의 두 쪽을 지나자마자 갑작스러운 새로움이 느껴지면서 호기심이 극대화되는 자신을 발견했다. '마음의 도구Tools of the Mind'라는 용어와 함께 그것이 의미하는 내용을 읽어보니까 아이들의 자기조절 기술을 가르친다는 것 아니겠는가? 무릎을 탁 쳤다.

그래 맞아, 아이들이 성공하려면 자기조절 기술을 익혀야 해! 기존의 고리타분하면서도 효과마저 분명하지 않은 조기교육, 영재교육, 몰입교육 등 각종 학업 능력 증진 프로그램에 익숙해져 있는 우리나라의 부모들에게 경종을 울림과 함께 발상의 전환을 이끌어낼 수 있다는 생각이 들었다. 그렇다!

필자는 소아청소년 정신건강의학과 전문의로서 지난 15년간 마음이 아픈 아이들을 무척 많이 만나왔다. 그들 중 대부분이 부모와의 갈등으로부터 각종 문제 또는 증상들이 야기되었고, 또 그러한 갈등의 기저에는 결국 '공부'가 도사리고 있음을 뼈저리게 체험했다. 예컨대 최근에 치료를 시작한 중1 남학생 민수(가명)는 초등학교 시절 내내 공부를 무척 잘했던 우등생이었다. 그러나 그는 지금 한 달째 무단결석을 하고 있고, 자신의 방에 틀어박혀 컴퓨터 음악과 게임에 몰두하고 있으며, 부모와의 대화를 일절 거부하고 있었다. 무엇이 그를 이와 같이 만들었을까? 여기에는 너무나도 많은 요인들이 있고, 또 그것들이 마치 거미줄처럼 얽혀 상호연관 작용을 하고 있다. 하지만 아이가 직접 한 얘기들을 듣다보면 무엇이 가장 핵심적인 이유였는지 짐작하게끔 만든다. "지난 초등학교 6년 내내, 아니 그전부터 포함해서 10년 동안, 저는 지옥에서 살아왔어요. 놀고 싶은데 못 놀고 부모님이 보내주는 학원 다니면서 공부하느라고요." "어릴 적에는 부모님이 정말 무서웠는데, 지금은 부모님이 저를 더 무서워하는 것 같아요." "어릴 적에는 맞았지만 이제 제가 가만히 있지 않으니까요." "부모님과 아예 말을 하지 않아야 해요. 말하다 보면 또 잔소리와 간섭으로 이어져요." "저는 대학 가지 않을 거예요. 중·고등학교 동안 했던 그 공부를 어떻게 또 해요? 독학으로 게임 제작 기술을 익혀서 게임 회사에 취직할 겁니다." 잠시 부모님의 말씀도 함께 들어보자. "다른 집 아이들에 비해서 결코 더 많이 공부를 시켰다고 생각하지 않아요." "몇 번 때린 적이 있지만 항상 그런 것은 아니에요. 숙제를 하지 않고서 했다거나 혹은 학원을 빠진 다음에 거짓말을 했기 때문이에요." "어릴 적에는 순하고 착한 아이였는데 어쩌다가 이렇게 되었는지 아직도 믿어지지 않아요." "나중에 독학으로 게임회사 취직하겠다는 것은 그저 공부하기 싫어서 둘러대는 핑계에 불과해요." 부모와 아이 간의 과거 상황 이해 및 현실 판단에 매우 큰 차이가 있음을 알 수 있다.

이 책에서는 가정이 불우하거나 혹은 경제적으로 궁핍한 아이들이 결국 성공할 수 있는 비결은 개인의 '성격강점'에 있고, 그러한 '성격강점'을 만들어주거나 더 강하게 해 줄 수 있는 요인은 훌륭한 선생님 등 주변 누군가의 도움이라고 했다. 맞는 말이다. 그런데 여기서 왜 나는 우리 대한민국의 평범한 가정을 떠 올렸을까? 앞에서 예로 든 14세 소년 민수는 중산층 가정에서 풍요로운 삶과 교육 혜택을 누려왔던 아이였다. 우리 어른들이 생각하기에 아이가 '누리는' 것이 결국 아이 스스로 '괴롭힘 당하는' 것이었는가? 비록 가정환경이 불우하지는 않더라도 부모의 맹목적인 공부 강조가 아이들에게 '부정적이고 열악한' 심리적 환경을 제공하지는 않았던가? 부모는 과연 어떻게 말하고 행동해야 아이와의 갈등을 줄이거나 해소할 수 있겠는가? 이에 대한 해답은 아이의 '성격'을 이해하여 '좋은 성격' 또는 '스트레스를 견디거나 극복할 수 있는 성격'을 갖추게끔 도와주는 것이라고 생각한다. 바로 이 책에서 언급하는 알로스타시스, 성실성, 실행기능, 작업기억, 비인지 학업기술(공부기술, 작업 습관, 시간관리, 타인의 도움을 얻는 태도 그리고 사회·학업상의 문제 해결 기술 등), 성격강점 등의 개념을 잘 이해하면 충분히 가능할 것이다.

대한민국 부모들의 성공적인 자녀 양육을 위하여 이 책을 잘 활용할 수 있다. 나아가 아이들이 성공하여 각자의 사회적 역할 및 개인적 행복을 얻는다면, 우리 모두 즐거운 나날들을 누릴 수 있음이다.

자녀의 성공, '성격강점'에 달려 있습니다.

이현수
〈하루 3시간 엄마 냄새〉 저자

부모와 교사는 아이가 성공적으로 삶을 영위하기를 바라고, 그렇게 키우기 위해 온갖 노력을 기울입니다. 그러나 그 방향과 목표가 잘못 설정되어 있다면, 아무리 애를 쓴다 해도 일생을 통해 참된 성공은 기약하기 힘듭니다. 그럼, 현실 속 우리나라의 가정과 학교와 사회가 기른 아이는 어떨까요? 안타깝게도 바람직한 인성을 갖고 즐겁게 살기보다 강압된 시험공부에 억눌린 모습이 더 많습니다. 부모라고 아이들의 이런 모습을 모를 리 없지만 확실한 대안이 없는 교육 현실로 인해 마음만 더 무거워지고 있습니다. 이미 오래전부터 학교 1등이 사회 1등은 아니라는 것을 알고 있었지만 그렇다고 공부를 소홀히 하면 미래의 성공과 행복이 보장되지 않을 것 같은 두려움에 인성을 중시하는 교육 시스템에 섣불리 찬성을 하기도 힘든 입장입니다.

이런 시점에서 성공하려면 공부를 잘해야 한다는 진부한 공식의 인습을 보기 좋게 타파할 수 있는 책, 성공을 바라보는 새로운 관점으로 가정과 학교 교육의 반전을 이끌 만한 책을 만나게 되어 정말 반갑습니다. 이 책은 우리들이 지금까지 엉뚱한 곳에서 아이가 성공하는 비결을 찾고 있었다고 하면서 아이가 커서 대학을 제대로 졸업하고 사회에 진출한 다음에도 줄곧 성공하고 행복하려면 '시험성적'이 아니라, 뚝심과 호기심, 자제력과 낙관주의 그리고 회복탄력성 같은 '성격강점'이 중요하다고 주장합니다.

이런 말을 단순히 주장하기만 했다면 설득력이 없을 것입니다. 저자는 수십 년에 걸쳐 이루어진 현대의 교육개혁 시도의 시행착오와 심리학, 교육학, 경제학, 신경과학 등의 분야에서 축적된 결과들을 통해 아이의 성격(인성)이 미래의 성공을 예측해준다는 것을 신빙성 있게 주장합니다. 동시에 불우한 환경 아래 스트레스와 고통의 무게에 억눌리면서도 성공으로 인도해줄 성격을 가꾸면서 올바른 길을 걷는 청소년들의 개인적인 사례도 소개되어 있어 감동을 자아냅니다. 우리는 흔히 "이젠 개천에서 용이 나던 시대가 지나갔다."고 탄식하고 있지만, 이런 젊은이들의 훈훈한 사례는 가난과 역경을 딛고 성공에 이르는 것이 지금도 가능함을 일깨워줍니다.

이 책은 놀라운 희망의 제안서이기도 합니다. 위와 같은 성격들은 타고나는 것이 아니라, 가르칠 수 있고 배울 수 있으며 고칠 수도 있다는 명제가 그 논리의 한 축이기 때문입니다. 이 책을 통해 부모들은 왜 공부에만 집착하지 말고 인성을 키우는 가정환경을 만들어야 하는지, 선생님들은 왜 그런 인성을 꽃피우는 교육환경을 제공해야 하는지, 정책 입안자들은 왜 이런 개혁이 가장 효과적으로 뿌리내릴 수 있는 정책환경을 구축해야 하는지를 확실히 알 수 있을 것입니다. 빈곤층 자녀를 포함한 모든 아이들의 성공적인 인생은 바로 '성격강점'에 달려 있기 때문입니다.

성공을 위한 진정한 조건, '성격강점'을 아이들이 가질 수 있도록 부모와 교사, 정치가들이 마음을 모으기를 희망합니다.

들어가는 말

우리 아들 엘링턴이 태어난 지 몇 주일이 지난 2009년 여름, 나는 뉴저지의 작은 마을에 있는 한 어린이집 교실을 방문해서 하루를 보낸 적이 있다. 아들이 태어난 것과 무슨 연관이 있어 거길 방문한 것은 아니었다. 미리 그런 델 기웃거리는 신참 아빠로서가 아니라 그저 한 사람의 저널리스트로서 레드뱅크라는 초등학교 교실에서 진행되고 있던 클래스를 찾았던 것이다. 얼핏 보기에 조금도 특이한 점이 없는 수업이었다. 콘크리트 블록으로 된 벽은 명랑한 노란색이었고, 흰색 칠판 옆에는 성조기가 걸려 있었다. 아이들은 레고 블록으로 탑을 쌓거나 모래판 위로 장난감 트럭을 몰거나 퍼즐 맞추기를 하는 등, 네 살배기 미취학 아동들이 흔히 하는 놀이를 신 나게 즐기고 있었다. 그런데 시간이 흐르면서 나는 이 교실에서 벌어지고 있는 일이 사실은 아주 특이하다는 사실을 깨달았다. 누가 봐도 금세 알아차릴 정도로 이상하기도 했고,

또 어딘지 미묘하게 이상하기도 했다. 무엇보다 학생들이 놀라우리만치 조용하고 질서정연했다. 울거나, 소란을 피우거나, 짜증을 내거나, 싸우는 아이는 전혀 없었다. 더욱 이상한 것은 선생님이었다. 리오나도라는 검은 머리의 젊은 교사는 질서를 유지하려고 굳이 애를 쓰는 것 같지도 않았고, 심지어 두드러지게 아이들의 행동을 지도하지도 않았던 것이다. 잘못했다고 훈계하거나 잘했다고 금색 스티커를 주는 일도 없었고 일부러 휴식을 취하지도 않았으며 "켈리는 집중력이 대단해, 잘했어!" 따위의 칭찬도 없었다. 요컨대 행실이 좋다고 상을 주거나 나쁘다고 벌을 주는 일이 전혀 없더라는 얘기다.

그날 내가 봤던 학생들은 '마음의 도구 Tools of the Mind'라는 프로그램에 등록한 아이들이었다. 그것은 덴버의 교사 두 명이 창안한 유치원 및 미취학 아동들을 위한 비교적 새로운 커리큘럼으로, 파격적인 아동발달 이론에 기반을 두고 있었다. 오늘날 미국 내 대부분의 조기 아동교육은 아이들에게 일련의 '학업 전 기술 pre-academic skills'을 계발시키도록 고안되어 있고, 그 기술들은 대개 텍스트를 깨우치거나 숫자를 이용하는 것과 관련되어 있다. 그런데 이와는 대조적으로 '마음의 도구'는 독서나 수학 능력에 딱히 초점을 맞추지 않는다. 그것은 전혀 다른 종류의 기술, 즉, 아이들이 충동을 조절하거나 주어진 과업에 집중하고, 집중을 방해하는 요소 및 정신적인 함정을 피하거나 자기 감정을 추스르고 생각을 가다듬는 기술을 배우도록 하겠다는 의도에서 만들어졌다. '마음의 도구'를 창안한 이들은 **자기조절**이라는 범주 안에다 이러한 기술들을 포함시키면서, 전통적인 학업 전 기술이 아니라 바로 이런 것이야말로 학생들이 첫해부터 지속적으로 긍정적인 결과를 보이도록 만드는 원천이라고 믿는다.

'마음의 도구'를 공부하는 학생들은 정신이 산만해지지 않도록 유지해주는 여러 가지 전략과 기교와 습관을 배운다. 예컨대 아이들은 '혼잣말하기'를 배운다. (알파벳 W를 쓰는 것 같은) 어려운 과제를 실행할 때 혼자서 말한다든지, 다음 단계에서 할 일을 기억하려고 (위로, 아래로, 위로, 아래로) 혼잣말을 하는 것이다. 혹은 '도우미'라는 걸 사용하기도 하는데, 이것은 어떤 활동을 마무리하는 방법을 상기시켜주는 물건을 가리킨다. (예컨대 친구와 읽기 활동을 할 때, 입술과 귀가 그려진 두 장의 카드를 이용해서 누가 크게 읽을 차례며 누가 들어야 할 차례인지를 알려주는 것.) 또 아이들은 매일 아침 '놀이 계획'이란 것을 만드는데, 이것은 그날 하고자 하는 놀이를 글이나 그림으로 표현하는 양식이다. **난 기차를 몰아볼래요, 난 인형 데리고 바닷가로 갈 거예요.** 또 아이들은 '어른들의 드라마 놀이'라는 프로그램에 상당히 오랫동안 몰두하기도 한다. 이것은 장시간의 복잡한 가상 시나리오를 이용하는 놀이로, '마음의 도구'를 만든 사람들은 이런 놀이가 아이들에게 규칙 지키기와 충동 조절하기를 자연스럽게 가르쳐준다고 믿는다.

나는 그날 이 아이들을 바라보면서, 아니나 다를까, 우리 아들 엘링턴을 생각하고 있었다. 맨해튼의 우리 스튜디오 아파트에서 비둘기처럼 나지막한 소리를 내거나 트림을 하거나 앙증맞게 울어대고 있을 그 자그마한 생명체를 말이다. 물론 나는 우리 아이가 행복한 삶과 성공하는 인생을 누리기를 바랐다. 하지만 행복이나 성공이 정확히 무슨 의미

인지, 혹은 아이가 그런 삶을 성취하도록 도와주려면 우리 부부가 어떻게 해야 하는지는 제대로 알 수가 없었다. 그런 혼란은 나 혼자만 느끼는 게 아니었다. 엘링턴은 미국의 자녀 양육의 역사에서 특별히 불안한 시대에 태어났기 때문이다. 그리고 그런 불안은 뉴욕 같은 대도시에서 유난히 심했다. 그런 데선 인기 있는 유치원에 아이를 넣으려면 거의 검투사처럼 치열하게 싸워야 했으니 말이다. 최근 캘리포니아대학교 출신의 경제학자들은 아이들의 조기학습 성과를 위해서 전국적으로 벌어지고 있는 이러한 경쟁을 일컬어 '꼬맹이들의 죽기 살기 경주'라 불렀다. 해가 거듭될수록 이런 경주는 더욱 이른 나이에 시작되고 점점 더 치열해지고 있는 것 같다. 엘링턴이 태어나기 두 해 전, 수많은 개인교습센터를 운영하는 구몬은 뉴욕시 최초의 주니어 구몬 가맹점을 열었다. 여기서는 두 살밖에 안 된 아이들이 오전 내내 학습지에다 뭔가를 채워 넣고 알파벳과 숫자 인식 연습을 했다. "세 살이 제일 좋은 때입니다." 구몬의 CFO는 뉴욕 타임즈 기자에게 그렇게 말했다. "하지만 기저귀를 떼고 저희 구몬 선생님과 딱 15분만 앉아 있을 수 있다면 어떤 나이든 다 받아들이죠."

　엘링턴은 우리가 인지가설認知假說cognitive hypothesis이라고 불러도 좋을 사고방식에 흠뻑 젖은 문화 속에서 자라게 될 것이다. 요란스럽게 겉으로 드러나는 일은 거의 없지만 폭넓은 지지를 받고 있는 이 가설은 인생의 성공이 주로 인지적인 기술에 —글자나 단어를 인식하고 계산을 하며 패턴을 알아보는 능력을 위시하여 IQ 테스트에서 측정되는 그런 종류의 지능에— 달려있으며, 그런 기술들을 개발시키는 최선의 방법은 가능한 한 빨리 시작해서 가능한 한 많이 연습하는 것이라는 데 기반을 둔다. 인지가설은 너무나도 널리 퍼져 신뢰를 얻고 있기 때문에 그것이 비교적 최근에 만들어진 학설이라는 사실을 잊기 십상이다. 이 가설이 우리 시대에 이처럼 부상하게 된 것은 1994년 카네기 코퍼레이션이 〈출발점: 우리 아이들의 필요를 충족시켜주자〉를 출간하면서부터였다. 이 책은 미국 아동의 인지계발에 관해서 경종을 울린 보고서였다. 이 보고서는 아이들이 생후 3년 동안 인지적인 자극을 예전처럼 충분히 얻지 못하고 있다는 것을 문제로 꼽았고, 그 한 가지 이유로서 편부모 가정과 직장에 다니는 어머니의 숫자가 늘어났고, 그래서 아이들이 유치원에 갈 즈음에도 공부할 준비가 안 되어 있다는 점을 들었다. 결국 이 보고서는 걱정이 태산인 부모들을 위해 '0~3세용 두뇌개발' 제품을 만드는 하나의 어엿한 산업을 창출하기에 이른다. 책, 놀이센터, 베이비 아인슈타인 비디오, DVD 등이 수십 억 달러나 팔려나갔다.

국회의원들이나 독지가들이 불우한 아동들은 어려서부터 인지훈련을 충분히 받지 못하기 때문에 뒤떨어지고 있다는 결론을 내리면서, 카네기 코퍼레이션이 조사한 결과와 그 뒤를 이은 많은 연구들은 정부 정책에도 막강한 영향을 끼쳤다. 또 심리학자들과 사회학자들은 가난한 집안 아이들의 저조한 학업 성적이 가정이나 학교에서 언어-수학적 자극을 얻지 못하는 것과 관련된다는 증거를 제시하기도 했다. 이 중에서 가장 유명한 케이스가 바로 베티 하트Betty Hart와 토드 리즐리Todd Risley라는 아동심리학자들이 1980년대에 시작한 연구인데, 이들은 캔저스 시티에 있는 전문직 가족, 노동계급 가족, 사회보장 수혜 가족 출신의 어린이

42명을 택해 집중적으로 탐구했다. 두 사람이 내린 결론은 무엇이었을까? 이 아이들의 양육의 차이와 후일 그들이 이룩한 업적의 차이는 단 한 가지, 즉, 아이들이 어릴 때 부모에게서 들었던 단어의 숫자로 귀결되더라는 것이었다. 세 살이 되기까지 전문직에 종사한 부모가 키운 아이들은 3천만 단어를 들으며 자랐고, 복지혜택을 받아야 하는 부모가 키운 아이들은 1천만 단어밖에 듣지 못했다는 게 두 사람이 찾아낸 사실이었다. 그리하여 가난한 집안 아이들이 학교나 사회에서 실패하는 근본 이유는 바로 이런 언어의 결핍이라고 결론지었다.

인지가설에는 어딘지 거부할 수 없는 강력한 설득력이 있다. 이 가설이 묘사하는 세상은 너무도 깔끔하고 확신을 줄 정도로 단순하며 여기에 뭔가를 집어넣어야 저기로 뭔가가 나온다는 명료한 케이스다. 이를테면 집에 책이 적다는 것은 아이들의 독서능력이 떨어진다는 의미고, 부모가 다양한 단어를 구사하지 못하면 아이들의 어휘도 적을 수밖에 없다는 뜻이며, 주니어 구몬에서 수학 공부를 많이 할수록 수학 성적도 좋을 거란 얘기다. 이러한 상관관계는 거의 웃음이 나오리만치 정확한 것으로 보일 때가 많았다. 하트와 리즐리가 계산해봤더니, 복지 혜택을 받으며 자란 아이들이 노동자 가족에서 자란 아이들과의 어휘 차이를 극복하려면, 매주 정확하게 41시간씩 집중 언어훈련을 받아야 했다.

그러나 지난 10년, 특히 지난 몇 년 사이에 경제학자, 교육자, 심리학자, 신경과학자 등 서로 다른 분야의 전문가들이 모인 그룹이 등장해 인지가설을 지탱하는 여러 가지 가정에 의문을 제기하는 증거를 제시하기 시작했다. 이 그룹의 주장인즉 아동발달에 있어서 가장 중요한 것은 생후 첫 몇 년 사이에 아이의 머릿속에다 얼마나 많은 정보를 집어넣느냐가 아니란 내용이었다. 그보다는 아이가 끈기, 자제력, 호기심, 양심, 뚝심, 자신감 등등 전혀 다른 자질들을 개발하도록 우리가 도와줄 수 있느냐가 관건이란 얘기다. 경제학자들은 아이의 이런 자질을 비인지非認知기술noncognitive skills이라 부르고 심리학자들은 성격적 특성이라 하며 일반인들은 그것을 그냥 성격 또는 기질로 생각한다.

인지가설의 배후에 깔린 냉정한 계산이 −즉, 기술의 계발에 있어 중요한 것은 **좀 더 일찍** 시작하고 **좀 더 많이** 연습하는 것이란 논리가− 철저히 유효한 기술들도 더러 있다. 예컨대 농구에서 자유투를 완벽하게 하고 싶다면, 하루도 빠짐없이 200번씩 슈팅 연습을 하는 것이 매일 20번씩 하는 것보다는 훨씬 더 유익할 것이다. 또 초등학교 학생이 여름에 40권의 책을 읽는다면, 단 4권을 읽는 친구보다는 독서능력을 훨씬 더 잘 키울 것이다. 어떤 기술은 상당히 기계적이기 때문이다. 그러나 인간의 성격을 구성하는 좀 더 섬세한 요소를 키우는 문제로 들어가면 상황은 그리 간단한 게 아니다. 예를 들어 여러 시간을 두고 더 노력을 한다고 해서 실망감을 극복하는 능력을 더 키울 수는 없잖은가. 또 아주 어린 나이부터 호기심 연습을 시키지 않았다는 이유만으로 아이의 호기심이 뒤떨어지는 것은 아니잖은가. 물론 이러한 기술이 아무런 규칙 없이 제멋대로 습득되거나 상실되는 것은 아니지만 −최근 몇 십 년 사이 심리학자들과 신경과학자들은 이런 기능들이 어디서 오며 어떻게 개발되는지에 관해 많은 것을 알아냈다− 그래도 그것들은 복잡하고 낯설 뿐 아니라, 상당히 신비하기까지 하다.

이 책의 주제는 지금 이 순간 미국 전역과 온 세계의 학교, 병원, 연구소, 강의실 등에서 점점 더 분명해지고 있으며 더 많은 지지를 얻고 있는 하나의 아이디어다. 이 새로운 아이디어에 의하면, 아동발달에 관한 지난 수십 년 동안의 통념은 잘못되어 있었다. 우리가 초점을 맞추어 왔던 아이들의 기술과 능력은 틀렸으며, 그런 기술을 키우고 가르치기 위해서 사용해왔던 전략도 잘못되었다. 그렇다고 이런 추세를 새로운 학파學派라고 부르기엔 때 이른 감이 있다. 이처럼 갈수록 풍부한 지식의 창고를 늘려가고 있는 연구자들은 대개의 경우 개별적으로 작업하고 있기 때문이다. 하지만 이 과학자들과 교육자들은 점점 더 많이 소통하고, 전공분야의 경계를 넘어서 교류를 늘리고 있다. 그들이 함께 만들어내고 있는 논리는 우리가 어떻게 아이들을 양육할 것인가, 어떻게 학교를 운영할 것인가 그리고 어떻게 사회의 안전망을 구축할 것인가 하는 생각을 바꿀 수 있는 잠재력을 지니고 있다.

여러 분야를 아우르는 이 새로운 네트워크의 핵심인물이 있다면, 그것은 시카고대학교의 제임스 헥먼James Heckman 경제학 교수다. 그는 인지기술 지상주의에 대한 도전을 이끌기에는 좀 뜻밖의 리더로 보일지 모르겠다. 두툼한 테 안경, 까마득히 높은 IQ, 샤프펜슬이 여럿 꽂혀 있는 셔츠 호주머니……. 그는 전형적으로 아카데믹한 지식인이니까 말이다. 헥먼교수는 어느 육류포장회사 간부의 아들로 태어나 1940년대와 50년대의 시카고에서 자랐다. 부모는 대학교육을 받지 못했지만, 아들이 상당히 조숙하다는 사실을 일찌감치 깨달았다. 헥먼은 여덟 살 때 아빠가 사놓은 〈한 달 만에 어휘력 늘리기〉라는 인기 있는 자기계발서를 독파했고,

아홉 살에는 한 푼, 두 푼 모았던 돈으로 만화책 뒤에서 봤던 〈실리적인 사람을 위한 수학〉이란 책을 주문했을 정도다. 그는 수학과 자연스럽게 친해졌고, 방정식만 보면 다른 무엇보다도 그리고 누구보다도 더 편안해했다. 10대에 접어들어서는 머릿속에서 여러 자리의 숫자를 그 최소 구성 단위인 소수素數로 나누는 일에 (수학자들이 소수분해라고 부르는 작업에) 재미를 들였다. 열여섯 살이 되어 사회보장번호를 우편으로 받았을 때 그가 처음으로 한 일은 그 번호로 소수분해를 하는 것이었다. 그가 나한테 직접 실토한 얘기다.

헥먼은 맨 먼저 컬럼비아대학교 그 다음엔 시카고대학교에서 경제학을 가르쳤고, 2000년에는 자신이 70년대에 발명했던 복잡한 통계법으로 노벨경제학상을 받았다. 경제학자들 사이에서 헥먼은 계량경제학 기술이 뛰어난 걸로 알려져 있다. 계량경제학은 참으로 난해한 타입의 통계분석이라 다른 계량경제학자가 아니면 도무지 알아먹을 수가 없는 분야다. 나는 대학원생들을 위한 그의 강의를 몇 차례 들었는데, 어떻게든 따라가려고 무진 애를 써봤지만 강의 내용의 대부분이 나 같은 문외한에게는 이해 불가능이었다. 아리송한 방정식과 **일반화된 레온티에프 함수니 힉스-슬러츠키 대체탄력성**이니 하는 말들로 가득했기 때문이다. 난 그저 머리를 숙이고 눈을 감아버리고 싶을 뿐이었다.

헥먼의 여러 가지 테크닉은 난공불락으로 보일지 모르지만, 그가 초점을 맞추기로 택한 주제들은 너무나도 또렷하다. 노벨상을 받은 이후 여러 해 동안 그는 이 상의 영향력과 그 영광이 가져다준 명성을 이용해서, 자신이 유명해진 분야 안에만 머무르지 않고 성격심리학이나

의학이나 유전학 등 예전에는 별로 아는 바가 없었던 연구 분야까지도 추구하면서 자신의 영향력을 확대해나가기로 했다. (실제로 수많은 책들로 빼곡한 그의 사무실 책꽂이에는 〈왕초보를 위한 유전학〉이 두 권의 두터운 경제사 책 사이에 끼여 있다.) 2008년 이후로 그는 같은 수의 경제학자들과 심리학자들을 초대하는 비공개 토론을 정기적으로 개최해오고 있다. 여기서 그들은 모두 어떤 식으로든 이 한 가지 질문만을 파고든다. "어떤 기술이나 성격을 지녀야 성공할 수 있을까? 그런 기술과 성격은 어릴 때 어떻게 개발시킬 수 있는가? 부모들이 어떻게 관여해야 아이들이 더 잘 성장할까?"

시카고 캠퍼스의 몇몇 빌딩에서는 대개 외국에서 태어난 스물 너덧 명의 학생들과 연구자들이 작업하고 있으며 헥먼은 이들을 지도하고 있다. 사람들은 이들을 가리켜 반쯤은 농담조로 '헥먼랜드'라고 부른다. 그들은 항상 몇 가지 프로젝트를 동시에 진행하고 있어서, 헥먼이 그런 작업을 이야기할 때면 연신 신이 나서 여러 주제들을 종작없이 이야기하는가 하면, 같은 층에서 연구하는 철학자와 인간의 미덕이 지닌 진정한 특성에 관해서 함께 작업한다고 자랑하기도 한다. (한번은 그와 대화를 나누면서 그가 연구하는 다양한 주제들이 어떻게 결국 서로 아귀가 맞는지 물어본 적이 있다. 나중에 그의 조수 한 명이 나를 따라 나오면서 이렇게 말하는 게 아닌가. "그걸 알게 되면, 우리한테도 좀 알려주세요!")

헥먼의 경력이 대전환을 맞게 된 것은 그가 90년대 말 종합교육발전General Education Development 프로그램의 일환으로 떠맡게 된 어떤 연구 활동 때문이다. GED로 더 잘 알려진 이 프로그램은 고등학교 졸업장과 동등한 학위를 얻으려는 당시의 고교 중퇴자들 사이에서 점차 인기를 얻고 있었다. 그것은 여러 방면에서 학력 경쟁의 기반을 평등하게 만들어주는 도구로 인식되었고, 고등학교도 제대로 못 마치기 일쑤인 저소득층 및 소수민족 학생들에게 대학 입학의 또 다른 길을 열어주는 방법으로 알려졌다.

GED의 확산은 인지가설의 한 형태에 ─학교가 계발시켜주는 것도 인지기술이며, 고등학교 졸업증명서가 인증하는 것도 인지기술이라는 믿음에─ 근거를 두고 있었다. 고등학교를 졸업할 정도의 지식과 '머리'를 갖춘 10대라면, 실제로 고등학교 과정을 **이수하느라** 시간을 낭비할 필요가 없다는 것이었다. 그런 지식과 기술을 측정하는 시험만 통과하면, 국가는 그가 이제 법적으로 고졸이며, 여느 고등학교 졸업생이나 마찬가지로 대학에 진학하거나 다른 커리어를 추구할 준비가 되었다고 확인해줄 테니까 말이다. 특히 고등학교 수업을 견디지 못하는 청소년들에게 매력적인 아이디어였던 이 프로그램은 1950년대에 도입된 이래로 급속히 확산되었다. 그런 경향이 최고조에 달했던 2001년의 경우 100만 명 이상의 청소년들이 이 시험을 보았고, 새로 고등학교를 "졸업하는" 학생 5명 가운데 1명은 실제로 GED 합격자였다. (현재 이 숫자는 7명 중의 1명꼴이다.)

GED를 통해 고교 과정을 마친 학생들은 정말로 정규 졸업자들과 마찬가지로 학업을 계속할 준비가 된 것일까? 헥먼은 이 점을 좀 더 치밀하게 조사해보고 싶었다. 그는 전국을 망라하는 몇 가지 대규모 데이터베이스를 분석했고, 이 명제가 상당히 여러 가지 중요한 측면에서 온전히 유효하다는 사실을 밝혀냈다. IQ 테스트와 밀접한 관련을 지닌 학력고사 성적을 놓고 비교하면, GED 합격자들은 어느 모로 봐도 고교 졸업생들과 똑같이 영리했다. 그러나 이들이 대학에 진학한 후의 경로를 들여다봤더니, 그들은 여느 고교 졸업생들과 **조금도 닮지 않았다는** 점이 발견되었다. 고교 졸업생들이 22세에 이르렀을 때 4년제 대학교에 다니고 있거나 어떤 형태로든 고교 이상 학위를 딴 사람은 46퍼센트에 달했다. 하지만 GED 합격자들의 경우 그 숫자는 겨우 3퍼센트에 지나지 않았던 것이다. 실제로 헥먼이 발견한 사실은 이것이다. 미래에 나타날 모든 중요한 결과, 그러니까 연소득, 실업률, 이혼율, 불법 마약 사용 따위를 고려한다면, GED 합격자들은 가치가 있어 보이는 자격증도 추가로 땄으며 평균적으로 중퇴자들보다 훨씬 더 지능이 높음에도 불구하고 결국 중퇴자들이나 전혀 다를 바가 없다는 것이었다.

정책이라는 관점에서 볼 때, 이것은 우울할 수도 있지만 동시에 유익하기도 한 발견이었다. 우리의 삶을 개선하는 방편으로서 GED는 장기적으로 아무짝에도 쓸모없는 것 같았다. 글쎄, 효과가 있다면 부정적인 효과가 있다고나 해야 할까. 청소년들이 고등학교를 그만두게 유혹하는 효과 말이다. 그렇지만 헥먼에게는 이러한 결과가 참으로 혼란스럽고 지적인 퍼즐로 다가왔다. 대부분의 경제학자들이 그렇듯이 헥먼도 우리 인생이 어떻게 전개되느냐를 결정하는 가장 믿을 만한 요인은 인지능력이라고 믿어 의심치 않았기 때문이다. 이제 그의 앞에는 (GED 합격자들이라는) 집단이 나타났고, 그들의 훌륭한 시험점수는 그들의 삶에 조금도 긍정적인 효과를 미치지 못하는 것만 같았다.

결국 헥먼은 고등학교를 졸업한 학생이 학업을 완전히 끝낼 수 있도록 해준 심리적인 특성들이 이 방정식에 빠져 있다는 결론에 이르렀다. 그런 특성들은 −따분하고 보상받을 것도 별로 없는 임무라도 끈덕지게 해내는 경향, 만족을 나중으로 미룰 수 있는 능력, 계획을 세우면 끝까지 해내고야 마는 성격 등을 예로 들 수 있는데− 또한 대학에서나 직장에서 아니, 인생의 전반에 걸쳐서 소중한 가치를 지니는 것으로 드러나기도 했다. 헥먼이 어느 논문에서 이야기했듯이, "뜻하지 않게도 GED는 총명하지만 끈기가 부족한 중퇴자들을 다른 중퇴자들과 구분해내는 테스트"가 되어버린 것. 그는 이렇게 썼다. "GED 합격자들은 '똑똑한 친구들'이지만 미래를 생각하고 끈기 있게 임무를 완성하며 주위환경에 적응하는 능력은 부족하다."

그런데 우리는 아이들이 그와 같은 소위 '소프트 스킬Soft Skills'을 발전시키도록 도와줄 수 있을까? 헥먼의 GED 연구는 이에 대해서 전혀 어떤 암시도 주지 못했다. 하지만 약 10년 전쯤에 그는 이 질문에 대한 대답을 찾기 위해서 미시건주 디트로이트 서쪽에 있는 오랜 공업도시 입실랜티를 찾게 된다. 이곳으로 말하자면 '빈곤퇴치전쟁'의 초기 단계였던 1960년대 중반, 몇몇 아동심리학자들과 교육연구가들이 모여서 흑인 거주 지역에 사는 저소득−저지능 부모들을 모집한 다음, 그들의 3~4살짜리 자녀들을 페리유치원에 등록시켜서 한 가지 실험을 했던 곳이다. 그들은 무작위로 이 아이들을 실험군과 대조군으로 나누었다. 실험군의 아이들은 품질 높은 2년짜리 미취학아동 프로그램에 집어넣은 반면, 대조군에 속한 아이들은 각자 스스로 알아서 성장하도록 놔두었다.

그런 다음 이 아이들을 추적해나간 것이다. 그저 1~2년이 아니라 몇 십 년씩 말이다. 평생토록 그들을 따라다니겠다는 의도로 지속되는 하나의 연구였다. 지금 이 아이들은 40대의 성인이다. 그러니까 페리유치원에서 받은 교육의 효과를 완전히 성인이 된 후까지도 추적할 수 있었다는 뜻이다.

이 페리유치원 프로젝트는 사회과학계에서는 아주 유명하고, 헥먼 또한 이미 (자세히는 아니지만) 여러 차례 목격했던 터였다. 유아기 교육에 대한 케이스로서는 언제나 일종의 실패로 간주되는 실험이었다. 실험군의 아이들은 유치원에 다니는 동안과 그 후 1~2년 동안은 인식테스트에서 훨씬 더 두드러지게 성적이 좋았지만, 그런 우위는 그다지 오래 가지 않았고 3학년이 되었을 즈음엔 대조군 아이들과 IQ에서 별 차이가 없었다. 그러나 헥먼을 비롯한 다른 연구자들이 유치원의 장기적인 효과를 들여다봤을 때, 그 데이터는 좀 더 전망이 밝아보였다. 페리유치원에 다닌 아이들이 장기적으로 IQ 측면의 혜택을 보지 못한 건 사실이지만, 좀 더 중요한 **무엇인가가** 그들에게 일어나고 있었으며, 그게 무엇이었든 그 긍정적인 효과는 수십 년을 두고 반영되었던 것이다. 대조군과 비교할 때 페리유치원 아이들은 고등학교를 마칠 확률도 높았고, 27세까지 직업을 구할 확률도 높았다. 또 40세에 이르러 연간 25,000달러의 소득을 올릴 가능성도 높았고, 경찰에 체포당하거나 복지제도에 의존해서 살 확률은 더 낮았다.

헥먼은 페리유치원 사례를 좀 더 깊이 파고들기 시작했고, 결국 1960년대와 70년대에 연구가들이 수집해놓았던 자료들이 한 번도 분석

되지 않은 채로 남아있다는 사실을 알게 된다. 그것은 실험군과 대조군 아이들의 '개별행동' 및 '사회성 개발'에 대한 초등 교사들의 보고서였다. '개별행동'은 학생 개개인이 얼마나 자주 욕설을 하는지, 거짓말을 하는지, 물건을 훔치는지, 결석이나 지각을 하는지 등을 기록해둔 것이었고, '사회성 개발'은 각 학생의 호기심이 어느 정도인지, 친구나 교사들과의 관계가 어떤지에 따라 등급을 매긴 것이다. 이런 것들은 IQ와는 모두 뚜렷이 구별되기 때문에, 헥먼은 거기에 '**비非인지기술**'이라는 이름을 붙였다. 그리고 3년에 걸친 꼼꼼한 분석의 결과, 헥먼과 그의 동료들은 아이들이 페리유치원에서 얻은 모든 혜택의 3분의 2가량은 호기심, 자제력, 부드러운 사회성 등의 비인지 요소들 덕택이었다는 사실을 확신할 수 있었다.

다시 말해서 페리유치원 프로젝트는 모든 사람들이 믿고 있던 것과는 전혀 딴판으로 효과를 발휘했다는 것이다. 60년대에 호의를 갖고 그것을 시작했던 교사들은 자신들이 저소득층 아이들의 지능을 높여주는 프로그램을 만들고 있다고 생각했다. 모든 사람들이 그랬듯이 그들도 바로 이런 프로젝트가 미국 내 빈곤층 아동들의 삶을 개선시킬 거라고 믿었다. 그런데 '깜짝 결과' 1번은? 알고 보니 장기적인 IQ 증대에는 별 도움이 안 되었지만 행동양식이나 사회적인 기술은 확실히 개선시킨 프로그램을 만들었다는 사실이었다. '깜짝 결과' 2번은? 어쨌거나 그 프로그램은 도움이 되었다는 사실. 이 마을의 아이들에게 그런 기술과 그 저변에 깔린 특성들은 결국 대단히 소중한 것으로 판명되었으니 말이다.

이 책을 준비하는 동안 나는 많은 시간을 투자해서 다양한 경제학자, 심리학자, 신경과학자 등과 더불어 성공 및 기술·기능에 관하여 논의를 했다. 한두 다리만 건너면 제임스 헥먼과 연관이 있는 사람들이 많았다. 그러나 나에게 그들의 연구를 주목하게 만들고 거기에 생명과 의미를 부여했던 것은 그들과 같은 시점에 내가 공립학교와 소아과병원과 패스트푸드 레스토랑에서 진행했던 전혀 다른 종류의 보도기사였다. 그런 곳에서 나는 과연 어떤 아이들이 어떤 경위로 성공하는 삶을 사는가 하는 복잡한 문제를 몸으로 보여주는 젊은이들과 계속 대화를 나누고 있던 터였다.

예컨대 키워너 러머Kewauna Lerma의 경우가 그랬다. 2010년 겨울 키워너를 처음 만났을 때, 그녀는 시카고의 사우스 사이드에 살고 있었다. 나중에야 안 일이지만, 그곳은 헥먼이 연구를 했던 시카고 캠퍼스에서 그리 멀지 않은 곳이었다. 키워너는 17년 전 사우스 사이드의 가난한 가정에서 둘째 딸로 태어났다. 어머니는 10대였을 때 이미 키워너의 언니를 낳았다고 한다. 키워너는 뿌리도 없고 불안하기 짝이 없는 유년기를 보냈다. 아직 젖먹이였을 때 어머니는 미시시피로, 미네소타로, 다시 시카고로 옮겨 다니며 여러 남자와 관계를 맺었다가 헤어지고 많은 문제들을 경험했다. 상황이 나쁠 때면 가족은 가끔 보호소 신세를 지기도 했고 이 친구, 저 친구 찾아다니며 소파에서 새우잠을 자기도 했다. 키워너의 증조할머니가 잠시 아이들을 맡아주면서 엄마가 인생을 정리하도록 도와준 적도 더러 있었다.

"난 정말 **가정이라고 할 만한** 가정이 없었어요." 나와 처음 이야기를 나누면서 그녀가 했던 말이다. 우리는 켄우드 쪽에 있는 커피숍에 앉아 있었다. 혹독한 시카고의 겨울이 한창이었고, 창문에는 짙은 김이 서려 있었다. 검은 피부에 커다랗고 호의적인 눈망울과 검은 머리칼의 키워너는 몸을 앞으로 숙이고 거품이 이는 핫초콜릿 잔으로 손을 녹이고 있었다. "아빠도 없이 가끔은 할머니와 함께 이리저리 안 다닌 데가 없었어요. 엉망진창이었답니다. 마약도 했고……."

키워너는 자라면서 학교를 싫어했다고 말했다. 제대로 읽기를 배운 적도 없고 초등학교에서도 해가 거듭될수록 뒤떨어지면서 말썽을 일으켰으며, 수업을 빼먹는가 하면 선생님들한테 말대꾸를 했다는 것이었다. 미네소타 외곽에서 살던 6학년 때는 한 해의 절반도 채 되기 전에 행실이 나쁘다는 지적을 72차례나 받았고, 그 바람에 지진아 학급으로 밀려나게 되었다. 이 또한 키워너에겐 지긋지긋한 일이었다. 그 해가 끝나기 몇 주 전, 키워너는 다른 아이와 싸움을 벌인 후 결국 학교에서 쫓겨나고 말았다.

나는 키워너를 처음 만나기 몇 년 전부터 이미 빈곤층 아이들의 성장에 관한 보도를 해왔으며, 그런 이야기를 부지기수로 들었었다. 불우한 가정이야 모두 나름대로의 사정으로 불행하겠지만, 여러 세대에 걸쳐 가난을 벗어나지 못하는 가정의 경우는 가슴이 답답할 정도로 그 패턴이 눈에 익숙했다. 아예 없거나 무관심한 부모, 제구실을 못하는 학교, 잘못된 의사결정이라는 사이클이 다람쥐 쳇바퀴 돌듯 끝없이 반복되는 양상이었다. 나는 키워너와 같은 이야기들이 어떻게 끝날 것인지도 미리 알고 있었다. 그녀와 같은 배경을 가진 소녀들은 제아무리 선한 의도를 가졌다 하더라도 대개 고등학교조차 끝내지 못하고 탈락하거나 겨우 10대의 나이에 아이를 갖게 된다. 그러고는 혼자서 가족을 지켜보겠다고 고군분투하다가, 오래지 않아 자기 아이들까지도 동일한 실패의 비탈길로 미끄러져 내려가는 걸 보고야 만다.

그런데 그런 통상적인 과정 가운데 어디에선가, 키워너의 삶은 고등학교 2학년이 되기 직전에 대전환을 맞게 된다. 어느 경찰관과 실랑이를 벌이다가 생전 처음 체포까지 당하고 몇 주일이 지나서였다. 어머니는 꼭 할 이야기가 있다며 그녀를 불렀다. 식구 중에는 유일하게 항상 존경했던 증조할머니까지 그 자리에 있었기 때문에 키워너는 심각한 이야기임을 알아차렸다. 두 여인은 키워너를 앞혀놓고, 어떤 부모라도 가장 입을 떼기 어려울 법한 이야기를 꺼냈다. "난 우리 딸이 나랑 똑같은 인생을 살지 않았으면 좋겠다." 그날 세 사람은 몇 시간에 걸쳐 과거와 미래를 논의하고, 오래 묻혀있던 비밀을 끄집어내기도 했다. 어머니는 지금 키워너가 걸어가고 있는 길을 잘 안다고 했다. 자신도 경찰관과 싸우다가 체포된 적이 있다고도 했다. "하지만 네 인생의 다음 챕터는 그것과 달라질 수 있어." 그녀의 어머니가 말했다. "난 못했지만, 넌 원하지 않는 임신을 피할 수 있어. 나와 달리 대학에도 갈 수 있어. 난 그러지 못했지만, 넌 취직도 할 수 있어."

대화를 하는 내내 어머니는 울고 있었지만, 키워너 자신은 한 방울도 눈물을 흘리지 않았다. 그냥 듣고만 있었다. 도대체 무슨 생각을 해야 할지 알 수가 없었다. 자신이 정말 변할 수 있는지 아니, 정말 변하고 싶은 건지도 알 수 없었다. 하지만 다시 학교에 나갔을 때, 키워너는 공부에 좀 더 주의를 기울이기 시작했다. 고등학교 첫해에 그녀는 거친 아이들과 어울려 다녔다. 여자애들은 떼를 지어 몰려다니고 사내아이들은 마약에 빠졌으며 누구나 수업을 빼먹곤 했었다. 하지만 이제 키워너는 그런 친구들을 멀리하고 더 많은 시간을 혼자 보내면서 숙제도 하고 미래를 생각하기 시작한 거다. 1학년이 끝날 즈음 그녀의 성적은 참으로 한심한 1.8점이었지만 2학년 말에는 3.4점으로 껑충 뛰어올랐다.

다음해 2월, 키워너의 영어선생님이 3년제 입시준비 집중 프로그램을 신청해보지 않겠느냐고 부추겼다. 학교에 막 도입된 프로그램이었다. 키워너는 이 프로그램에 들어가게 되었고, 거기서 제공하는 여러 가지 지원에 힘입어 한층 더 열심히 공부했다. 나와 만났을 즈음 2차년도 과정을 밟고 있던 그녀의 성적은 4.2점이었으며, 어느 대학교에 원서를 넣을까 하는 문제로 온통 정신이 없었다.

자, 무슨 일이 생겼던 것일까? 키워너가 2학년에 막 진학했을 때 여러분이 그녀를 만났더라면, 그녀의 인생이 성공적으로 전개될 가능성은 도무지 없다고 생각해도 무리가 아니었으리라. 그녀의 숙명은 이미 정해진 것처럼 보였으니까. 그러나 그녀의 어딘가가 변했다. 정말 어머니의 엄격한 한 마디 때문이었을까? 그것 때문에 모든 변화가 일어난 건가? 증조할머니의 긍정적인 영향력 때문이었을까? 혹은 영어선생님이 개입되었기 때문에? 아니면 키워너 자신의 성격 속에 심오한 무언가가 있어서, 여태껏 맞닥뜨렸던 온갖 장애물과 저질렀던 실수에도 불구하고 그녀로 하여금 근면과 성공이라는 생각을 하도록 만들었단 말인가?

❈ ❈ ❈

　어린 시절의 경험은 어떤 식으로 지금 성인이 된 나를 형성하는가? 이것은 참으로 어마어마한 인간적 질문이요, 수없이 많은 소설과 전기와 회고록의 주제이며 몇백 년 동안 축적된 철학과 심리학 논문들의 주제이기도 하다. 이 프로세스는 −성장이라는 경험은− 예측 가능하며 심지어 기계적인 걸로 보이기도 하지만 때로는 자의적이거나 변덕스럽게 보일 수도 있다. 우리 모두 어린 시절에 의해서 미리 예정된 숙명 안에 갇혀버린 것 같은 어른들을 보기도 하지만 반대로 고난에 찬 시작을 거의 기적적으로 극복한 어른들도 더러 보지 않았던가?
　그러나 아주 최근까지만 해도 과학의 여러 도구를 이용해서 어린 시절의 신비를 한 꺼풀씩 벗겨내고, 실험과 분석을 통해 어릴 때의 경험이 성장한 후의 결과와 어떤 식으로 연결되는지를 추적하려는 심각한 시도는 단 한 번도 없었다. 하지만 이 신세대 학자들의 노력 덕분에 그런 상황도 변하고 있다. 그들의 작업을 뒷받침하는 전제는 (파격적일지는 모르나) 단순하다. "우리가 여태 이런 문제들의 해결책을 찾지 못한 것은 엉뚱한 데에서 답을 찾고 있었기 때문이다." 우리가 전체적으로 아이들을 위해 −특히 가난한 아이들을 위해− 상황을 개선시켜주고 싶다면 무엇보다 우리가 유아기에 접근하는 방식을 뜯어고쳐야 하고, 부모가 아이들에게 어떤 영향을 미치는지, 인간의 기능은 어떻게 발전하는지, 그리고 인격은 어떻게 형성되는지 등등 몇 가지 근본적인 질문부터 새로이 던져봐야 할 것이다.

어떤 사람이 성공하고, 어떤 사람이 실패하는가? 어째서 번창하는 삶을 사는 아이들도 있는데, 다른 아이들은 길을 잃고 마는가? 아이들 하나하나가 −혹은 한 세대의 아이들 전체가− 실패의 길을 피하고 성공을 향해 나아갈 수 있도록 도우려면 우리가 할 수 있는 일은 무엇일까? 이와 같이 우리 삶에서 가장 널리 퍼져있는 몇 가지 미스터리를 풀어보려는 야심차고 원대한 캠페인, 그것이 바로 이 책의 핵심이다.

어떤 아이에게나 사춘기는 힘들다. 어릴 때의 상처가 잘못된 결정을 낳고
사뭇 파괴적인 결과를 낳게 되는 때가 될 수 있다.
그러나 10대들은 자신의 삶을 다시 생각하고 정립할 수 있는 능력이 있다.
그리고 청소년기는 하나의 색다른 전환점이 될 수 있다.

Search 01

어떻게 실패하는가
(혹은 실패하지 않는가)

펜저고등학교 - 개혁의 시작

너딘 버크 해리스Nadine Burke Harris는 캘리포니아주 팔로 알토에서 온갖 특권을 누리면서 자랐다. 학력도 좋고 전문직에 종사하는 부모는 자메이카 출신으로 너딘이 네 살 때 킹스턴에서 실리콘 밸리로 이주했다. 그녀가 다녔던 고등학교는 부유층의 백인아이들이 대부분이었고, 여학생들은 열여섯 번째 생일 선물로 원하는 종류의 자동차를 선물로 받지 못했다고 식당에 앉아 펑펑 울곤 하던 곳이었다. 몇 안 되는 흑인 학생 중의 하나였던 그녀는 학교에서 아웃사이더 같은 느낌을 받기 일쑤였다.

일리저베스 도지어Elizabeth Dozier는 그보다 훨씬 수수한 환경에서 컸다. 아빠는 일리노이주의 한 교도소에 수감되어 있던 죄수, 엄마는 죄수들을 방문하는 임무를 맡았지만 어쩌다 사랑에 빠져버린 수녀, 그리고 그녀는 두 사람의 믿기 힘든 부정不貞한 로맨스의 산물이었다. 그녀의 어머니는 가톨릭 학교에서 학생들을 가르치고 여름이면 부족한 수입을 보충하기 위해 모텔의 하녀로 일하면서 딸을 혼자 키웠다.

이처럼 달라도 한참 다른 유년기를 보낸 너딘과 일리저베스는 똑같은 목적을 품게 된다. 청소년들, 특히 곤경에 빠진 청소년들을 도와 성공의 길로 이끈다는 것이었다. 너딘은 의과대학에 진학하여 소아과 의사가 되었고, 샌프란시스코에서도 가장 빈곤한 지역에다 클리닉을 열었다. 일리저베스는 시카고의 저소득층 구역에 있는 학교에서 교사로 출발하여 나중에 교장까지 역임했다. 몇 년 전 내가 두 사람을 따로 만났을 때 그들에게 특히 끌렸던 까닭은 두 사람의 비슷한 사명감뿐만이 아니라 그들이 공유한 것처럼 보이는 뿌리 깊은 좌절감이었다. 둘은 최근 들어 모두 자신들이 선택한 직업에서 사용할 수 있는 최선의 도구가 그들이 맞닥뜨리고 있는 과제를 풀기에 턱없이 부족하다는 결론에 이르렀던 것이다. 그래서 두 사람 다 인생에 있어서나 직업에 있어서 전환점을 맞고 있었다. 그들은 새로운 전략을 찾고 있었다. 아니, 완전히 새로운 각본을 찾고 있었다.

일리저베스가 펜저고등학교 교장으로 취임했던 2009년 8월, 이 학교는 위기 상황에 빠져 있었다. 하기야 지난 20년 역사를 돌이켜볼 때 이 학교가 위기에 **처하지 않았던 때**를 찾기는 어렵긴 했지만 말이다. 80년 넘게 이 학교가 위치하고 있는 시카고 사우스 사이드의 로즐런드 중심부는 한때 번성하던 곳이었으나 이제는 시카고에서 가장 못사는 동네 중의 하나가 되어 있었다. 빈곤층 비율, 실업률, 범죄발생률, 혹은 심지어 거리의 황량하고 허전한 느낌 등, 상상할 수 있는 어떤 기준을 적용하더라도 가장 가난한 지역이었다. 한때 잘 나가던 사업체며 주택들이 서 있던 곳은 이제 잡초가 무성한 공터로 변해 있었다. 시카고의 남쪽 경계에 가까운 로즐런드는 지리적으로 고립되어 있는 데다 인종적으로도 격리되어 있었다. 백인, 흑인, 라틴계 인구가 대충 비슷하게 분포되어 있는 도시였지만, 유독 로즐런드만큼은 98퍼센트가 흑인이었다. 빈곤계층이 많은 구역의 대규모 공립학교들이 대개 그렇듯이 펜저고등학교도 성적은 언제나 형편없었다. 끈덕지게 저조한 시험성적, 낮은 출석률, 만성적으로 해이해진 기강, 그리고 높은 중퇴자 비율 등.

펜저 같은 학교에 대해서 이야기할 때면 그건 주변부의 학교라거나 시내와 워싱턴의 관료들이 아예 제쳐놓은 학생들이라는 둥, 흔히 무시하는 조로 말하기 일쑤다. 그러나 펜저고등학교는 **무시당한 적이 없었다**. 전혀 없었다. 바로 이게 이 학교의 특이한 점이다. 무시당하기는커녕, 이 학교는 지난 20년 동안 저명한 교육계 관리들이나 독지가들이 연거푸 시도했던 야심차고 재정지원까지 든든한 개혁의 초점이 되었다. 제구실을 못하는 공립고등학교의 개선을 위해서 누가 어떤 전략을 제시했든 간에, 그것은 어떤 형태로든 펜저고등학교에서 일단 테스트를 받았다.

이 학교의 근대사는 리처드 데일리 시카고 시장이 시내 학교들에 대한 통제권을 일리노이 주의회로부터 인수했던 1995년에 시작된다. 비즈니스 스타일의 접근법을 선호했던 그는 교육 시스템의 최고책임자를 더 이상 교육청장이나 교육감이라 하지 않고 대신 CEO라 부르기로 마음먹었다. 그가 임명한 첫 번째 CEO는 저돌적인 성격의 폴 밸러스Paul Vallas 예산국장. 그는 즉시 펜저를 위시하여 수준 이하의 성과를 보이고 있던 고등학교의 개선에 착수했다. 밸러스는 시 전역을 아우르는 평가 시스템을 확립하여, 각 학교가 얼마나 많은 도움을 필요로 하는지에 따라 등급을 매겼다. 펜저고등학교는 가장 심각한 '보호감찰監察' 범주에 들어갔다. 밸러스 자신이 2년간 펜저에 다녔었는데, 어쩌면 그가 이 학교에 유별난 노력을 기울였던 까닭도 거기 있었는지 모르겠다. 어쨌든 그는 외부인을 고용해서 교사들에게 독서와 글쓰기 지도 방법을 가르치는 방안을 포함한 하나의 구조조정 계획을 제시했다. 그리고 교내에 신입생 아카데미라는 것을 설치하여 입학생들이 첫해 내내 특별한 관심을 받을 수 있는 별도의 전용공간을 마련했다. 1999년에는 항공우주국이 지원한 525,000달러짜리 과학실험실까지 갖춘 수학-과학 아카데미를 역시 교내에 세웠다. 그리고 2년 후에는 펜저를 기술 분야 전문의 특성화학교magnet school로 변모시켜놓았다.

이처럼 밸러스의 개혁 이니셔티브는 하나씩 시작되고 끝났지만 막상 펜저의 학생들을 위한 상황은 크게 개선되지 않은 것 같았다. 그리고 밸러스의 후임인 안 덩컨Arne Duncan 역시 마찬가지였다. 덩컨은 2006년, 펜저를 시카고 교육 시스템과 빌게이츠재단의 대규모 협력 프로젝트를 위한 시범학교로 선정했다. 빌게이츠재단은 '고등학교의 변신'으로 불렸던 이 프로젝트를 위해 우선 2,100만 달러의 자금을 댔다. (그로부터 3년 뒤, 시카고 전역을 망라했던 이 사업의 총비용은 8천만 달러로 늘어났다.) 이 프로젝트가 발표되었을 때 덩컨은 "시카고와 이곳의 공립학교

뿐만 아니라 나라 전체를 위해서도 참으로 역사적인 사건"이라고 열광했다. 그러나 겨우 2년이 지나고 '고등학교의 변신'이 별다른 결과를 내지 못한다는 증거가 늘어나면서, 결국 펜저는 덩컨의 새로운 개혁 이니셔티브인 '고등학교 되살리기'로 갈아타게 된다. 이 개혁안을 채택하는 학교는 교장 및 교사의 절반 이상이 학교를 떠나고 완전히 새로운 팀이 들어오게 되었다. 그리고 2009년, 이 프로젝트가 펜저에 도입되면서, 새로 부임한 교장이 바로 일리저베스 도지어였다.

여기서 꼭 지적해야 할 중요한 사실이 있다. 밸러스와 덩컨은 교육 시스템을 맡은 흔해빠진 관료 타입이 아니라는 점이다. 두 사람은 미국에서도 가장 주목받는 교육 지도자들로 꼽힌다. 밸러스는 시카고를 떠난 뒤 필라델피아에서 학교를 운영했고, 이후 허리케인 카트리나가 휩쓸고 지나간 뉴 올린즈의 교육 시스템을 다시 구축하고 변모시킨 장본인으로 전국적인 명성을 얻었다. 덩컨의 경우, 2009년 오바마 대통령이 그를 교육부장관으로 임명하는 등, 시카고 이후의 커리어는 한층 더 다채롭게 전개되었다. 그러나 두 사람이 시카고에서 좋은 의도로 시작했던 (또한 종종 값비싼 대가를 치러야 했던) 모든 개혁의 와중에서도, 펜저고등학교의 암울한 통계 수치는 1995년 이래 거의 제자리걸음을 하여, 해마다 입학생의 2분의 1에서 3분의 2가량은 3년을 못 채우고 중퇴하는 형편이었다. 그리고 졸업할 때까지 다닌 소수의 학생들조차 학업이란 측면에서 성공하는 경우는 거의 없었다. 덩컨이 시카고에서 일했던 마지막 해인 2008년을 예로 들면 2~3학년을 상대로 한 대입수능시험에서 기준치에 도달하거나 능가한 학생은 기껏 4퍼센트

이하였다. 덩컨의 임기 중 이 학교는 '뒤처지는 아이 없애기'라는 별명의 연방법이 지정한 '충분한 연도별 개선'을 단 한 해도 이룩하지 못했다. 게다가 밸러스가 이 학교를 '보호감찰' 학교로 지정했던 것도 원래는 일시적 비상상태를 나타내기 위함이었지만, 그대로 바뀌지 않는 현실이 되고 말았다. 결국 2011년, 펜저는 내리 16년째 보호감찰 학교로 남아있게 된다.

야심만만하고 결단력으로 똘똘 뭉친 서른한 살의 도지어가 처음 펜저에 부임해왔을 때, 이 학교 학생들의 상황을 호전시키는 데 필요한 모든 것은 근대 교육개혁가의 기본적인 공구함 속에 담겨 있다는 것이 그녀의 믿음이었다. 그녀는 1년 동안 '새 학교를 위한 새 리더'라는 이름의 치열하게 경쟁적인 교장 트레이닝 프로그램에 참여했다. 다이내믹한 리더라면 학생들의 사회-경제적 환경이 어떻든 간에 헌신적인 교직원들만으로도 그들의 성적을 끌어올릴 수 있다는 점을 강조해서 가르친 프로그램이었다. 도지어는 몇몇 행정직과 대부분의 교사를 갈아치우는 일대 수술을 단행했다. 그녀가 부임한 지 1년이 조금 지나서 내가 사무실을 찾아 대담했을 때, 그녀가 이끄는 70명의 교직원 가운데 개혁 조치 이전에 있던 선생님들은 딱 세 명뿐이었다. 새로 온 교사들은 대개 젊고 야심에 차있었다. 또 재임용이 보장되지 않아서 그들의 성과가 도지어의 기준에 미치지 못하는 경우 해직시키기가 수월했다.

하지만 도지어는 자신이 펜저에 부임해올 때 즈음엔 학교에 대한 철학이 이미 바뀌어 있었다고 털어놓았다. "예전의 저는 학교의 성과가 좋지 못하다면 틀림없이 나쁜 교장이나 교사들이 있기 때문이라고 항상 생각했어요. 그러나 이 학교는 동네 학교라 주위 공동체를 반영할 수밖에 없다는 것이 펜저에서 직면하는 현실이랍니다. 따라서 그 공동체에서 무슨 일이 일어나고 있는지를 감안하지 않고서는 학교의 문제를 풀 수가 없어요."

펜저 학생들을 좀 더 잘 알게 되면서 도지어는 그들이 가정에서 맞닥뜨리고 있는 문제의 심각성에 매번 깜짝 놀라곤 했다. "우리 학생들 대부분은 간신히 입에 풀칠이나 하는 빈곤층 가정 출신이죠. 부랑배들이 헤집고 다니는 동네에 사는 아이들도 많고요. 어떤 식으로든 극히 불우한 환경에 처하지 않은 학생은 하나도 없을 겁니다." 그리고 그녀는 여학생들 가운데 4분의 1은 임신 중이거나 이미 아이를 키우고 있다고 설명해주었다. 친부모와 모두 함께 사는 아이는 얼마나 되는 것으로 추정하느냐고 묻자, 그녀의 얼굴은 기묘한 표정으로 변했다. "글쎄요, 꼬집어 누구인지는 모르겠지만, 그런 아이도 있기는 합니다."

폭력의 위협 또한 펜저의 학생들을 항상 억누르고 있는 것처럼 보였다. 시카고의 살인 사건 비율은 로스앤젤레스의 두 배나 되고, 뉴욕보다도 곱절이 넘는다. 시카고의 갱단들은 미국 내 다른 어떤 주요 도시보다도 그 존재감이 더 크고 치명적이다. 도지어가 부임해올 때만 해도 젊은이들 사이의 총기 사고가 한창 늘어나고 있었다. 2008년의 경우 83명의 10대들이 살해당했고, 600명 이상이 총상을 입고 목숨을 건졌다.

물론 도지어는 펜저의 개혁이 힘든 과제일 거라고 예상했지만 부임한 지 16일째 되는 날 있었던 사건 같은 것은 도무지 상상조차 못했었다. 학교에서 불과 몇 블록 떨어진 데서 무서운 싸움판이 벌어진 것이다. 대충 50명의 10대들이 싸움을 벌였는데, 대부분이 펜저 학생들이었다. 총이나 칼을 든 아이들은 없었지만, 어떤 학생들은 철로의 굄목을 뜯어내 곤봉처럼 사용하기 시작했다. 데리언 앨버트란 이름의 학생은 이 싸움에 끼어들었다가 굄목으로 머리를 얻어맞은 다음 주먹으로 얼굴을 가격 당하고 의식을 잃었다. 그가 땅에 쓰러져 있을 때 다른 아이들이 머리를 발로 찼고, 이렇게 외상이 겹치는 바람에 결국 목숨을 잃고 말았다.

  2009년 9월 데리언 앨버트의 죽음은 그해 시카고에서 고등학생들 사이에 벌어진 수십 건의 폭행치사 사건들과 기본적으로 다를 바가 전혀 없었다. 그러나 이날의 싸움과 앨버트의 죽음은 이를 구경하던 사람이 찍은 비디오에 고스란히 담겼고, 그해 가을, 이 비디오는 유튜브에 올라 센세이션을 일으키고 오랫동안 케이블 뉴스를 달구었다. 이 때문에 지역 언론과 전국의 대중매체들이 펜저로 몰려들었다. 학교 주위의 길거리에는 몇 주일씩 TV 위성트럭이 장사진을 쳤고, 학교 바로 앞에서는 철야기도와 시위가 벌어졌다. 에릭 홀더 법무장관까지 와서 학생들을 만나기도 했다. 그런 일이 있은 다음 10월에는 교내의 서로 다른 세 장소에서 깡패들의 끔찍한 싸움판이 동시에 벌어지는 바람에 펜저는 다시 뉴스거리가 되었다. 경찰차들이 수십 대나 들이닥치고 다섯 명의 학생이 체포되었으며, 학교 건물 전체가 세 시간씩이나 봉쇄

되었다.

이처럼 학교 전체에 걸친 폭력 사태가 있자, 도지어는 난폭한 행동이나 폭력을 야기할 수 있는 행동에 대해서 소위 '무관용無寬容' 정책을 도입했다. 복도에서 학생들이 폭력배들의 신호를 주고받는다든지 폭력배들처럼 악수를 하면 그 자리에서 10일간의 정학에 처하는 정책이었다. 또 학생들이 싸움을 벌이면 경찰을 불러 즉시 체포하게 한 다음, 온갖 방법을 동원해서 그런 아이들을 펜저에서 영구 퇴출시키려 했다. 앨버트가 사망한 지 1년 후 내가 펜저에서 시간을 보내기 시작했을 때, 학교 복도는 아주 정상적으로 보이진 않았지만 그래도 대체로 질서정연했다. 건장한 체구의 경비원들이 항상 복도를 순찰하고 있었으며, 학생들은 어딜 가든 펜저 신분증을 목에 걸고 다녀야 했다. 그리고 수업시간 중에 화장실을 사용하고 싶은 학생들은 60센티미터가 넘는 환한 노란색의 통행증을 갖고 가야 했다. 쉬는 시간마다 영화 「베벌리 힐즈 캅」의 주제음악이 신시사이저 소리도 요란하게 복도에 울려 퍼졌고, 학생들은 그 음악이 끝나기 전에 다음 수업에 들어가야 했다. 이처럼 엄격한 규정을 도입했음에도 불구하고 말썽은 여전했다. 내가 도지어와의 인터뷰를 위해서 처음으로 이 학교를 찾았을 때도, 복도에서 두 번이나 고함 소리가 나고 그녀가 대화 도중에 달려가 문제를 해결해야 했었다.

도지어가 교장에 부임한 지 2년이 되면서 자신이 사용할 수 있는 가장 중요한 수단은 교실에서의 지시사항과는 그다지 상관이 없는 것뿐이라는 느낌이 들기 시작했다고 한다. 데리언 앨버트 사건 이후, 홀더와 덩컨은 펜저고등학교에 분노 관리와 트라우마 카운슬링을 위한 방과 후 프로그램 설립에 연방정부 자금 50만 달러를 투입하겠다고 약속했고, 학교 측은 학생들뿐만 아니라 가족들까지도 카운슬링에 포함시키겠다고 나섰다. 도지어는 가장 말썽을 많이 일으켰던 학생 25명을 집중적인 멘토링 프로그램에 등록시켰다. 그녀는 학교에서 가장 절박한 위기로 보이는 것을 해결해줄 수 있는 거라면 어떤 식으로든 개입할 기회를 찾고 있었다. 그처럼 절박한 위기는 학생들의 성적 부진이 아니라 (그것도 물론 여전히 우울하고 심각한 문제였지만) 그들의 불우하고 비극적이기까지 한 가정생활에서 비롯되어 하루하루를 견디기 어렵게 만드는 좀 더 뿌리 깊은 문제들이었다. "교육계에 처음 투신했을 때 저는 '아이들이 어떤 가정 출신인가?' 혹은 '빈곤이 아이들에게 미치는 영향은 어떤 것인가?' 같은 질문을 대수롭잖게 여겼어요. 하지만 펜저에서 일한 이래로 저의 생각이 많이 진화한 겁니다." 어느 날 아침 도지어가 했던 말이다.

Keyword 02

너딘 버크 해리스 - 빈곤과 역경의 충격

　　　　　빈곤은 아이들에게 어떤 영향을 미치는가? 도지어와 지리적으로 한참 멀리 떨어져 있던 너딘 버크 해리스 또한 바로 이 질문을 하고 있었다. 하지만 그녀는 교육자가 아니라 의사였기에 환자의 건강이라는 관점에서 그 질문에 접근했다. 버크 해리스는 2007년부터 샌프란시스코 베이뷰-헌터즈 포인트 구역 내, 베이뷰 아동건강센터에서 선임 소아과의사로 활동하고 있었다. 샌프란시스코의 남동쪽 한구석, 시내에서 가장 규모가 크고 가장 폭력으로 얼룩졌던 주택사업이 이루어진 장소에 자리 잡은 황량한 공장지대였다. 진료소를 세웠을 때만 해도 버크 해리스는 하버드대학교 공중보건학과를 막 졸업하여 자금력이 튼튼한 사립병원 체인인 캘리포니아 퍼시픽 메디컬 센터에 취직했다. 그녀가 맡은 임무는 샌프란시스코 시민의 건강 불평등을 찾아내고 시정한다는, 모호하지만 고상하게 들리는 미션이었다. 시민건강의 불평등을 찾아내는 것은 (특히 베이뷰-헌터즈 포인트에서는) 어렵지 않았다. 예컨대 심부전 증상으로 입원하는 사람의 비율이 불과 몇 마일 떨어진 머리너 구역에 비해 다섯 배나 높았다. 그리고 버크 해리스의 진료소가 문을 열기 전만 해도 1만 명 이상의 아동이 거주하는 이 구역에 개인적으로 운영되는 소아과의원이라곤 딱 하나뿐이었다.

버크 해리스는 하버드에서 건강 불평등을 전공했었고, 공중보건 지침서에 따라 그런 격차의 해소를 위해 어떻게 해야 하는지도 잘 알고 있었다. 즉, 저소득층이 헬스케어를 -특히 기초진료를- 누릴 수 있게 그 접근법을 개선하는 것이었다. 진료소 문을 열면서 그녀는 천식의 관리, 영양개선, 디프테리아나 백일해百日咳나 파상풍에 대한 백신 투여 등, 부유층 아동과 빈곤층 아동 사이의 격차가 가장 두드러지고 가장 잘 이해되는 보건 이슈부터 해결해나갔다. 가장 쉽게 달성할 수 있는 것을 우선 목표로 삼은 것이다. 그러고는 불과 몇 달 안에 상당한 진척을 볼 수 있었다. "알고 보니 이 지역의 면역 비율을 신속히 늘린다든가 천식으로 인한 입원을 획기적으로 낮추는 일은 놀라울 정도로 수월했지요." 내가 그녀의 클리닉을 처음으로 방문했을 때 그녀는 그렇게 말했다. 하지만 이렇게 덧붙여 설명하기도 했다. "그런데도 실제로 의료격차의 근본이 되는 것은 건드리지 못하고 있다는 느낌이 들었어요. 요즘 세상에 아이가 파상풍에 걸려 죽는 일이 어디 있겠어요? 내가 알고 있는 한은 말입니다."

버크 해리스가 느끼고 있던 상황은 도지어의 그것과 아주 흡사했다. 자, 여기 그녀는 어려서부터 꿈꿔오던 일을 하고 있었다. 자원도 풍부했고, 훈련도 잘 받은 데다, 열심히 일하고 있었다. 그런데도 자신이 돕고자 애쓰고 있는 어린아이들의 삶에는 그다지 개선의 기미가 보이지 않았다. 그들은 집에서나 거리에서 여전히 폭력과 혼란에 갇혀 있었고 그것은 아이들에게 틀림없이 신체적으로나 정신적으로 심각한 타격을 입히고 있었다. 진료소에서 만난 많은 아이들은 우울과 불안에 빠져 있는 듯이 보였고, 더러는 완전히 충격에 사로잡혀 있었다. 그들의 일상생활에서 오는 스트레스는 공황장애, 섭식장애, 자살행동 등 다양한 증상으로 나타나고 있었다. 그녀는 때때로 자신이 기초진료를 하는 소아과의사라기보다는 오히려 환자를 대충 치료해서 다시 전쟁터로 내모는 야전군의관인 것처럼 느꼈다.

버크 해리스는 해답을 찾아 헤매다가 빈곤과 역경에 대한 하나의 새롭고도 낯선 대화에 참여하게 된다. 그것은 공공정책을 다루는 잡지나 정치학 심포지엄에서가 아니라 의학 잡지와 신경과학 학회에서 이루어진 대화였다. 그리고 처음에는 좀 과격하게 보였던 하나의 아이디어를 그녀는 서서히 확신하게 되었다. 베이뷰-헌터즈 포인트 같은 동네의 경우, 우리가 보통 사회적 이슈라고 생각하는 많은 문제들은 사실 인간생물학 영역의 저 아래, 분자分子 단계에서 분석하고 대처하는 것이 최선이라는 생각 말이다.

ACE 스터디 – 불우한 아이의 삶

　버크 해리스의 여정은 어느 의학 잡지에 실린 기사에서 시작되었다. 2008년 어느 날, 진료소의 동료 심리학자인 휘트니 클라크가 그녀의 책상에 놓아준 잡지였다. "아동기의 불우한 경험과 성인 건강의 연관성: 금에서 납으로"라는 제목의 이 기사는 캘리포니아에 본부를 둔 거대한 종합건강관리기관 카이저 퍼머넌트의 예방의학부문을 이끌고 있는 빈선트 펠리티Vincent Felitti가 기고한 것으로, 펠리티가 1990년대에 애틀랜타 질병관리센터의 유행병전문의 로버트 앤더Robert Anda와 함께 진행했었던 불우아동기경험Adverse Childhood Experiences 연구가 –흔히 ACE 스터디로 불리는 연구가– 자세히 설명되어 있었다. 버크 해리스가 이 기사를 읽는 순간 무언가가 불현듯 또렷해진 것이다. 그녀는 미소를 지으며 이렇게 말했다. "구름이 말끔하게 걷히고, 천사가 노래했어요. 영화 「매트릭스」 마지막에 온 우주가 구부러지고 변화하는 모습을 네오가 볼 수 있었던 바로 그 장면 같더라니까요."

펠리티는 1995년부터 카이저 HMO에 등록된 환자로서 종합검진을 받으러 오는 사람들에게 설문지를 나눠주고, 불우했던 아동기의 10가지 경험에 대해서 개인의 이야기를 들려달라고 부탁하기 시작했다. 신체적 혹은 성적 가혹행위, 육체적 혹은 정신적인 방치, 그리고 (부모의 이혼이나 별거, 수감되어 있는 식구, 정신 이상이나 중독자인 가족으로 인한) 여러 단계의 가족 기능 상실 등등이 거기 포함되었다. 이후 2년 동안 1만 7천 명 이상의 환자들이 설문지를 완성해서 반송해주었다. 거의 70퍼센트에 달하는 응답률이었다. 그리고 응답자들 중 백인이 75퍼센트, 대학 졸업자가 역시 75퍼센트, 평균 연령은 57세로 나타나 이들을 하나의 집단으로 봤을 때 중산계급에서 상위 중산계급을 대변하는 주류 계층이었다.

이런 자료들을 표로 작성해본 앤더와 펠리티는 무엇보다 먼저 대체로 부유한 이 사람들 중 압도적인 다수가 어렸을 때 트라우마를 겪었다는 사실에 깜짝 놀랐다. 이 환자들의 4분의 1 이상이 알코올 중독자나 약물 중독자가 있는 가정에서 자랐다고 말했고, 어렸을 때 구타를 당한 적이 있다고 답한 사람들도 같은 정도로 많았던 것. 이 같은 자료를 이용해 의사들은 이들이 겪었던 한 가지 불행한 경험에 대해 1점씩을 주는 방법으로 환자마다 ACE 스코어를 매겼다. 그랬더니 환자의 3분의 2가량이 적어도 한 가지의 불우한 경험을 했으며, 8명 가운데 1명꼴로 ACE 스코어가 4점 이상이라는 사실이 드러났다.

두 사람은 그때까지 모든 환자들에 대해서 카이저가 축적해놓은 엄청난 진료기록과 위에서 말한 ACE 스코어를 비교했을 때 다시 한 번 깜짝 놀랐다. 이번에는 좀 더 의미심장한 놀라움이었다. 아동기의 불우한 경험과 성인이 된 후의 부정적인 결과, 그 둘 사이의 상관관계는 너무나 강력해서 후일 앤더는 "우리는 경악했다."고 적었다. 그뿐이랴, 그 상관관계는 놀라우리만치 직선적인 인과 관계 모델을 따르고 있는 것처럼 보였다. 즉, ACE 스코어가 높을수록 중독성 행위에서부터 만성질병에 이르기까지 거의 모든 측면의 결과도 한층 더 나빴다. 앤더와 펠리티는 데이터를 이용해 막대도표를 하나씩 만들어나갔는데, 그 하나하나가 대충 같은 모양으로 나왔다. 각 도표의 바닥에 있는 가로축에는 환자가 경험했던 ACE 숫자를 표시했다. 세로축을 따라서는 비만, 우울, 때 이른 성경험, 흡연 경력 등등의 바람직하지 못한 결과를 나타냈다. 모든 차트의 막대들은 좌측(제로 ACE)에서 우측(ACE 스코어 7)을 향해 지속적으로 일관성 있게 올라갔다. 아동기의 불우한 경험이 없는 사람들에 비해서 ACE 스코어가 4 이상인 사람들은 흡연의 가능성이 2배였고, 알코올 중독자가 될 확률은 7배나 되는가 하면, 18살 이전에 성경험을 가질 확률도 7배에 이르렀다. 또 그들은 암 진단을 받았을 가능성도 2배, 심장병에 걸리거나 간에 병이 생길 확률도 2배, 그리고 폐기종이나 만성기관지염으로 고생할 확률은 4배에 달했다. 막대가 올라가는 기울기가 유난히 급한 차트도 더러 있었는데, ACE 스코어가 6 이상인 성인들은 제로인 성인보다 자살을 시도했을 확률이 무려 30배였던 것이다. 아울러 ACE 스코어 5 이상의 남성들은 제로인 남성들보다 약물을 투여했을 가능성이 46배 가까이 되었다.

　이 같은 행태의 결과는 -그 강도를 생각할 때 놀랍긴 하지만- 적어도 직관적으로는 어느 정도 이해가 된다. 심리학자들은 어린 시절의 충격적인 사건들이 자존감의 저하를 가져오거나 존재가치의 상실을 초래할 수 있다고 오랫동안 믿어왔었고, 또 그런 감정들이 중독이나 우울증이나 심지어 자살까지도 야기할 수 있다고 추정하는 걸 합리적이라고 생각했다. 그리고 간 질환, 당뇨병, 폐암처럼 ACE 스터디에서 드러난 건강상의 몇 가지 증세는 (적어도 부분적으로는) 과도한 음주나 과식 및 흡연 따위의 자기 파괴 행동에서 비롯된 결과일 가능성이 농후하다. 그러나 펠리티와 앤더는 설사 이와 같은 행태가 **존재하지 않는** 경우라도 어릴 때의 불행한 경험은 성인이 된 후의 건강에 극도로 부정적인 효과를 미친다는 사실을 발견했다. ACE 스코어가 7 이상으로 높지만 담배도 안 피우고 술도 많이 마시지 않으며 비만도 아닌 환자들을 조사해봤더니, (미국에서 최고의 사망 원인으로 지목되는) 허혈성虛血性 심질환의 위험성이 ACE 스코어 제로인 사람들에 비해 그래도 360퍼센트나 높게 나왔다. 이 환자들이 어릴 때 겪었던 역경은 행동과는 아무런 상관이 없는 경로를 통해 그들을 병들게 하고 있었던 것이다.

소방서 효과

위에서 설명한 최초의 ACE 스터디에 자극받은 버크 해리스는 다른 연구논문을 쓰게 됐다. 오래지 않아 이 주제에 푹 빠진 그녀는 매일 밤늦게까지 의학 잡지를 읽고 PubMed라는 온라인 의료 데이터베이스에 나오는 주석과 참고사항을 추적하게 되었다. 그 넉 달 동안의 치열한 연구로 그녀가 쌓아올린 조사결과는 이제 두툼한 네 개의 바인더에 담겨서 진료소 사무실의 선반에 놓여있다. 그 안의 서류들은 여러 가지 과학적 원칙을 망라하고 있지만, 대부분은 (각종 호르몬이 어떻게 뇌와 상호 작용을 하는지를 연구하는) 신경내분비학과 (스트레스가 인체에 미치는 영향을 연구하는) 스트레스 생리학이라는 두 개의 상당히 모호한 의학 분야에 뿌리를 내리고 있다. 애당초 앤더와 펠리티는 자신들이 모아놓은 ACE 자료에서 작동하고 있는 생물학적 메커니즘을 이해하지 못했다. 하지만 지난 10년간, 과학자들은 유년기의 역경이 자라나는 신체와 뇌에 피해를 입히는 주요 채널은 바로 스트레스라는 데 합의하기에 이르렀다.

인간의 신체는 **호르몬축** 또는 **HPA축**이라고 하는 시스템을 이용하여 스트레스를 조절한다. 여기서 HPA는 시상하부-뇌하수체-부신을 뜻하는데, 선뜻 이해가 되지 않는 이 말은 강렬한 환경에 반응하여 화학적 신호가 뇌와 전신에 퍼져나가는 방식을 나타낸다. 위험이 될 수 있는 잠재요소가 나타나면 뇌의 영역 중에서 체온이나 배고픔 또는 갈증 같은 무의식적인 생리과정을 컨트롤하는 시상하부가 1차적 방어선이 된다. 이 시상하부는 뇌하수체 안에 있는 수용기受容器를 작동시키는 화학 물질을 내뿜고, 뇌하수체는 부신을 자극하는 신호호르몬을 방출한다. 그러면 부신은 당질코르티코이드라고 하는 스트레스 호르몬을 내보내는데, 이것이 몇 가지 특정한 방어 반응을 일으키는 것이다. 이런 반응 가운데 어떤 것들은 우리 스스로 인식할 수 있다. 예컨대 두려움이나 불안의 감정 그리고 심장이 뛰거나 피부가 축축해지거나 입이 바짝 마르는 등의 신체적 반응이 여기에 해당한다. 그러나 HPA축의 많은 효과들은 즉각적으로 뚜렷이 나타나지 않는다. 심지어 신경전달물질이 작동하고 혈당치가 올라가고 심혈관계통이 근육을 향해 혈액을 공급하며 염증을 유발하는 단백질이 혈관을 내달리는 등, 본인이 그런 걸 직접 경험할 때조차 쉬이 드러나지 않는다.

〈얼룩말은 왜 위궤양에 안 걸리는 걸까?〉라는 흥미롭고도 통찰력이 넘치는 책을 쓴 신경과학자 로버트 사폴스키Robert Sapolsky는 인간이 스트레스에 반응하는 시스템은 모든 포유류와 마찬가지로 짧고 강렬한 스트레스에 반응하게끔 진화했다고 설명한다. 인간이 육식동물들을 피해 드넓은 초원을 뛰어다닐 때만 해도 그것은 제대로 효과를 발휘했다. 하지만 오늘날의 인간은 사자의 공격을 받는 일이 거의 없다. 대신에 지금 우리의 스트레스는 대부분 정신적 프로세스, 그러니까 일에 대한 걱정에서 온다. 그런데 HPA축은 그런 종류의 스트레스를 처리하도록 설계되어 있질 않으니 문제다. 사폴스키의 이야기를 들어보자. "우리는 격심한 신체의 비상상태에 반응하기 위해서 진화해온 생리적인 시스템을 작동시킨다. 그건 좋지만 주택융자금, 인간관계, 진급 따위를 걱정하느라 몇 달이고 계속해서 그걸 켜놓고 있으니 어쩌겠는가." 그리고 지난 50년에 걸쳐 과학자들은 이런 현상이 비효율적일 뿐만 아니라 지극히 파괴적이기까지 하다는 사실을 발견했다. HAP축에 과부하가 걸리면 -특히 갓난아기거나 어릴 때 그렇게 되면- 온갖 종류의 심각하고도 오래 지속되는 부정적인 효과를 낳게 된다. 신체적으로나 심리적으로 또는 신경학적으로 말이다.

그런데 이런 과정에는 까다롭고 묘한 면이 있다. 사실 상황을 엉망으로 만드는 것은 스트레스 그 자체가 아니라, 오히려 스트레스에 대한 신체의 반응이다. 록펠러대학교의 브루스 머큐언Bruce McEwen 신경내분비학교수는 1990년대 초에 이걸 설명하는 이론을 제시하여 지금은 이 분야에서 널리 받아들여지고 있다. 머큐언의 논리를 따르면, 자신이 '알로스타시스allostasis'라는 이름을 붙여준 스트레스 관리 과정이야말로 육신을 마모시킨다는 것. 신체의 스트레스 관리 시스템에 과부하가 걸리면 그 무게로 인해 결국 시스템이 결딴난다는 얘기다. 이와 같은 점진적인 과정을 머큐언은 '알로스타시스 부하'라고 불렀고, 우리는 온몸을 아우르는 그 파괴적인 효과를 관찰할 수도 있다고 했다. 예를 들어 위험한 상황에 대응해야 하는 근육 및 조직으로 충분한 양의 혈액이 흘러들어가게 하기 위해 격렬한 스트레스는 혈압을 올린다. 이건 좋은 일이다. 그러나 되풀이해서 혈압이 높아지면 죽상죽상동맥경화 플라크가 생기고, 이것이 심장발작을 야기하게 된다. 이건 고약한 일이다.

인간의 스트레스 반응 시스템은 대단히 복잡하게 설계되어 있지만, 실제 이용될 때의 섬세함으로 말하자면 야구방망이만도 못하다. 우리가 어떤 종류의 스트레스를 겪느냐에 따라서, 여러 방어 메커니즘 가운데 어느 하나가 반응하는 것이 가장 이상적일 것이다. 예컨대 살갗에 상처가 난 경우엔 면역체계가 항체를 넉넉하게 만들어내는 것이 좋지 않겠는가? 하지만 날 공격하려는 자로부터 도망쳐야 할 땐, 심장박동이나 혈압이 마구 올라가는 게 좋을 것이다. 그러나 HPA축은 여러 가지 다른 위협을 구별하는 능력이 없어 어떤 위협이든 모든 방어기제를 동시에 작동시켜버린다. 불행하게도 이것은 전혀 도움이 되지 않는 스트레스 반응을 우리가 종종 경험하게 된다는 의미다. 그러니까 청중들 앞에서 당신이 멋진 연설을 해야 할 판인데 느닷없이 입이 바짝 마르는 식이다. 당신의 HPA축이 위험을 감지한 결과, 타액을 축적해서 외부 공격을 막아내려고 준비하기 때문이다. 그래서 당신은 침을 꿀꺽 삼키고 어디 물 한 잔이 없을까 둘러보면서 멍청히 서 있게 되는 거다.

따라서 HPA축이란 이런 거라고 생각하면 된다. 멋들어진 최첨단 트럭 부대를 갖춘 초호화급 소방서. 트럭마다 극도로 전문화된 도구와 고도로 훈련된 완전무장한 소방관 아저씨들까지. 그런데 비상벨이 울리면 소방관들은 문제가 무엇인지 분석하거나 어떤 트럭이 가장 적절한가를 알아낼 겨를도 없다. HPA축이 그렇듯이 그들은 필요하다고 생각되는 모든 도구를 몽땅 들고서 그저 재빨리 뛰쳐나갈 따름이다. 불이 나서 사람들을 구해야 하는 경우엔 이런 전략이 옳을 수도 있겠지만 반대로 쓰레기통에서 나는 연기를 끄겠다고 열두 대의 트럭이 출동하는 결과가 될 수도 있으리라. 혹은 비상벨이 잘못 울리는데도 똑같이 반응할 수도 있고.

무서워 죽겠어 – 아동기 스트레스

버크 해리스는 자신의 환자들에게서 이런 소방서 효과의 결과를 항상 보고 있었다. 어느 날 베이뷰 클리닉에서 그녀는 그런 환자들 중 한 명을 나한테 소개해줬다. 모니셔 설리번이라는 10대 소녀였는데, 열여섯 나이에 아기를 갖게 되면서 처음으로 클리닉을 찾아왔단다. 모니셔의 어린 시절은 매 순간이 바로 스트레스였다. 우선 태어난 지 며칠 만에 코카인과 다른 약물에 심하게 중독되어 있던 엄마가 그녀를 버렸다. 그래서 모니셔는 폭력배들이 난무하는 위험 지역에서 아버지와 오빠들이랑 어린 시절을 보냈고, 결국 아버지조차 마약에 빠져 있으나마나 한 존재가 되었다. 모니셔가 10살이었을 때 시 아동보호국이 그녀와 오빠들을 집에서 빼내 위탁양육을 받도록 조치했다. 그때 이래로 그녀는 위탁받은 가정이나 집단보호소에서 한 주, 한 달, 혹은 한 해를 보내는 식으로 여러 시스템을 거치며 살다가, 급기야 음식이나 숙제 혹은 TV를 둘러싼 갈등이 심해져서 모니셔가 달아나거나 위탁양육을 하던 사람이 포기하게 되었다. 그러면 또 다른 데로 맡겨지곤 했다. 마지막 6년 동안 그녀는 9개의 다른 보호소를 전전하고 있었다.

나를 만났던 2010년 가을, 모니셔는 막 18살이 되었고 얼마 되지 않은 삶의 절반을 보냈던 위탁양육 시스템에서 자유로워진 상태였다. 자신이 겪은 일 중, 가장 고통스러웠던 것이 바로 위탁양육을 받게 된 그날이었다고 그녀는 회상했다. 아무런 경고도 없이 생면부지의 사회복지사가 나타나 수업을 받고 있는 그녀를 끌어내 낯선 새집으로 몰아붙인 것이다. 아버지와의 연락조차도 몇 달이 지나서야 이루어졌다. 그녀는 이렇게 말했다. "어제 일인 것처럼 생생해요. 하나도 빠짐없이. 지금도 꿈에 나타난다니까요. 영영 이 피해에서 벗어나지 못할 것만 같아요."

우리는 클리닉의 치료실에 앉아 있었다. 그 피해란 것이 어떻게 느껴지는지 설명해보라고 내가 부탁했다. 그녀는 자신의 감정을 대단히 또렷하게 표현했고 ─ 그녀는 슬프거나 좌절을 느낄 땐 시를 쓴다 ─ 자신이 겪고 있는 징후를 정확하게 열거했다. 불면증에다 악몽을 꾸기도 하고 때론 도무지 설명이 안 될 정도로 온몸이 아프단다. 어떨 땐 두 손이 걷잡을 수 없이 떨린다고도 했다. 최근엔 머리카락이 빠져서 두발이 듬성해진 부분을 가리기 위해 연녹색 스카프를 쓰고 있었다. 무엇보다도 그녀는 불안했다. 학교도 불안하고, 어린 딸도 불안하고, 지진이 날까 불안하고……. 그녀는 말했다. "세상에서 가장 기이한 것들을 생각하곤 해요. 온 세상이 끝장나는 것 같은……. 비행기가 머리 위로 날아가면 행여 폭탄을 떨어뜨리지 않을까 생각하고. 죽음을 맞고 있는 아빠를 생각해요. 아빠를 잃게 되면 어떻게 할까, 모르겠어요." 그런 불안감에 대해서조차도 조마조마했다. "무서워지면 난 몸을 떨기 시작해요. 가슴이 마구 뛰고 땀을 흘리죠. 사람들이 그러잖아요, 무서워 죽는 줄 알았다고? 언젠가 그런 일이 나에게 생길까봐 너무 무서워요."

모니셔 설리번에게 무슨 일이 일어나고 있는지를 이해하는 데는 소방서 은유가 도움이 될지 모르겠다. 말하자면 그녀가 어렸을 땐 화재경보기가 시도 때도 없이 가장 높은 소리로 울리곤 했던 것. **엄마랑 새엄마는 서로 주먹질을 해대고, 아빠는 이제 다시는 못 봐. 집에 돌아와도 저녁 챙겨줄 사람은 없고, 날 위탁 받은 가정도 더 이상 날 돌봐주지 않을 거야.** 경보기가 울릴 때마다 그녀의 스트레스 반응 시스템은 사이렌 소리를 빵빵거리며 온갖 트럭을 다 내보냈다. 소방관들은 창문을 부수고 들어가 카펫을 적셨다. 모니셔가 18살이 되었을 즈음 그녀의 가장 심각한 문제는 주변 세계에서 맞닥뜨리는 위협이 아니라 이 소방관들이 입힌 피해였다.

1990년대 알로스타시스 부하라는 개념을 처음으로 제시했을 때, 머큐언은 그것을 실제 숫자로 표시되는 지수로서 고안한 게 아니었다. 하지만 최근 그는 UCLA의 노인학교수 터리저 시먼Teresa Seeman이 이끄는 연구팀과 함께 알로스타시스 부하를 '조작 가능하게' 만들었다. 또한 평생 동안의 스트레스 관리로 인해 유발된 피해를 나타내는 하나의 수치를 각 개인에게 만들어주려고 노력해왔다. 오늘날 의사들은 이와 비견될 만한 생물학적 위험 지수를 항상 이용하고 있다. 혈압 측정이 그 대표적인 예라 하겠다. 그런 숫자들은 특정한 질병을 예측해주는 도구로서 분명히 유용하다. (그 때문에 의사들은 우리가 병원을 찾을 때마다 진료 목적이 무엇이든 간에 혈압부터 재는 것이다.) 근데 혈압 수치 하나만으로는 건강에 대한 미래의 위협을 정확히 측정할 수 없다는 게 문제다. 좀 더 정확한 알로스타시스 부하 인덱스를 원한다면 단순히 혈압과 심장 박동뿐 아니라 스트레스에 민감한 다른 수치도 포함되어야 할 것이다. 예를 들면 콜레스테롤 정도와 고감도 C-반응 단백질(심장질환에 대한 주요한 표시)이라든지, 소변에 포함된 코르티솔이나 다른 스트레스 호르몬 수치, 그리고 혈류 속의 혈당과 인슐린 및 지방질 수치 등이 여기에 해당된다. 시먼과 머큐언은 이 모든 측정치들을 아우르는 복잡한 지수라면 미래의 건강 리스크에 대해서 혈압이나 지금 사용되고 있는 다른 어떤 한 가지 측정치보다도 훨씬 더 믿을 만하다는 것을 보여주었다.

가령 당신이 20대 초반이라고 가정해보자. 그때까지 살면서 겪었던 스트레스와 그 때문에 맞닥뜨리고 있는 의학적 위험성까지 나타내주는 단 하나의 수치를 의사가 당신에게 줄 수 있다고? 참으로 매력적이고 조금은 으스스한 개념이 아닐 수 없다. 어떤 면으로 봐서는 ACE 스코어를 좀 더 세련시킨 버전이라고나 할까. 그러나 당신 스스로 제공하는 어린 시절 이야기에 의존하는 ACE 스코어와는 달리, 알로스타시스 부하 넘버는 오로지 냉정하고 확고한 의료 데이터만을 반영한다. 당신의 몸속, 피부 아래 저 깊은 곳에 새겨진 아동기 역경의 신체적 영향 같은 것 말이다.

실행기능

　의사로서 버크 해리스가 처음 흥미를 느낀 것은 어릴 때의 트라우마와 조절되지 못한 스트레스가 환자들의 신체에 미치는 영향이었다. 모니셔의 떨리는 손이라든지 탈모 혹은 설명되지 않는 통증 같은 것들. 그러나 그녀는 이러한 요소들이 환자의 생명의 다른 측면에도 똑같이 심각한 충격을 준다는 사실을 금세 깨달았다. 그녀가 펠리티-앤더의 ACE 설문지를 수정해서 700명 이상의 환자들에게 사용했더니, ACE 스코어와 학교 내 문제점들 사이에 불편할 정도로 강력한 상관관계가 있다는 게 드러났다. ACE 스코어가 제로인 환자들 중에서 단지 3퍼센트만이 학습이나 행동상의 문제가 있는 것으로 밝혀졌으며, 스코어가 4점 이상인 환자들 가운데서는 51퍼센트나 그런 문제를 안고 있었던 것이다.

　스트레스 생리학자들은 이런 현상에 대해서도 생물학적인 설명을 찾아낸 바 있다. 뇌에서 초기 스트레스 때문에 가장 영향을 받는 부위는 전전두엽으로, 이것은 감정과 인지 양쪽에서 모든 종류의 자기조절 활동을 위해 필수 불가결한 부위다. 그 결과, 스트레스가 많은 환경에서 자라는 아이들은 대개 집중을 잘 못하고 가만히 앉아 있거나 실망에서 회복하거나 지시를 따르는 것도 한층 더 어려워한다. 바로 이것이 학업 성적에 곧바로 영향을 미치는 것이다. 통제할 수 없는 충동과 부정적인 감정에 휩싸여 산만해지면 알파벳을 배우기도 힘들어지는 법. 그리고 실제로 유치원 교사들에게 학생들 관련 설문지를 돌려보면 그들에게 가장 어려운 문제는 글자나 숫자를 모르는 아이들이 아니라고 답한다. 성질을 죽이지 못하거나 자극을 받고 침착해질 줄 모르는 아이들이야말로 가장 골치라는 거다. 한번은 전국적인 조사를 했는데, 유치원 교사들의 46퍼센트가 맡고 있는 아이들의 절반 이상이 지시를 따르지 않는 문제점을 지니고 있다고 말했다. 또 다른 조사결과에 의하면, 빈곤층 아동지원 프로젝트인 헤드 스타트Head Start의 교사들은 자기가 맡은 학생의 4분의 1 이상이 적어도 일주일에 한 번꼴로 발로 찬다든지 다른 아이들을 위협하는 등, 자기조절과 관련해 심각하게 부정적인 행동을 나타낸다고 보고했다.

모든 종류의 불안이나 우울 등, 스트레스가 전전두엽에 미치는 영향은 정서적 혹은 심리적인 것으로 분류하는 편이 가장 좋을 듯하다. 나는 모니셔와 처음 대면한 이후로 줄곧 연락을 취했는데, 그녀에게서 그러한 정서적 징후를 상당히 많이 볼 수 있었다. 무엇보다 그녀는 자기 몸무게나 자녀 양육 능력이나 전반적인 미래의 전망 등, 스스로에 대해 회의를 거듭하며 속을 앓았다. 어느 날 밤, 외로움을 못 이긴 그녀는 본의 아니게 덜떨어진 예전 남자 친구를 집으로 불렀다가 폭행을 당했다. 그리고 항상 자신을 뒤집어엎을 것만 같은 감정의 홍수와 맞붙어 줄곧 투쟁을 벌였다. 하루는 나에게 이렇게 털어놓기도 했다. "스트레스가 너무나 지나쳐서 나로선 도저히 견딜 수 없을 때도 있죠. 다른 사람들은 어떻게 해결하는지 모르겠어요."

모니셔의 경우, 지나친 스트레스가 그녀의 전전두엽에 끼친 주된 영향은 감정 조절이 너무나 어려워진 것이었다. 하지만 다른 많은 젊은이들에게 스트레스의 첫 번째 영향은 생각을 조절하는 능력을 감소시킨다는 것이다. 이것은 전전두엽에 위치하고 있으며 '실행기능executive functions'이라고 알려진 일련의 특별한 인지기술과 관련이 있다. 경제적으로 부유한 학군에서는 이 실행기능이 새로운 캐치프레이즈가 되어 있다. 평가하고 진단해야 할 무언가로 최근에 떠오른 것이다. 그러나 빈곤층 아동들을 연구하는 학자들 사이에 실행기능은 전혀 다른 이유로 인해서 매력적인 새 분야로 간주된다. 즉, 실행기능을 개선시키는 것이야말로 중산층 아이와 가난한 아이 사이의 성적 간격을 줄여줄 유망한 도구처럼 보이기 때문이다.

지금 우리가 이해하는 실행기능은 좀 더 차원 높은 정신적 능력의 집합이다. 하버드대학교 아동발달센터를 이끌고 있는 잭 숀코프Jack Shonkoff는 이런 실행기능을 뇌 기능의 감독을 책임진 항공관제사 팀에 비유했었다. 가장 넓게 보면 실행기능은 혼란스럽고 예측할 수 없는 상황이나 정보에 대처할 수 있는 능력을 가리킨다. 실행기능 능력의 유명한 실험으로 스트룹 테스트Stroop test라는 게 있다. 이 실험에서는 빨강이라는 글자를 녹색으로 써놓고, 이 단어가 무슨 색깔이냐고 묻는다. 이때 빨강이라고 대답하지 않으려면 약간의 노력이 필요한데, 그런 충동에 저항하고자 할 때 의지할 수 있는 기술들이 바로 실행기능이다. 특히 학교에서는 그런 기술들이 소중하다. 우리가 아이들에게 서로 모순되고 어긋나는 정보를 처리하라고 끊임없이 요구하기 때문이다. 알파벳 C는 'ㅅ'으로 발음되지 않을 땐 'ㅋ'으로 발음된다. 'tale'과 'tail'은 동일한 발음이지만 뜻이 다르다. 'zero'라는 말 자체는 영이라는 뜻이지만 그 앞에 'one'이 붙으면 전혀 다른 의미가 된다. 이런 식의 여러 가지 트릭과 예외들을 놓치지 않고 파악하려면 어느 정도의 인지적 충동조절이 필요한데, 바로 그것이 정서적 충동조절(그러니까 내가 좋아하는 장난감 자동차를 친구가 만졌다고 해서 그 친구를 때리는 일이 없게 자제하는 능력)과 신경학적으로 연관되어 있는 기술이다. 스트룹 테스트이든, 장난감 자동차 사건의 경우든, 전전두엽을 이용해서 즉각적이고 본능적인 반응을 극복해내는 것이다. 그리고 우리가 정서 영역에 있는 자제력을 쓰든, 인지 영역에 있는 자제력을 쓰든, 그 능력은 하루의 수업을 제대로 마치기 위해서 꼭 필요하다. 이는 유치원에 다니는 아이들이나 고등학교 졸업을 앞둔 학생들이나 마찬가지다.

사이먼 게임 – 가난이라는 스트레스

실행기능의 능력이 가족의 수입과 끈끈하게 연결되어 있다는 것을 알게 된 후 어느 정도 시간이 흘렀지만 최근까지만 해도 그 이유가 무엇인지는 모르고 있었다. 그러던 중 2009년 코넬대학교의 연구원 게리 에번즈Gary Evans와 미셸 샘버그Michelle Schamberg가 고안해낸 실험은 아동기의 빈곤이 어떻게 실행기능에 영향을 미치는지를 처음으로 똑똑히 들여다볼 수 있는 기회를 제공했다. 이들이 특별히 조사했던 실행기능 기술은 작업기억이었다. 작업기억은 다량의 사실을 머릿속에 동시에 보관해둘 수 있는 능력을 가리킨다. 이것은 장기기억과는 완전히 다른 기억으로, 초등학교 1학년 담임선생님의 이름을 기억하는 게 아니라 슈퍼마켓에 가면 뭘 사야 하는지를 전부 외우는 따위의 기억이다. 작업기억을 측정하기 위해서 에번즈와 샘버그가 선택했던 도구는 사이먼이라고 하는 아이들의 전자게임이었다. 좀 유치한 방식이라고

나 할까. 1970년대에 성장기를 거친 사람이라면 해즈브로가 만든 이 게임을 기억할 것이다. 이것은 LP 레코드 사이즈에다 그보다 두꺼우면서 UFO처럼 생긴 디스크인데 불이 들어오면서 유별난 소리가 나는 네 개의 패널이 붙어있다. 패널이 다양한 연속 패턴으로 번쩍거리는데, 그 소리와 불빛의 순서를 기억해내는 게임이다.

에번즈와 섐버그는 사이먼 게임을 이용해서 뉴욕주 북부에 사는 17세 청소년 195명의 작업기억을 테스트했다. 모두 태어나는 순간부터 에번즈가 줄곧 연구해왔던 그룹에 속한 아이들이었다. 그 중 절반 가량은 빈곤층 가정에서 자랐고, 다른 절반은 노동자 계급이나 중산층 가족 출신이었다. 두 사람이 맨 먼저 발견한 사실은 아이들이 자랄 때 가난 속에서 보낸 시간의 많고 적음이 사이먼 테스트에서 평균적으로 어떤 성적을 낼 것인가를 예측해주더라는 것이었다. 다시 말해, 가난 속에서 10년을 보낸 아이들은 단지 5년을 보냈던 아이들보다 훨씬 성적이 안 좋더라는 얘기였다. 그 자체로는 그다지 놀라운 일이 아니었다. 이전에도 가난과 작업기억 사이의 상관관계를 밝혀낸 사람들은 많았으니까.

그러나 에번즈와 섐버그는 스트레스의 생물학적 측정법을 몇 가지 도입했는데 이 점이 전혀 새로웠다. 연구대상인 아이들이 9살일 때, 그리고 13살일 때, 에번즈의 동료들은 혈압과 체질량지수라든지 코르티솔을 비롯한 스트레스 호르몬의 정도 등, 아이의 생리적인 측정치 몇 가지를 일일이 체크했다. 그런 다음 이 생물학적 데이터를 묶어서 그들만의 독특한 알로스타시스 부하 측정법을 만들어냈으니, 스트레스 반응 시스템이 과도하게 혹사될 때 신체는 어떤 영향을 받는가 하는 것이 그 요지다. 두 사람이 모든 자료를 갖고 아이들 하나하나의 사이먼 점수, 빈곤의 내력, 알로스타시스 부하 수치를 비교했더니 이 세 가지 측정치들은 서로 긴밀히 연관되어 있었다. 가난 속에 보낸 시간이 많을수록 알로스타시스 부하는 높았고 사이먼 점수는 낮았다. 그러나 진짜 놀라운 일은 그 다음에 일어났다. 통계적인 테크닉을 이용해서 알로스타시스 부하의 효과를 제외시켰더니, 빈곤이란 요소의 효과가 완전히 사라져버린 것이다. **가난한 아이들의 실행기능을 위태롭게 한 것은 가난 그 자체가 아니었던 셈이다. 진짜 범인은 가난을 따라온 스트레스였던 것이다!**

이것은 우리가 가난을 이해하는 방식이란 점에서 –적어도 잠재적으로는– 대단한 발견이었다. 나란히 앉아서 생전 처음으로 사이먼 게임을 하는 두 소년을 상상해보자. 한 아이는 상위 중산계급 출신이고, 다른 아이는 저소득층 가정 출신이다. 상위 중산계급 출신 아이는 여러 패턴을 훨씬 더 잘 외우고 있다. 우리는 그 이유가 유전적이라고 –부잣집 아이는 사이먼 게임 유전자를 지니고 있을 가능성이 높다고– 가정하고 싶을 수도 있다. 혹은 책도 게임도 전자 장난감도 더 많은 부잣집의 물질적인 우위와 모종의 관련이 있을지도 모른다. 아니, 어쩌면 부잣집 아이가 다니는 학교가 단기기억을 습득하기에 더 나은 곳일지도. 혹은 이 모든 것이 다 이유일 수도 있다. 그러나 무엇보다 에번즈와 샘버그가 발견한 사실은 저소득층 아이들이 당하는 불이익 중에서 그들의 높아진 알로스타시스 부하가 좀 더 의미심장하다는 점이다. 그래서 집은 가난해도 알로스타시스 부하가 낮은 아이가 있다면 —빈곤한 가정임에도 불구하고 어떤 이유에서건 어린 시절의 스트레스가 적은 아이라면— 그 아이는 사이먼 게임에서 부잣집 아이나 마찬가지로 점수가 좋을 것임에 틀림없다는 것이었다. 그렇다면 사이먼 게임 점수가 낮을 경우 왜 그렇게 문제가 되는 걸까? 고등학교, 대학 그리고 직장에 이르기까지 우리 삶은 작업기억 없이는 도저히 완수할 수 없는 임무로 가득 차있기 때문이다.

빈부의 격차를 걱정하는 연구자들이 실행기능에 관해 그처럼 열광하는 이유는 이 기술이 성공의 여부를 잘 예측해주기 때문만은 아니다. 그 기술은 상당히 유연하기도 하기 때문이다. 다른 여러 가지 인지기술보다 훨씬 더 순응성이 높다는 얘기다. 전전두엽은 외부 간섭에 대해서 뇌의 다른 부분보다도 훨씬 민감하며, 어려서뿐만 아니라 사춘기나 성인기 초반에 이르기까지도 그 유연함이 그대로 유지된다. 따라서 아이의 실행기능이 더 나아질 수 있도록 환경을 개선해줄 수만 있다면, 우리는 그 아이가 성공할 수 있는 가능성을 대단히 효과적인 방법으로 증대시킬 수가 있는 것이다.

머쉬의 경우 - 유아기 트라우마

우리의 뇌와 신체가 스트레스나 트라우마의 영향에 가장 민감할 때는 바로 유아기幼兒期다. 하지만 스트레스가 우리에게 남긴 피해가 아주 심각하고 장기적인 문제로 이어질 수 있는 것은 사춘기다. 한편으로는 바로 그것이 성장한다는 실질적인 사실이다. 초등학교에 다닐 때 충동을 조절하는 데 문제가 있으면 그 영향이나 결과는 그다지 크지 않다. 교장선생님에게 불려가 꾸중을 듣거나 친구 한 명과 좀 멀어지는 정도라 할까. 그러나 사춘기에 접어들어서 욱하는 심정으로 내리는 충동적인 의사결정은 —음주운전이라든지 무방비 상태의 섹스, 고등학교 중퇴, 남의 지갑 훔치기 등은— 평생을 따라다니는 중대한 결과를 초래하기 십상이다.

뿐만이 아니다. 특이하게도 사춘기 청소년들의 뇌에는 무언가가 평형을 잃고 있어서 충동적인 잘못된 결정을 내리기가 특히 쉽다는 사실이 여러 조사에서 밝혀졌다. 로런스 스타인버그Laurence Steinberg 템플대학교 심리학교수는 아동기와 성인 초기에 발달하여 따로따로 움직이면서 사춘기의 삶에 너무나도 심각한 영향을 미치는 두 개의 신경계를 분석한 바 있다. 한데 문제는 이 두 시스템이 서로 공조共助가 잘 안 된다는 점이다. '인센티브 처리 시스템'으로 불리는 첫 번째는 아이들로 하여금 좀 더 자극적인 것을 추구하고 정서적으로 더 민감하게 반응하며 사회의 정보에 더 주의를 기울이도록 만든다. (당신도 한때 10대였다면 익숙하게 들릴 것이다.) 두 번째 시스템은 '인지 컨트롤 시스템'이라는 것으로, 아이들이 그 모든 욕구를 적절히 조절할 수 있도록 만들어 준다. 10대의 세월이 언제나 그처럼 아슬아슬했던 까닭을 스타인버그는 이렇게 풀이한다. 인센티브 처리 시스템은 사춘기 초반에 이미 최고조에 달하는 반면, 인지 컨트롤 시스템은 20대에 접어들어서야 비로소 완숙해지기 때문이란 것. 그래서 이 '와일드한' 몇 년 동안 우리는 광란의 인센티브 프로세싱을 하면서도, 이에 상응하는 컨트롤 시스템이 우리 행동을 억제하지 못한다는 얘기다. 게다가 통상적으로 보는 괴상한 사춘기의 신경 화학 반응이 과부하된 HPA축과 결합되기라도 하면, 특별히 독성 높은 조합이 이루어진다.

펜저고등학교의 많은 학생들에게서 볼 수 있었던 이 같은 여러 요인들의 결합 – 이것이야말로 바로 일리저베스 도지어가 어떻게 해볼 수 없다고 느꼈던 점이다. 2009년 10월, 학교에서 거의 폭동이 벌어진 다음 그녀는 학교에서 몇몇 학생들을 영구제명 시키지 않을 수 없다고 결심하게 된다. 그 리스트 맨 위에 올라온 학생은 토머스 개스턴이란 이름의 16살짜리 소년으로, 졸개 한 명에게 눈길만 던져도 학교에서 어마어마한 난동을 일으킬 수 있었던 갱단의 고위 멤버였다. 도지어는 이렇게 말했다. "도저히 말릴 수가 없는 아이였어요. 그 녀석이 이 건물에 발을 들여놓기만 하면 난리가 났었죠. 학교를 온통 난장판으로 만들어버렸다니까요."

내가 머쉬Mush를 알게 된 것은 그가 20여 명의 펜저 학생들과 함께 시카고 공립학교들이 비용을 대고 청소년지원프로그램(YAP: Youth Advocate Programs)이란 이름의 비영리조직이 운영하는 멘토링 프로그램에 등록되어 있었기 때문이다. 2010년 가을부터 2011년 봄 사이에 나는 YAP를 응원해주는 여러 인사들 그리고 그들을 멘토로 바라보는 학생들과 많은 시간을 보내게 되었는데 그 속에 머쉬가 끼어 있었던 것이다. 나를 주로 가이드해준 사람은 시카고 YAP의 임원인 스티브 게이츠Steve Gates였다. 느긋하고 건장한 30대 후반의 그는 여러 가닥으로 세심하게 꼰 머리에, 턱수염이 듬성듬성하고 연한 푸른색 눈망울이 촉촉했다. 머쉬와 마찬가지로 게이츠는 펜저에서 불과 몇 블록 떨어진 로즐런드에서 살고 있었다. 사실 머쉬랑 크게 다르지 않은 환경에서 자란 그는 깡패들과 휩쓸려 다닌다든가 총을 갖고 다니며 매일같이 자기 목숨과 미래를 거는 등, 20년이 지난 지금 머쉬가 저지르고 있는 것과 똑같은 실수를 그 역시 저질렀었다. 비행으로 얼룩진 과거가 있었기에 게이츠는 머쉬가 맞닥뜨리고 있는 압박감을 남달리 이해할 수 있었고, YAP에 들어와 있는 머쉬나 로즐런드의 다른 10대들을 좀 더 나은 미래로 이끌어주기 위해 애를 쓰면서도 절박한 감정이 한층 더했다.

시카고에 YAP가 도입된 것은 론 후버먼Ron Huberman의 노력 덕분이었다. 그는 2009년에 안 덩컨의 뒤를 이어 시카고 학교 시스템을 책임지는 CEO 자리에 올랐다. 데일리 시장이 후버먼에게 이 직책을 맡겼을 당시, 그는 자기가 이끌고 있는 시의 젊은이들 사이에 총기 사고가 늘어나고 있어서 고민이 컸다. 그래서 후버먼에게 교육책임자로선 특이한 임무를 부여했다. "우리 학생들이 서로서로를 죽이는 일을 막아주시오!" 후버먼은 데이터를 철저히 신봉하는 사람이었다. 대학 졸업 후 그의 첫 직장이 시카고 경찰청이었는데, 여기서 그는 1990년대 뉴욕시의 범죄율을 급격히 떨어뜨린 공로자로 알려진 최첨단 데이터 분석 시스템 '컴스탯CompStat'을 전수받았다. 그가 교육 CEO로서 맨 처음 한 일은 컨설턴트 그룹을 고용해서 시카고 고등학생들의 살인 및 총기 사건에 대해 컴스탯과 같은 분석을 실시한 것이었다. 이 컨설턴트들은 하나의 통계 모델을 만들고, 향후 2년 사이에 총기 사고의 피해자가 될 가능성이 가장 높은 학생들을 그 모델로써 밝혀낼 수 있다고 주장했다. 그들은 이 모델을 이용하여 2011년 여름 이전에 총기 사고를 당할 확률이 적어도 13분의 1인 시카고 학생 1,200명을 찾아냈다. 그리고 이들 가운데 앞으로 2년 사이에 총기 폭력의 희생자가 될 확률이 5분의 1 이상인 '울트라 하이 리스크' 200명을 다시 추려냈다. 바로 이 학생들을 YAP에 참여시키고 각자 지원자 한 사람을 붙여 주당 20시간에 이르는 멘토링과 서포트를 받도록 했다.

머쉬의 이름도 이 리스트에 올라갔고, 스티브 게이츠는 2009년 가을에 그를 찾아가 YAP에 등록시키고 후원자를 얻도록 주선했다. 그렇지만 일리저베스 도지어는 같은 시점에 머쉬를 퇴학시키려던 중이었다. 그가 YAP에 참여한 직후 도지어는 그를 적어도 얼마 동안 펜저에서 퇴출시키고, 불과 여덟 블록 떨어진 대안학교에서 한 학기를 배우도록 조치할 수 있었다. 규모도 작고 음침하고 교도소 느낌이 나는 대안학교였다. 머쉬는 이 대안학교를 별로 좋아하지 않았지만 YAP의 멘토들이 자상히 지켜보는 가운데 그해 겨울과 봄을 지나면서 두드러지게 개선되는 모습을 보여줬다. 머쉬의 첫 번째 후원자는 동네 자동차정비소에 일자리까지 얻어주었고, 거기서 머쉬는 도색작업을 하면서 예술적인 측면을 계발할 수 있었다. 그렇게 그는 한동안 골치 아팠던 과거와 등을 돌리고 좀 더 생산적인 미래를 향해 발걸음을 내디딘 듯했다.

그러던 중 2010년 6월 어느 날, 머쉬의 후원자가 밤늦게 그를 집까지 데려다주고는 별 생각 없이 돌아갔는데, 머쉬는 다시 집을 나와 길거리로 나섰고 몇 시간 뒤 부키라는 친구와 함께 쿡 카운티의 감옥에 들어가 있었다. 두 사람의 죄목은 가중차량강탈죄, 쉽게 말하면 총으로 위협해서 차를 뺏었다는 것이었다. 그들은 각각 징역 20년 정도를 받을 수 있는 상황이었다. 하지만 YAP의 변호사들이 나서서 어찌어찌 판사를 설득한 끝에 결국 8개월 동안 엄격한 소년원에서 고생하는 걸로 끝이 났다. 군대식 체제에다 팔 굽혀 펴기나 새벽에 10마일 달리기 등의 체벌이 다반사인 소년원 생활은 머쉬에게 큰 고초였다. 그래도 그는 학교에 다닐 땐 전혀 없는 것처럼 보였던 내적인 기강을 발휘하여 처벌 기간을 잘 견뎌냈다.

내가 YAP 지원자들 및 학생들과 처음 교류하기 시작할 무렵, 머쉬는 소년원에 갇혀 있었다. 실제로 그 친구를 만나기 전부터 나는 게이츠, 도지어, YAP의 친구들로부터 그에 관해서 많은 이야기를 들을 수 있었다. 내가 게이츠와 함께 방문했던 머쉬의 어머니도 많은 걸 들려주었다. 도지어는 머쉬에 대해 이야기할 때마다 마치 그가 무슨 비행을 저지르는 스벵갈리Svengali나 되는 것처럼 경외심을 갖고 말했다. [Svengali는 조르주 뒤 모리에George du Maurier의 소설 〈트릴비Trilby〉에 등장하는 인물로 다른 사람의 마음을 조종하여 나쁜 짓을 하게 할 힘을 지니고 있는 사람을 상징한다._옮긴이] 게이츠는 어른들조차 그를 끔찍이도 두려워한다고 했다. 반면 그의 어머니는 깡패들에게나 통할 그런 명성에는 물론 아랑곳하지 않았다. 오히려 아들이 바지를 내리지 못하게 만들려고 만화에 나오는 동물 캐릭터가 찍힌 사각팬티를 사주곤 했다는 얘기를 들려주면서 아주 즐거워했다. 이 모든 이야기에도 불구하고 막상 그를 대면할 때가 다가오자 나는 약간 신경이 쓰였다. 유명 인사를 만나게 되는 기분이랄까. 하지만 얼굴을 맞대고 보니 머쉬는 사우스 사이드의 여느 10대나 다름없이 보였고, 다만 160센티미터 정도의 키에 여덟 달 동안 팔 굽혀 펴기를 해서인지 바싹 마른 몸매였다. 그리고 관절이 뻣뻣한 듯, 평발인 사람처럼 아니, 거의 채플린처럼 발을 끌면서 걸었다. 그는 묵주 알로 된 목걸이를 하고 앞이마에 양키 캡을 깊이 눌러 쓰고 있었으며, 두어 사람이 들어가도 될 만큼 커다란 재킷을 걸치고 있었다.

우리는 웨스턴 애비뉴의 작은 식당에 들어가 달걀과 커피를 시켜놓고 이야기를 나누었다. 그의 친구들이 다 그렇듯이 머쉬는 편모슬하에서 자랐다. 동물 캐릭터가 찍힌 사각팬티를 사줬다는 그 어머니를 두고, 게이츠는 '정말 멋진 엄마이긴 한데 양육의 기술을 충분히 갖췄다고는 할 수 없는 여자'라고 표현했다. 그의 대가족은 폭력과 불법행위라면 이골이 나 있었고, 머쉬는 죽음을 당했거나 감옥에 들어가 있는 형제자매며, 조카며, 다른 친척 이름을 줄줄 읊었다. 그가 아홉 살 때 삼촌이 집에서 총에 맞아 살해당했다고도 했다. "정말 환장하겠더라고요. 바로 내 눈앞에서 벌어진 일이었으니까요." 나는 그와 이야기를 나누면서 조용히 그의 ACE 스코어를 재고 있었으며, 스코어는 그가 어릴 적의 트라우마를 이야기할 때마다 째깍째깍 올라가고 있었다.

세세한 측면을 들여다보면 머쉬의 개인사는 모니셔 설리번의 그것과 사뭇 달랐다. 자라면서 그는 모니셔보다 더 많은 폭력을 목격했지만 모니셔가 경험했던 가정의 파괴는 훨씬 더 심각했다. 어머니에게 버림받고 아버지로부터 떨어져서 그녀는 사춘기 전체를 위탁 받은 가정에서 보내야 했다. 하지만 어쨌거나 두 사람의 어린 시절은 무자비한 스트레스로 억눌렸다. 두 사람 모두 그 스트레스 때문에 깊은 상처를 받았고 그 상처는 오래갔다. 그들은 머큐언, 에번즈, 샘버그 그리고 다른 연구자들이 수행했던 종류의 알로스타시스 부하 측정을 받진 않았지만, 만약 그런 걸 측정해봤다면 아마도 차트를 벗어나는 수치가 아니었을까? 어릴 적의 트라우마가 그들의 몸과 마음에 끼친 폐해는 비슷했을지 몰라도, 그 폐해가 각자의 인생에서 모습을 드러낸 방식에는 커다란 차이가 있었다. 모니셔는 자신이 받은 스트레스를 영혼의 내부로 향하게 했기 때문에 그것은 불안, 초조, 슬픔, 자기회의, 자기

파괴 같은 경향으로 나타났다. 이에 비해서 머쉬는 그 스트레스를 밖으로 돌려서 싸우고, 수업시간에 소란을 피우고, 끝내는 여러 형태로 법을 어기는 모양으로 나타났다.

머쉬는 아주 어려서부터 말썽을 일으켰다. 초등학교 때부터 교장 선생님과 한판 싸우고는 퇴학을 당했다. 하지만 그의 행동이 심각하게 나빠진 것은 열네 살 때였다. 그의 형이 난폭한 사우스 사이드를 피해 군에 입대했었는데, 콜로라도 스프링즈에 있는 부대 근처에서 벌어진 강도사건에 연루되어 총을 맞고 죽었던 것이다. 머쉬는 이렇게 말했다. "그 사건이 날 망쳐버렸죠. 나는 마치 째깍거리는 시한폭탄 같았어요. 그래서 마음이 혼란스러울 땐 그저 길밖에 나가서 나쁜 짓을 하거나 총을 갖고 놀고, 뭐, 그랬죠."

최근 노스웨스턴대학교 연구팀이 시카고 쿡 카운티 단기소년원에 -YAP 학생들 대부분이 많든 적든 시간을 보낸 적이 있는 소년원에- 수감되어 있는 천 명 이상의 청소년들에 대해서 심리평가를 한 적이 있었다. 그리고 이들 중 84퍼센트가 어렸을 적에 두 가지 이상의 심각한 트라우마를 겪었으며, 여섯 가지 이상을 경험했던 아이들도 상당수였음을 알아냈다. 그리고 4분의 3에 해당하는 아이들이 누군가가 살해되거나 심각하게 다치는 장면을 목격했고, 여자아이들의 40퍼센트 이상이 어릴 때 성적 학대를 당했다. 또 남자아이들의 절반 이상은 자기가 처한 상황이 얼마나 위험했던지 자신이나 가까이 있던 사람들이 죽거나 심하게 다칠 거라고 생각한 적이 있다고 답했다. 이처럼 반복되는 트라우마는 아이들의 정신 건강에 치명적인 영향을 끼쳤다. 조금도 놀라운 일이 아니다. 그래서 남자아이들의 3분의 2가량은 진단 가능한 심리질환을 한 가지 이상씩 지니고 있었다. 학업 측면에서 말하자면 소년원의 아이들은 심각할 정도로 성장곡선을 따라가지 못하고 있어서, 표준어휘테스트에서 평균 점수가 하위 5퍼센트에 불과했다. 전국적으로 봐서 같은 또래 아이들의 95퍼센트보다도 못했다는 거다.

나는 머쉬와 로즐런드의 젊은이들을 상대로 이야기를 나누면서, 너딘 버크 해리스의 관점을 송두리째 뒤바꾸었던 신경과학 및 스트레스생리학 연구에 관해서 곰곰 생각하고 있는 자신을 종종 발견하곤 했다. 어느 날 오후, 나는 그녀와 함께 베이뷰-헌터즈 포인트의 주거지역을 차로 지나가면서, 길모퉁이의 젊은이들과 눈길을 주고받았다. 버크 해리스는 마치 온갖 종류의 신경전달물질과 호르몬이 그들의 몸과 두뇌 속을 내달리는 모습이 보이는 것처럼 말했다. "이 아이들과 그 행동을 보면 너무나 신비하게 보일 수도 있죠. 하지만 어느 순간 당신이 보고 있는 것은 그저 일련의 복잡한 화학 반응에 불과하거든요. 어떤 단백질이 접히는 것이거나 어떤 뉴런이 작동하는 것이죠. 그런데 여기서 흥미로운 점은 그런 것들이 치료 가능하다는 사실입니다. 그러니까 분자 단계까지 내려가면 바로 거기서 치료가 이루어진다는 걸 깨닫게 되죠. 해결책을 찾게 되는 것도 거기랍니다."

버크 해리스는 특별히 어느 환자 이야기를 들려주었다. 그녀가 맡았던 다른 환자들과 마찬가지로 스트레스 가득한 가정에서 자라 ACE 점수가 유난히 높았던 남자아이였다. 그녀는 이미 클리닉을 오래 운영해왔던 터라, 그야말로 이 아이가 자라온 과정을 고스란히 지켜볼 수 있었단다. 처음 클리닉을 찾아왔을 때 그는 열 살이었고 불행한 가정의 불행한 아이지만 여전히 어린애에 불과했다. 더러 타격을 입긴 했지만 그래도 여전히 그 황량한 숙명을 벗어날 기회는 있는 것으로 보였다. 그러나 이제 소년은 열네 살이었고 머지않아 키가 180센티미터나 될 분노에 찬 10대의 흑인이었으며 길거리를 배회하면서 말썽을 일으키고 있었다. 아직 범죄를 저지를 정도는 아니었지만 건달패로 자라가는 훈련을 받고 있었다. 현실은 이것이다. 열 살배기 소년에 대해서는 대부분의 사람들은 오직 동정심과 이해심을 느낄 뿐이다. 어쨌거나 어린 소년이고 누가 봐도 피해자라고 할 테니까. 그러나 열네 살짜리 아이에 대해선 (열여덟 살이 되면 더구나 말할 것도 없겠지만) 이야기가 달라진다. 이럴 때 우리는 대체로 노여움, 두려움, 아니면 절망감 같은 좀 더 음침한 것을 느끼게 된다. 물론 버크 해리스는 연륜도 있고 클리닉 운영에서 오는 균형감도 있었던 덕분에, 이 열 살배기 소년과 열네 살 아이가 똑같은 환경의 영향에 반응하고 똑같이 강력한 신경화학적 프로세스에 의해 피해를 입은 동일한 인간이란 사실을 이해할 수 있었다.

아이들과 YAP에서 시간을 보내면서 나는 죄책감이라든가 책임전가라는 문제를 놓고 고심하기 일쑤였다. 순진무구했던 그 소년이 언제 범죄자로 전락한 거지? 물론 총으로 위협해서 차량을 강탈하는 건 진짜로 나쁜 짓이며, 그런 짓을 하는 사람은 —설사 그게 머쉬처럼 민감하고 생각이 많은 친구라 하더라도— 반드시 그 결과를 책임져야 한다는 논리에는 전혀 이의를 달고 싶지 않다. 하지만 동시에 이 젊은이들을 옥죄는 끔찍한 시스템은 도저히 저항할 수 없는 방식으로 그들의 의사결정을 억눌렀다는 스티브 게이츠의 논리에도 일리는 있지 않은가? 게이츠가 그런 시스템을 주로 사회-경제적 측면에서 정의했다면, 버크 해리스는 그것을 신경 화학의 측면에서 봤던 것이다. 하지만 내가 로즐런드에서 더 많은 시간을 보낼수록 두 사람의 관점은 하나로 통합되는 것 같았다.

LG (핥아주고 쓰다듬고)

　불우한 환경의 아이들이 이룩하는 성과를 개선시키기 위해 노력하는 사람이라면, 심리학자들과 신경과학자들이 어린 시절과 빈곤에 관하여 발견한 새로운 정보의 상당 부분에 주눅부터 들지 모르겠다. 우리는 이제 어릴 때의 스트레스와 역경은 그야말로 아이들의 영혼에 깊이 새겨져서 평생토록 지속된다는 것을 알게 되었다. 그러나 이런 연구에는 긍정적인 뉴스도 없지 않다. 어릴 때의 스트레스가 주는 나쁜 영향에 대해서는 특히 효과가 높은 해독제가 있으며, 더구나 그것이 제약회사나 유아기의 교육자로부터 얻어지는 게 아니라 엄마아빠에게서 얻을 수 있다는 것이다. 아이들과 살갑고 애틋한 관계를 형성할 수 있는 부모나 다른 양육자들은 아이들에게 탄력성을 길러줄 수 있고, 그것이 초기의 힘겨운 환경에서 오는 최악의 영향으로부터 아이들을 보호해준다. 이런 메시지는 다소 느긋하고 모호하게 들릴 수도 있지만, 그 뿌리에는 냉엄하고 확고한 과학이 자리 잡고 있다. 신경과학자들의 말을 빌리자면, 바람직한 양육의 효과는 단순히 정서적이거나 심리적일 뿐만이 아니라 '바이오케미컬(생화학적)'하기도 하다.

양육과 스트레스의 관계에 대한 우리의 이해를 가장 폭넓게 확대시켜준 학자로, 맥길대학에서 신경과학을 가르치는 마이클 미니Michael Meaney를 들 수 있다. 이 분야의 많은 학자들처럼 미니 교수는 쥐를 이용해서 많은 연구를 했다. 쥐와 인간은 뇌의 구조가 비슷하기 때문이다. 그의 실험실에는 언제든지 수백 마리의 쥐가 수용되어 있다. 이 쥐들은 플렉시글라스 우리에 갇혀 사는데, 보통 우리마다 '댐'이라 불리는 엄마 쥐와 '펍'이라 불리는 새끼 쥐 몇 마리가 함께 지낸다.

이 실험실의 연구원들은 항상 새끼 쥐들을 꺼내 이리저리 검사도 하고 무게도 재보곤 하는데, 약 10년 전 어느 날 아주 흥미로운 사실을 발견하게 된다. 새끼 쥐를 만지고 조사하다가 다시 우리에 집어넣어주면, 어떤 어미 쥐는 쪼르르 달려와 몇 분씩이나 새끼를 핥아주고 쓰다듬는데, 다른 어미 쥐는 아예 오지도 않고 무시해버리는 게 아닌가. 그래서 여러 새끼 쥐들을 검토했더니 그처럼 대수롭잖게 보이는 애정의 표시가 엄청난 생리학적 영향을 가져오더라는 것이다. 연구원이 새끼 쥐를 만지면 그 쥐는 불안해하면서 스트레스 호르몬이 넘쳐흐르게 되는데, 나중에 어미 쥐가 핥아주고 쓰다듬어주면 그 불안이 상쇄되고 호르몬의 분출도 억제된다는 사실을 그들은 알게 되었다.

미니와 그의 팀은 부쩍 호기심이 일어서, 핥기와 쓰다듬기가 어떻게 작용하는지 그리고 새끼 쥐에게는 어떤 종류의 영향을 미치는지를 알아내고 싶었다. 그들은 우리에 얼굴을 바짝 갖다 대고 쥐들을 살피느라 수많은 밤과 낮을 보냈다. 몇 주간의 세심한 관찰을 거쳐서 그들은 또 다른 사실을 발견했다. 어미 쥐의 핥기와 쓰다듬기에도 나름대로 서로 다른 패턴이 있고, 그건 연구원들이 자신의 새끼를 만졌든 만지지 않았든 상관이 없었던 것. 그래서 미니의 팀은 이러한 패턴을 계량화하기 위해서 새로운 실험을 시도했다. 이번에는 우선 새끼 쥐들을 전혀 만지지 않았다. 새끼가 태어나고 처음 열흘 동안 하루에 여덟 번, 한 번에 한 시간씩, 그저 우리를 하나하나 면밀하게 관찰하기만 했다. 그러면서 어미 쥐가 핥아주거나 쓰다듬어주는 회수를 기록했다. 열흘이 지난 다음 그들은 어미 쥐를 두 그룹으로 나누고 핥기와 쓰다듬기를 많이 해줬던 어미 쥐들에겐 '하이-LG'란 이름을 붙이고, 별로 많이 해주지 않았던 어미 쥐들에겐 '로-LG'라는 이름을 붙여주었다.

그의 팀은 양육의 행태에서 나타난 이러한 차이가 어떤 장기적인 효과를 가질 것인지 알고 싶었다. 그래서 새끼 쥐들이 생후 22일 되었을 때, 젖을 떼고 어미 쥐로부터 분리시켜서 동성의 형제들과 함께 어린 시절을 보내도록 조치했다. 약 100일이 지나 이들이 완전히 성숙해지자, 핥기와 쓰다듬기를 듬뿍 받았던 새끼 쥐들과 많이 받지 못하면서 자랐던 새끼 쥐들을 비교하는 일련의 테스트를 실시했다.

그들이 주로 사용한 평가 방법은 동물의 행동양식 연구에서 흔히 볼 수 있는 것으로, 오픈필드 실험 혹은 과잉행동관찰 실험이라 불리는 방법이었다. 쥐 한 마리를 크고 둥근 열린 상자에다 5분간 놓아두고 마음대로 움직이게 놔둔다. 신경이 곤두선 쥐들은 상자 벽에 바짝 붙어서 둘레를 빙글빙글 도는 경향을 보이고, 좀 더 대담한 쥐들은 벽에서 떨어져 나와 상자 전체를 탐색해본다. 그 다음 두 번째 테스트는 쥐들이 느끼는 두려움의 정도를 측정하기 위해 고안된 것인데, 배가 잔뜩 고픈 쥐들을 새 우리에다 10분가량 넣어 두고 음식을 주어본다. 긴장한 쥐들은 마치 호화로운 만찬에 초대받은 약간 불안한 손님들처럼, 상당히 오랫동안 감히 음식을 먹어볼 염두도 못 낸다. 그리고 좀 더 차분하며 자신감을 지닌 쥐들보다도 먹는 양도 더 적다.

이 두 가지 테스트에서 두 그룹의 쥐들이 보여준 차이는 현저했다. 새끼였을 때 핥기와 쓰다듬기를 받아보지 못했던 쥐들은, 상자 속 열린 공간을 감히 탐색하는 데 5분 가운데 평균 5초도 쓰지 않았다. 반면 새끼였을 때 핥기와 쓰다듬기를 충분히 누렸던 쥐들은 그 7배인 35초 정도를 열린 공간에서 보냈다. 그리고 10분에 걸친 음식 테스트에서 '하이-LG' 쥐들은 평균적으로 4분 동안만 머뭇거린 다음 음식을 먹기 시작했을 뿐 아니라 2분이 넘도록 계속 먹어댔다. 그러나 '로-LG' 쥐들은 음식을 입에 댈 용기를 내는 데 평균 9분 이상이 걸렸고 그나마 몇 초 동안 먹어보는 데 그쳤다.

연구원들은 같은 테스트를 여러 차례 반복했고, 그때마다 '하이-LG' 쥐들은 뛰어난 성과를 보였다. 그들은 미로 빠져나오기도 잘했고 사회성도 더 좋았으며 호기심도 더 왕성했다. 공격적 성향은 약했고 자기통제 능력은 나았으며 더 건강하고 더 오래 살았다. 미니와 그의 팀은 그야말로 경악했다. 어릴 때의 양육 스타일에서 아주 사소하게 보였던 차이가, 수십 년간 연구했던 학자들도 미처 알아채지 못했을 정도로 사소했던 차이가, 어미 쥐가 핥고 쓰다듬어준 지 몇 달이 지나 성장한 쥐들의 행동양식에 그처럼 어마어마한 영향을 미치다니! 게다가 그 영향은 단지 행동에만 국한된 게 아니라 생물학적인 차이를 낳기도 했다. 미니의 팀이 다 자란 쥐들의 뇌를 검사해본 결과, '하이-LG' 쥐들과 '로-LG' 쥐들의 스트레스 반응 시스템에 상당한 차이를 발견할 수 있었던 것이다. 뇌에서 스트레스를 조절하는 부분의 사이즈와 모양 및 복잡성에 나타난 커다란 차이도 그 중 하나였다.

미니는 궁금해졌다. 어미 쥐가 핥고 쓰다듬어주는 빈도는 단순히 어미로부터 새끼에게 전해지는 어떤 유전적 특성을 대신 나타내주는 수치일까? 어쩌면 신경이 과민한 어미 쥐가 기질적으로 신경과민인 새끼를 낳은 건데, 그저 우연히 핥거나 쓰다듬는 걸 싫어하는 것은 아니었을까? 그런 가설을 테스트해보기 위해 미니와 그의 팀은 '하이-LG' 어미 쥐가 낳은 새끼를 곧바로 '로-LG' 어미 쥐의 새끼들 속에 집어넣어 길러보는 '교차양육cross-fostering' 실험도 여러 번 실시했다. 그 반대로도 해보고 온갖 종류의 조합도 다 실험했다. 하지만 어떤 식의 순열을 선택하든 그리고 어떤 방식으로 실험을 진행하든, 그들은 동일한 결과를 얻어냈다. 즉, 정말 중요한 것은 낳은 어미 쥐의 핥기나 쓰다듬기 습관이 아니라, **양육하는** 어미 쥐의 핥기나 쓰다듬기 습관이라는 사실이었다. 어릴 때 핥기나 쓰다듬기라는 편안한 경험을 많이 누렸던 새끼 쥐는 그렇지 못했던 새끼 쥐보다도 자라나면서 훨씬 더 용감하고 담력도 세며 적응력도 좋았다. 그런 핥기와 쓰다듬기를 해준 것이 실제로 그 새끼 쥐를 낳았던 어미 쥐였든 아니었든 그건 상관이 없었다.

애착

　미니와 다른 신경학자들은 새끼 쥐들이 보여주었던 '핥기-쓰다듬기' 효과와 유사한 무언가가 인간에게도 똑같이 일어난다는 흥미진진한 증거를 발견했다. 지난 10여 년에 걸쳐 유전학자들과 힘을 합한 미니와 그의 팀은 어미 쥐들의 핥기와 쓰다듬기 효과가 미치는 범위가 단순히 새끼 쥐들의 호르몬이나 뇌의 화학작용 수준에만 머무르는 게 아니라는 사실을 보여줄 수 있었다. 그 효과는 훨씬 더 심층적이어서 유전자 발현發現의 컨트롤에까지 미친다는 얘기다. 아주 어릴 때부터 새끼 쥐를 핥아주고 쓰다듬어주면 새끼 쥐의 DNA 배열에 특정 화학물질이 부착되는 방식이 — 즉, '메틸화methylation'라고 알려진 과정이 — 영향을 받게 된다. 미니의 팀은 유전자 배열 기술을 이용하여 새끼 쥐의 유전체(게놈) 가운데 어떤 부분이 핥기와 쓰다듬기에 의해 '작동되는지'를 밝혀낼 수 있었다. 그것은 성장한 쥐의 해마가 스트레스 호르몬을 처리하는 방식을 컨트롤하는 바로 그 부위였다.

이 같은 사실이 밝혀진 것만으로도 신경과학계는 발칵 뒤집혔다. 쉽게 감지되지 않는 부모의 미세한 행동이 −적어도 쥐의 경우− 예측 가능하고 장기간에 걸친 DNA 관련 효과를 지니며, 그것은 실제로 추적하고 관찰할 수도 있다는 것을 보여주었기 때문이다. 이 발견이 쥐의 세계를 넘어 우리 인간과도 관련을 갖도록 만든 것은 그 다음 미니의 팀이 자살한 사람들의 뇌 조직을 이용하여 실시한 또 다른 실험이었다. 그들은 자살자 중에서 어렸을 때 학대받고 혹사당한 사람들과 그렇지 않았던 사람들의 뇌 조직을 따로 이용했다. 먼저 뇌 조직을 칼로 베고 들어가 해마의 스트레스 반응과 관련이 있는 DNA 부위들을 검사했다. 그것은 인간의 DNA 부위 중에서도 새끼 쥐가 어렸을 때 어미 쥐의 행동에 의해 작동되며 장차 쥐의 반응에 심각한 영향을 미치게 되는 쥐의 DNA 부위와 맞먹는 곳이었다. 이 실험을 통해서 그들은 어릴 때 학대받고 혹사당한 자살자들은 DNA 중 바로 그 부위에서 '메틸화 효과'를 경험했다는 사실을 발견하게 된다. 물론 학대나 혹사는 핥기와 쓰다듬기와는 정반대의 효과, 즉, 새끼 쥐의 경우에 작동시켰던 건전한 스트레스 반응 기능을 '꺼버리는' 효과를 가져왔다.

자살자들을 이용한 이 실험은 말할 나위 없이 흥미로운 것이지만 그 자체로서 부모의 양육이 스트레스 기능에 끼치는 영향에 대해서 결정적인 증거를 제시한 것은 아니다. 그러나 미니의 이 조사를 기반으로 한 몇 가지 혁신적인 연구가 이루어지면서 좀 더 확고한 증거가 모습을 드러내고 있다. 뉴욕주립대학교에서 심리학을 연구하는 클랜시 블레어Clancy Blair는 1,200명이 넘는 신생아들을 거의 출생 시점부터 관찰하는 대규모 실험을 해오고 있다. 블레어는 아기들이 7개월 쯤 되었을 때부터 스트레스 상황에 대한 반응으로 코르티솔 수준이 증가하는 모습을 대충 1년에 한 번씩 측정했다. 그것은 아이가 스트레스에 어떻게 대처하는지를 ―즉, 알로스타시스 부하를 나타내는 가장 기본 인덱스 같은 것을― 평가하는 간단한 방법이었다. 블레어는 가족 내 불화와 혼란과 과밀過密 같은 환경적인 리스크가 아이들의 코르티솔 수준에 막대한 영향을 끼치지만, 엄마가 아이에게 주의를 기울이지 않거나 살갑게 반응해주지 않을 때에만 그렇다는 사실을 깨달았다. 엄마의 반응도가 높게 나왔을 때는 그런 환경 요소들이 아이에게 주는 영향이 거의 사라지고 없는 것처럼 보였다. 다시 말해서 엄마의 양육의 질이 높으면 불우한 환경이 아이의 스트레스 반응 시스템에 끼치는 피해를 상쇄하는 강력한 보호막이 될 수 있다는 얘기다. 마치 어미 쥐의 핥기와 쓰다듬기가 새끼 쥐들을 보호하는 것처럼 말이다.

뉴욕주 북부에서 거의 20년 동안 연구해온 아이들을 상대로 사이먼 게임 수행능력을 테스트했던 코넬대학교의 게리 에번즈는 중학생들을 대상으로 블레어와 유사한 실험을 했다. 그는 아이마다 세 가지 다른 종류의 자료를 모았다.

❶ 아이의 집에서 들리는 주변의 소음에서부터 가정불화에 관한 설문조사 결과에 이르기까지 모든 걸 감안한 누적 리스크 점수

❷ 혈압을 포함한 알로스타시스 부하 수치, 소변 속 스트레스 호르몬 수준 그리고 체질량지수

❸ 엄마에 대한 여러 가지 질문을 했을 때 아이가 제공한 답변에다 엄마와 아이의 젠가 게임을 지켜본 조사자의 관찰을 결합시킨 '엄마 반응도 등급.'

에번즈가 알게 된 것은 대체로 여러분이 기대했음직한 내용이었다. 즉, 엄마가 아이에 대해 특히 민감하게 반응하지 않는 한, 환경 리스크가 높으면 높을수록 알로스타시스 부하 점수도 높게 나온다는 것이었다. 엄마가 민감하게 반응한 경우에는 스트레스를 야기하는 모든 환경 요소들의 —식구가 지나치게 많다는 문제나 빈곤이나 가족 간 불화 등의— 효과가 거의 완벽하게 제거되었다. 다시 말해서 함께 젠가 게임을 하는 동안 엄마가 여러분의 감정 상태에 아주 민감했다면, 살아가면서 맞닥뜨리는 온갖 나쁜 일들은 알로스타시스 부하에 거의 (혹은 전혀) 영향을 미치지 못했다.

양육이 아이들에게 주는 영향을 고려할 때, 우리는 양육의 질이 극도로 좋거나 나쁠 때 극적인 효과가 나타난다고 생각하는 경향이 있다. 그저 무시를 당했거나 기가 죽어 있었던 아이보다는 신체적으로 학대를 받았던 아이의 살아가는 모양이 훨씬 더 고약할 거라고 가정한다. 그리고 엄청 많은 과외학습이나 1대1 지도를 제공하는 슈퍼맘의 아이가 그저 평균적으로 사랑을 받은 아이보다 훨씬 더 성적이 좋을 거라고 지레 짐작한다. 그러나 블레어와 에번즈의 조사결과가 암시하는 바는 게임 할 때 엄마아빠가 도와주고 관심을 쏟는 정도의 통상적으로 훌륭한 양육만으로도 아이의 미래에는 심오한 차이가 생길 수 있다는 것이다.

어떤 심리학자들은 인간의 경우 어미 쥐의 핥기와 쓰다듬기와 가장 가까운 비유를 애착이라는 현상에서 찾을 수 있다고 믿는다. 애착 이론은 존 보울비John Bowlby라는 이름의 영국 심리분석가와 터론토대학교 연구원인 메리 에인즈워스Mary Ainsworth에 의해서 1950~60년대에 널리 퍼졌다. 그 당시엔 아이들이란 직접 경험한 정적강화正的强化 및 부적강화負的强化에 따라 (즉, 보상과 징벌에 따라) 자신의 행동을 조절하면서 기계적으로 발달하게 되어 있다고 믿는 행동주의 심리학자들이 아동발달 영역을 주도하고 있었다. 그들은 아이들의 정서적인 삶이 그다지 깊은 거라고 믿지 않았으며, 갓난아이가 엄마를 갈망하는 것은 자양분이나 신체적인 위안을 향한 욕구의 발로에 지나지 않는다고 생각했다. 1950년대의 부모들에게 가장 널리 들려주었던 충고는 아이가 울 때 번쩍 들어 올린다든지 다른 식으로 달램으로써 '응석받이'로 만들지 말라는 것이었다. 다분히 행동이론에 기반을 둔 충고였다.

에인즈워스는 1960~70년대에 이루어진 일련의 연구에서 조기 양육의 효과가 행동이론가들이 기대했던 바와는 완전히 정반대라는 것을 보여주었다. 생후 몇 달 사이, 아이가 울면 엄마아빠가 즉시 충분하게 대응해주었던 경우엔 부모가 울음을 듣고도 무시했던 아이보다도 아이가 한 살이 되었을 때 훨씬 독립적일 뿐 아니라 대담했다. 유치원에서도 이러한 패턴은 지속되었다. 갓난아기일 때 엄마아빠가 정서적인 욕구에 대단히 민감하게 반응했던 아이들이 가장 자립심이 강했다. 그래서 에인즈워스와 보울비는 이렇게 주장한다. "따뜻하고 섬세한 부모의 보살핌은 하나의 '확고한 기반'을 형성하고, 그 기반에서 아이는 세계를 탐구하게 된다."

1960년대의 심리학자들에게는 유아-아동의 인지능력을 평가할 수 있는 여러 가지 테스트가 있었지만, 아이의 정서적인 포용력을 측정하는 믿을 만한 방법은 없었다. 그래서 에인즈워스는 바로 이런 방법을 만들어냈다. '낯선 상황the Strange Situation'이라 불리는 아주 특별한 방식이었다. 에인즈워스가 교편을 잡고 있던 볼티모어의 존즈홉킨스대학교는 한 살배기 아이를 가진 어머니들을 아이와 함께 놀이방으로 꾸며놓은 연구실로 불렀다. 아이와 함께 한참동안 놀던 엄마는 아이를 혼자 두거나 낯선 사람과 함께 두고 방을 나간다. 잠시 후에 엄마는 다시 방으로 돌아온다. 에인즈워스와 그의 팀은 이 과정 전체를 반투명 거울을 통해서 관찰한 다음, 아이의 반응들을 분류한다.

대개의 아이들은 엄마가 돌아올 때 ─더러는 눈물을 흘리며, 더러는 기쁜 표정으로─ 쪼르르 달려가거나 엄마와 다시 소통하는 등, 반갑게 맞이한다. 에인즈워스는 이런 아이들에게 '안전애착형securely attached'이라는 이름을 붙여주었다. 심리학자들은 이후 몇십 년 동안 이루어진 실험을 통해 이런 안전애착형이 미국 아이들 중 60퍼센트를 차지한다고 믿게 되었다. 엄마가 돌아와도 무시하는 척하거나 엄마를 마구 때린다든지 방바닥에 드러눕는 등, 엄마와 다시 따뜻하게 교류하지 않는 아이들은 '불안전애착형anxiously attached'으로 불렸다. 에인즈워스는 '낯선 상황'에서 나타난 아이의 반응이 생후 첫해에 엄마아빠의 반응이 어느 정도로 민감했는가와 직접 연관이 있다는 사실을 밝혀냈다. 아이의 기분을 맞추어주고 아이가 보내는 신호에 민감했던 부모의 아이는 안전애착형이 되었던 반면, 아이와 거리를 두고 서로 갈등하거나 아이에게 적대적인 양육은 불안전애착형 아이를 키웠다. 그리고 에인즈워스의 말마따나 어릴 때의 애착은 평생토록 지속될 수 있는 심리적 효과를 창출했다.

Keyword 11

미네소타 — 따뜻한 보살핌

그러나 어릴 때의 애착이 두고두고 영향을 미친다는 에인즈워스의 주장은 당시만 해도 하나의 이론에 불과했다. 그것을 테스트할 믿음직한 방법을 생각해낸 사람이 아무도 없었다. 그러다가 1972년 에인즈워스의 조수였던 에버릿 워터즈Everett Waters가 존즈홉킨스를 졸업하고 미네소타대학교에서 아동발달 분야의 박사과정에 들어가게 된다. 여기서 그는 이 대학교 아동발달연구소의 떠오르는 스타였던 앨런 스루프Alan Sroufe를 만난다. 스루프는 워터즈가 들려주었던 에인즈워스의 작업 이야기에 굉장한 흥미를 느꼈다. 워터즈의 생각과 방법론을 재빨리 수용한 그는 엄마와 아이들을 모아 '낯선 상황' 실험을 수행할 연구실을 함께 세웠다. 그리고 오래지 않아 이 연구소는 애착 연구의 선도적인 중심지로 자리 잡게 되었다.

스루프는 또 연방정부의 보조금으로 저소득층 자녀들에 관한 장기연구를 수행하고 있던 같은 대학의 바이런 에걸런드Byron Egeland 심리학교수와 힘을 합치기도 했다. 두 사람은 미니애폴리스의 지역 보건소에서 생애 최초의 출산을 앞둔 임산부 267명을 뽑았다. 모두 빈곤층 출신의 임산부였다. 그들 중 80퍼센트는 백인이었고 미혼이 3분의 2를 차지했으며 절반은 10대였다. 두 사람은 여기서 태어난 아이들을 출생 당시부터 추적하기 시작하여 지금까지 연구를 계속해오고 있다. (연구대상이던 아이들은 이제 30대 후반이고, 에걸런드와 스루프는 모두 최근에 은퇴했다.) 이들의 연구에서 얻어진 증거는 2005년에 다른 두 사람과 함께 저술한 〈인간의 발달The Development of the Person〉에 아주 완전하게 정리되어 있는데, 초기 부모와의 관계가 아동발달에 미치는 장기적인 영향에 관한 한 이보다 더 충실한 평가는 아직 없는 것으로 인정받고 있다.

미네소타의 이 연구자들은 애착의 분류가 절대적인 운명이 아니라는 사실을 발견했다. 즉, 애착 관계는 아동기를 지나면서 때로 바뀌기도 하고, 반대로 애착의 유형이 계속 유지되기도 한다는 것이다. 그러나 대부분의 경우 ('낯선 상황'이나 다른 테스트로 측정되는) 아이가 한 살일 때의 애착 상태를 보면 후일 살아가면서 나타날 여러 가지 다양한 결과를 예측할 수 있었다. 초기에 안전애착 유형이었던 아이들은 평생을 두고 훨씬 더 사회성이 좋았다. 그런 아이들은 유치원 친구들과도 잘 어울렸고, 중학교에서도 가까운 친구를 잘 만들었으며, 성인이 되어서도 사회적 네트워크의 복잡한 역동성에 잘 적응할 수 있었다.

미네소타 연구의 대상이었던 아이들 가운데 유아기에 안정애착형이었던 3분의 2는 유치원에 들어가서도 선생님들에 의해 '효율적' 행동을 하는 것으로 분류되었다. 무슨 말이냐 하면, 이 아이들은 주의를 잘 기울이고 집중도 잘하며 수업 중에 튀는 행동을 하는 경우도 거의 없었다는 뜻이다. 반면 몇 해 전에 불안정애착으로 관찰되었던 아이들 가운데서 효율적으로 분류된 아이는 단 한 명뿐이었고, 대부분은 한두 가지의 행동에 문제점이 있는 것으로 분류되었다. (교사들은 이 아이들이 '낯선 상황' 실험에서 어떤 결과를 보였는지 전혀 몰랐다.) 유치원에서 가장 성과가 나빴던 것은 초기의 양육 스타일 평가에서 마음을 주지 않거나 정서적으로 소통하지 못하는 것으로 판단된 부모의 아이들이었다. 이런 아이들의 3분의 2에 대해서는 교사들도 특별 교육이라든가 유급 등을 권유했다. 또 의존도를 나타내는 지표에 따라서 학생들의 등급을 매겼을 때, 불안전애착의 이력을 가진 아이들의 90퍼센트가 학급 내에서 의존도가 높은 절반에 들어갔던 반면, 안전애착의 이력을 가진 아이들 가운데는 단 12퍼센트만이 그 그룹에 들어갔다. 교사들과 다른 아이들을 조사해봤더니, 불안전애착형 아이들은 한층 더 비열하고 반사회적이며 미숙하다는 딱지를 달기가 십상이었다.

　연구대상이었던 아이들이 열 살이 되었을 때, 연구팀은 48명의 학생들을 임의로 선발하여 여름캠프에서 열리는 4주간의 모임에 참여할 것을 권했다. 여기서 팀은 그들을 세심하게 관찰하고 신중하게 연구했다. 카운슬러들은 (이들 역시 학생들이 어떤 애착형이었는지를 모르는 상태였음) 안전애착형이었던 아이들이 더 자신감에 넘치고, 호기심이 강하며, 좌절에도 잘 대처할 수 있다고 평가했다. 불안전애착의 이력이 있는 아이들은 또래들과 함께하는 시간이 적었고, 카운슬러와 함께하거나 혼자서 보내는 시간이 더 많았다.

　마지막으로 연구팀은 아이들이 고등학교에 다니는 내내 지켜보았고, 여기서 어떤 학생들이 무난하게 졸업할 것인가를 예측해주는 좀 더 믿음직한 지표는 IQ라든가 학력고사 성적이 아니라 유아기 부모의 보살핌이라는 사실을 알아냈다. 학생 자신의 성격이나 능력 따위를 무시한 채 오로지 초기 양육의 방법만을 이용했더니, 그들은 아이들이 겨우 네 살밖에 안 되었을 때 이미 77퍼센트의 정확도로 어느 아이가 나중에 고등학교에서 중퇴를 할 것인가를 예측할 수 있었다.

　마이클 미니의 팀이 몬트리올의 새끼 쥐들에게서 알아냈던 것과 바이런 에걸런드가 미네소타의 아이들에게서 알아낸 것, 이 둘 사이의 유사점을 이해하기는 쉽다. 두 경우 모두 어떤 엄마들은 아이가 아주 어렸을 때 몇몇 독특한 양육 행동을 보여주었다. 그리고 그런 행동들은 여러 가지 비슷한 방식으로 아이들의 성과에 강력하고도 여운이 긴 영향력을 행사했던 것으로 보인다. 일찌감치 엄마의 보살핌을 톡톡히 받았던 아이나 새끼 쥐는 나중에 좀 더 호기심 많고 자립적이며 침착하고 장애가 나타나도 잘 대처할 줄 알았다. 아주 어려서부터 엄마에게 받은 관심이 그들 속에 어떤 탄력을 키워주었고, 그것이 스트레스에 대항하는 완충장치로서 그들을 보호했던 것이다. 심지어 더 많은 세월이 흐르고 삶의 통상적인 어려움이 나타났을 때도 이들은 (인간이나 쥐 모두) 자신 있게 나서고 축적된 자신감을 이용하며 자신의 길을 헤쳐 나아가는 능력을 보여주었다.

양육이란 이름의 간섭

메리 에인즈워스의 애착 연구와 너딘 버크 해리스의 클리닉 사이를 곧바로 연결해주는 고리가 있으니, 그것은 얼리셔 리버먼Alicia Lieberman이란 이름의 샌프란시스코 심리학자다. 그녀는 1970년대 중반 존스홉킨스대학에서 에인즈워스와 함께 공부했다. 에인즈워스가 양육과 애착에 관해 처음으로 대규모 연구를 진행하고 있을 당시 대학원생이었던 리버먼은 그의 지도 아래, 오랫동안 산모들이 갓난아기와 상호소통하는 것을 지켜보고 비디오에 담으면서, 엄마가 섬세하고 민감하게 반응함으로써 아이의 안전애착을 촉진하는 자그마한 사례들을 찾았다. 지금 리버먼은 샌프란시스코 캘리포니아대학에서 아동의 트라우마를 연구·조사하는 프로그램을 이끌고 있으며, 최근 몇 년 동안 이를 통해 버크 해리스와 긴밀한 협조를 이루어왔다.

리버먼은 스루프와 에걸런드가 미네소타에서 실시했던 연구에 경탄을 아끼지 않으면서도 그들의 분석에는 두 가지 중요한 개념이 빠져 있다고 느낀다. 그 하나는 베이뷰-헌터즈 포인트 지역의 많은 엄마아빠들이 아이들과 안전애착을 형성한다는 것 자체가 얼마나 어려운 노릇인지를 터놓고 인정하는 것이다. 리버먼이 일하고 있는 병원을 찾았을 때 그녀는 이렇게 말했다. "엄마의 생활이라는 게 그녀의 자연스러운 대응능력을 완전히 압도하는 경우가 너무나 흔한 거죠. 가난과 불안과 두려움으로 혼이 다 빠져 있는 상황에서 안전애착을 위한 조건들을 제공하려면 그야말로 초인적 자질이 필요하답니다." 뿐만 아니라 어머니 자신이 어렸을 때의 애착 이력이 양육이라는 과제를 몇 배나 더 어렵게 할 수 있다. 미네소타 및 다른 지역에서 이루어진 연구를 보면, 산모가 어렸을 때 자기 부모와 불안전애착을 경험했던 경우에는 (사회계급이라는 면에서 그녀의 배경이 무엇이건 상관없이) 자기 아이를 위해 안전하고 따뜻한 환경을 만들어주는 게 몇 곱절이나 어렵다고 한다.

　미네소타 연구팀이 충분히 강조하지 않았던 또 하나는 부모가 자신들의 트라우마나 애착 부족의 이력을 얼마든지 극복할 수 있다는 사실이다. 아이에게 불안전애착을 조성하는 접근 방법에서 안전애착과 건전한 기능을 촉진하는 접근 방법으로 바꿀 수 있다는 얘기다. 리버먼의 말로는 이러한 변환을 스스로 이룩하는 부모도 없진 않지만, 대개의 경우는 도움이 필요하다고 한다. 그리고 그녀의 커리어 중에서 대부분의 시간을 투자했던 게 바로 그 측면이었다. 어떻게 해야 그런 도움을 가장 훌륭하게 제공할 수 있을까를 연구했던 것이다. 존즈홉킨스를 떠난 다음 여러 해 동안 그녀는 '부모와 아이가 함께하는 심리치료child-parent psychotherapy'를 개발했는데, 이는 애착에 관한 에인즈워스의 이론에다 정신적 외상 스트레스에 관한 좀 더 최근의 연구를 결합하려는 시도였다. 부모와 아이가 함께하는 심리치료의 경우, 치료사들은 애착관계를 개선하고 부모와 아이 모두를 트라우마의 영향으로부터 보호하기 위해서 위험도가 높은 부모 및 그들의 갓난아기들과 같이 작업을 진행한다. 리버먼의 프로그램에 종사하는 두 치료사는 지금 버크 해리스의 진료소 현장에서 활동하면서 20여 명의 환자들에게 이런 치료를 제공하고 있다.

리버먼의 치료는 비교적 강도가 높으며 주 단위로 진행되어 1년씩 계속되기도 한다. 그러나 그 뒤를 떠받치고 있는 원칙은 점점 더 미국 전역에 걸쳐 상당히 다양한 시술에 이용되고 있다. 그리고 이러한 시술들을 평가해볼 때, 그 결과는 대단히 고무적인 경우가 많다.

미네소타대학교 심리학교수인 단테 치케티Dante Cicchetti는 서류상 아동 학대의 이력을 지닌 137개 가정을 추적, 연구한 바 있다. 말하자면 아이들이 대단히 심각한 위험에 처해 있는 그런 가정들이었다. 각 가정에는 한 살짜리 아이가 있었는데, 치케티 교수는 바로 이들에게 초점을 맞추었다. 연구가 시작된 초반에 모든 갓난아기들을 '낯선 상황' 절차에 따라 빠짐없이 평가했는데, 137명의 아기 가운데 단 한 명만이 안전애착을 나타냈다. 90퍼센트의 아기들은 불안전애착 중에서도 가장 문제가 심각한 '혼란애착disorganized attachment'으로 분류되었다. 그런 다음 이들 가정을 무작위로 실험군과 대조군으로 나누었다. 이 중 실험군에게는 리버먼의 '부모와 아이가 함께하는 심리치료'를 1년간 제공한 반면, 대조군은 아동 학대 사실이 보고된 가정에 대해 지역사회가 기본적으로 제공하는 공동체 서비스만을 받게 했다. 그 후 아이들이 두 살이 되었을 때 실험군 아이들의 61퍼센트는 엄마와 안전애착을 이미 형성한 반면, 대조군에서는 단지 2퍼센트의 아이들만이 안전애착을 보였다. 애착을 증진시키는 양육은 대단히 문제가 많은 부모들의 경우에도 얼마든지 이루어질 수도 있으며, 이런 경우 부모와 아이들은 모두 엄청난 혜택을 누릴 수 있다. 치케티는 바로 이 점을 보여주었다.

어떤 연구는 아이들의 애착 분류뿐만 아니라 스트레스 반응 시스템의 건강상태도 영향을 받는다는 것을 보여주었다. 또 리버먼의 치료보다는 강도가 낮은 진료를 통해서 동일한 효과를 얻어낸 학자들도 있었다. 특히 오리건주의 심리학자 필립 피셔Philip Fisher가 운영하고 있는 '미취학아동을 위한 다차원치료 위탁양육Multidimensional Treatment Foster Care for Preschoolers'이란 이름의 치료는 아이를 맡은 양부모들에게 6개월간의 트레이닝 및 컨설팅을 통해서 가정 내 갈등과 어려운 상황에 대처하는 기술을 전수한다. 위탁양육을 받는 아이들은 −마치 모니셔 설리번이 그랬던 것처럼− 스트레스 반응 시스템을 조절하는 데 어려움을 겪는 경우가 허다하다. 그러나 피셔의 프로그램에 참가한 아이들이 6개월의 치료 후에는 점차 안전애착의 증거를 많이 보여준 실험도 있었다. 그러니까 이들 역시 코르티솔 패턴이 기능장애에서 완전한 정상 상태로 개선되었던 것이다.

어린 아이의 양육을 위탁받은 양부모를 위한 의료개입으로, 델라웨어대학교의 메리 도지어Mary Dozier 심리학교수가 개발한 '애착과 생물

행동 따라잡기Attachment and Biobehavioral Catch-up'라는 것도 있다. 흔히 ABC라고 부르는 이 방법은 아이들이 던져주는 다양한 신호에 좀 더 민감하고 따뜻하며 침착하게 반응하라고 양부모들을 북돋워준다. 위탁양육 가정을 10번만 방문해서 ABC 방식으로 개입해도 아이들은 벌써 훨씬 높은 안전애착 비율을 보일 뿐 아니라, 그들의 코르티솔도 전형적으로 기능에 문제없고 위탁양육을 받지 않는 정상아들과 전혀 다를 바 없는 수준이다. 아마도 도지어가 개발한 방식의 가장 탁월한 점은 양육되고 있는 아이들이 아니라 오로지 양부모들만 치료를 받는다는 사실, 그럼에도 아이들의 HPA축 기능에 엄청난 효과를 발휘한다는 사실일 것이다.

머케일러를 만나다 — 따뜻한 유대관계

얼마 전 어느 봄날 오후, 나는 애착 증진을 위한 접근법이 실제로 작동되는 모습을 목격하게 되었다. 재키라는 16세의 소녀와 태어난 지 여덟 달밖에 안 된 그녀의 아기 머케일러Makayla를 만나러 시카고에 갔을 때였다. 그들은 재키의 어머니 집에 살고 있었다. 내가 도착했을 때 아니타라는 이름의 나이 많은 흑인 아줌마도 와 있었다. 그녀는 가톨릭 자선단체 소속이었는데 시카고를 기반으로 독지활동을 펴는 '예방이 최선Ounce of Prevention'이란 이름의 기금이 운영하는 프로그램 아래 위험환경의 부모와 아이들을 정기적으로 방문하고 있었다. 그때 그 집을 방문한 다음, 나는 이 기금의 가정 방문 프로그램을 20년 넘도록 총괄하고 있던 닉 웩슬러Nick Wechsler와 이야기를 나눌 기회가 있었다.

웩슬러는 실제로 이 프로그램에 종사하는 사람들에게 한 가지를 자주 상기시켜야 했다. 그들이 방문하는 젊은 부모들의 생활에서 나타나는 그 모든 문제들을 다 해결하겠다고 애쓰는 건 그들의 임무가 아니니, 그냥 이 한 가지만 신경 쓰라고 말이다. 그는 이렇게 말했다. "그런 가정을 보살피다 보면 본능적으로 좀 더 많은 일을 하고 싶어지게 마련인지라 그 사람들에게는 엄청난 과제랍니다. 하지만 설사 열악한 주거환경 및 교육환경을 반드시 제거할 수는 없다 하더라도, 능력이 되는 한 그들이 최고의 부모가 되도록 마음속에 내적인 힘과 탄력성을 키워줄 수는 있잖아요."

머케일러의 세계에 뜯어고쳐야 할 문제가 많았던 것은 사실이다. 거실의 깔개 위에서 함께 놀며 이야기를 주고받는 모녀와 아니타의 모습을 보면서 나는 이런저런 여러 가지가 안타까웠다. 집이 좀 더 조용했으면 좋을 텐데. 가구 모서리가 날카롭지 않으면 좋을 텐데. 이 식구가 위험해 보이는 동네의 버려진 구석에 살고 있지 않다면 좋을 텐데. 그리고 옆집에서 담배 냄새가 진동하지 않으면 좋을 텐데······. 그러나 아니타는 딸을 물끄러미 바라보는 재키를 살피고, 그녀에게 격려의 말을 해주며, 딸에게도 전달되기를 바라는 바로 그런 종류의 따뜻하게 보듬어주는 성원의 태도를 그녀에게 보여주는 등, 신통하게도 젊은 엄마 재키에게만 온갖 정성을 쏟았다.

조기 언어능력의 중요성에 대한 하트와 리즐리의 연구에 영향을 받아 유아기의 초반부터 개입하기 시작했던 이전 세대는 주로 아이들의 어휘를 늘려주라고 부모들을 부추기는 데 초점을 맞추었다. 하지만 저소득층 부모들이 흔히 그렇듯이 부모가 구사하는 어휘에 한계가 있다면 아이에게 풍성한 어휘를 심어주기란 여간 어렵지 않다. 좌절을 느낄 수밖에 없지만 그게 현실이다. 갓난아기들에게 더 많은 것을 읽어주면 물론 도움은 되지만, 꼬마들은 우리가 일부러 어휘를 구축해주려고 노력할 때뿐만 아니라 평소 순간순간 엄마아빠로부터 언어를 흡수하는 법이다. 바로 이런 이유 때문에 어휘의 결핍은 부모로부터 자식에게 대물림되는 것이다. 훌륭한 유치원이라면 그런 대물림의 고리를 끊는 데 큰 도움이 되겠지만 부모들만의 힘으로 양육하는 경우엔 단절시키기가 어렵다.

그러나 피셔, 도지어, 치케티, 리버먼 등이 보여주었던 것은 애착에 관한 한 성장과 개선의 잠재력 혹은 가능성이 훨씬 더 크다는 사실이다. 평균 이하의 어휘능력이라면 어렵겠지만, 불안을 조성하는 양육은 비교적 사소한 조정만으로도 얼마든지 고쳐질 수 있다. 즉, 부실한 애착의 사이클은 영원히 끊어버릴 수 있다는 얘기다. 애착의 문제를 안고 있는 저소득층의 엄마라도 적절한 조치를 받기만 하면 자신의 아이와는 안전애착을 형성할 수 있다는 뜻이다. 그리고 이것은 아이의 삶에 어마어마한 변화를 가져올 잠재력을 지니고 있다. 만약 아니타가 재키 모녀를 도와 안전애착의 유대관계를 형성할 수만 있다면, 머케일러는 그저 행복한 아이가 될 가능성이 높을 것이다. 뿐만 아니라 고등학교도 잘 마치고 감옥에 가는 일도 없으며 어려서 임신하지도 않고 자신의 아이들과도 훨씬 더 긍정적인 관계를 정립할 것이다.

스티브 게이츠 스토리

　시카고 시내 학교들의 CEO격인 론 후버먼이 YAP 지지자들을 지극히 위험수위가 높은 10대들의 멘토로 고용하겠다는 계획을 발표한 지 얼마 되지 않아, 보수적인 맨해튼연구소의 연구원인 헤더 맥도널드Heather MacDonald가 시티 저널이라는 자체 간행물에다 뉴욕시의 청소년 폭력에 관한 장문의 글을 기고했다. 그녀는 로즐런드 구역 내 기능 마비를 가져온 주원인으로 자신이 "결손 없는 흑인 가정의 실종"이라고 불렀던 것을 지목하면서, 후버먼과 YAP가 그것을 무시했다는 이유로 그들에 대해 —아니, 그렇게 보면 버락 오바마에 대해서조차— 비판의 날을 세웠다. 그녀는 20세기 좌익 정치조직책이었던 솔 알린스키Saul Alinsky의 작업과 YAP를 결부시켰다. 그러면서 YAP 옹호자들이 '판단은 부지런히 회피하면서' 개입하고 있던 상황에 불평을 쏟아냈다. 그 대신 그녀는 다른 형태의 개입을 제안했다. YAP 옹호자들이 '보이 스카

우트 단장' 같은 역할을 맡아서 절제와 인내를 배울 수 있는 기회를 그들이 보살피고 있는 아이들에게 제공하고, 당당한 가치관으로써 그들의 상상력에 불을 지피며, 그들에게 정직과 예절 그리고 옳고 그름을 이야기해주라는 제안이었다. 맥도널드는 이렇게 적었다. "그런 식으로 엄격하게 가르친다면 사우스 사이드의 사회적인 붕괴를 어느 정도는 저지할 수 있을 것이다."

하지만 그 모든 맥도널드의 열띤 비난에도 불구하고, 내가 YAP 지지자들에게서 듣고 본 현실은 그녀가 제안하고 있던 것과 이미 너무나도 닮아 있었다. 참으로 이상한 일이었다. 스티브 게이츠를 비롯한 지지자들은 가정의 붕괴에 관한 이야기를 회피하기는커녕 바로 그 주제에 몰두해 있는 것 같았고, 로즐런드의 가정들이 바람직한 방향으로 제 기능만 발휘해준다면 자신들이 하고 있는 일은 전혀 필요 없을 것이란 점도 분명하게 밝혔다.

어느 날 아침 게이츠는 나에게 이런 말을 했다. "우리 아이들 가정의 구조를 자세히 들여다보시면 어째서 그런 상황인지를 아주 완벽하게 똑똑히 이해하실 겁니다. 가정의 문제와 학교에서 아이들이 보여주는 행동 사이에는 아주 직접적인 상관관계가 있거든요. 양육의 부주의나 실수, 부모로서의 기능 상실 같은 것은 고스란히 아이들에게 영향을 미치고, 그렇게 되면 애들은 그걸 학교로, 길거리로, 온갖 장소로 갖고 다니는 거죠."

게이츠는 로즐런드의 청소년들이 맞닥뜨리고 있는 여러 가지 다른 문제점들을 모르는 게 아니다. 여태껏 살아오는 동안 이웃들을 그토록 황폐하게 만들었던 사회·경제·정치적인 요소들을 그는 예민하게 지각하고 있다. 아니, 사실을 말하자면 그런 것들을 자기 자신의 문제로 간주하기 일쑤다. 예를 들자면 백인 주민들이 동네를 떠나버린 것만 해도 그렇다. 70년대 초 갓난아기였던 그가 부모와 함께 로즐런드에 이사 왔을 땐, 그들이 이 동네에 사는 유일한 흑인 가족이었다. 하지만 오래지 않아 모든 게 바뀌었다. "내가 걸음마를 시작할 즈음엔 백인 아이들이 모두 떠나버리고 없었어요." 그가 살던 구역만의 이야기가 아니다. 1960년 로즐런드에 거주하는 백인은 45,000명이 넘었지만, 1990년에 이르러 그 숫자는 493명에 불과했다. 그러는 가운데 게이츠의 할아버지, 아버지, 삼촌들에게 일자리를 주었던 사우스 사이드의 활기찬 제조업 부문도 마찬가지로 사라져버렸다. 공장이 하나 둘씩 문을 닫고 옮겨가버린 것이다. 로즐런드에는 오직 꼬여버린 온갖 사회문제들만 남아서 해가 거듭될수록 악화되는 것 같았다. 각각의 문제점은 갈수록 험악해지면서, 사회복지 의존부터 마약 중독이나 집단 폭력에 이르는 또 다른 문제를 부추겼다.

그러나 게이츠는 이 지역의 위기를 거기 사는 부모들의 탓으로 돌리지 않으려고 조심하면서, 적어도 자신의 경우엔 아이들의 성과를 개선시키는 가장 효과적인 수단이 학교나 교회 혹은 구직센터가 아니라는 결론을 내렸다. 그렇다, **요점은 바로 가정이었다!** 그리고 가정이 없는 아이의 경우는 필요하다면 대체가정 혹은 보조가정 같은 구조를 만드는 것이었다. 하지만 이런 접근법이 100퍼센트의 성공 확률을 갖는 것은 아니다. 그리고 내가 그를 지켜보았던 여러 달 동안, 게이츠는 수많은 좌절과 비극을 경험했다. 그가 멘토링을 해주고 있던 아이들이 체포되기도 하고, 감옥에 들어가기도 하고, 총을 맞거나 심지어 목숨을 잃기까지 했다. 그러나 그의 생각이 먹혀들어가는 때도 더러 있었고, YAP 옹호자들이 고객들에게 불러일으킬 수 있었던 변화의 모습은 종종 그의 가슴을 벅차게 했다.

키서 존스 – 조기 인성교육

가장 희망적인 미래를 보장받은 것 같았던 어느 YAP 학생의 이야기는 동시에 가장 듣기 고통스러운 파란만장이기도 했다. 내가 2010년 가을 일리저베스 도지어의 사무실에서 키서 존스Keitha Jones란 이 학생을 만났을 때, 그녀는 17살의 아가씨로 펜저고등학교 졸업반이었다. 온통 팔을 뒤덮은 문신, 아랫입술을 관통한 금속 장신구, 더부룩한 머리 앞쪽으로 기다랗게 내려온 한 가닥 새빨간 머리털…… 그녀는 강인한 분위기를 풍기고 있었다. 그리고 학교의 남쪽으로 몇 블록 떨어진 헌드레즈란 이름의 동네에서 엄마랑 살고 있었다. 작고 낡아빠진 방갈로 스타일인 이 집은 –키서가 성장기를 보내는 동안은– 언제나 소란한데다 사람들로 북적거리고 말썽도 많았으며, 형제들과 배다른 형제들 그리고 삼촌들과 조카들이 번갈아가며 머무르곤 했다. 흔한 일은 아니었지만 키서의 아버지가 그 무리에 끼는 때도 있었다. 자동차 정비공인 그는 몇 블록 떨어진 집에 아내와 식구들을 데리고 살면서 여기저기 (키서의 어머니를 포함하여) 여러 애인들을 두고 모두 열아홉 명의 아이를 낳기까지 한 —키서의 표현을 빌리자면— "난봉꾼"이었다. 자라면서 키서는 종종 의심이 갈 정도로 자신과 닮은 여자아이를 보곤 했는데, 그럴 때면 이렇게 생각했다. **나, 참, 저기 또 내 동생이 있잖아.** 키서의 어머니 역시 80년대엔 펜저 학생이었는데 3학년 때 술에 취한 채 등교했다가 제적을 당했었다. 키서의 말로는 그 큰 가족의 여러 사람들이 그랬듯이 어머니도 마약 중독자였다. 그들 중에는 마약을 팔고 다니는 이도 있었고, 키서가 어렸을 땐 경찰이 집을 급습하여 마약이나 총기를 찾던 일도 헤아릴 수 없이 많았다. 그들은 찬장을 온통 뒤집어엎고 취사도구로 난장판을 만든 다음, 친척이나 누군가에게 수갑을 채워 끌고 가곤 했다.

키서는 자신이 고등학교 졸업반이었을 때 안젤로 사촌이라고 불렀던 어느 친척에게 성폭행을 당했다고 말했다. 나이가 지긋한 그 또한 마약 중독자였으며, 그녀의 어린 시절 내내 한집에서 살았었다. 그녀는 이렇게 회상했다. "그때 난 한창 어렸고 무서웠어요. 그래서 말하자면, '당신이 무슨 짓을 하려고 그러는지 모르겠지만 어쨌거나 빨리 해치우고 끝냈으면 좋겠어', 그런 기분이었다니까요." 그런 성폭행은 여러 해에 걸쳐 지속되었고, 키서의 영혼을 조금씩 갉아먹었다. 어머니가 어떻게든 눈치를 채서 개입해주기만을 바라고 있었지만, 아무 말도 입 밖에 꺼내진 않았다. 키서는 어머니에게 사실을 말해봤자 자신을 믿어주지 않을 것 같아서 두려웠고 바로 그 점을 견딜 수 없을 것만 같았다. 그래서 입을 다물고는 점점 더 분노만 키우고 있었다. 그녀는 어머니와 항상 말다툼을 했지만 그렇다고 주먹다짐을 하는 일은 없었다. 어른을 때리는 것은 잘못된 일이라고 믿었기 때문이다. 그녀의 설명은 이랬다. "그러니까 난 단지 싸움질을 하기 위해서 학교에 갔던 셈이에요. 스트레스를 털어버리는 방법이 그것이었으니까. 난 내가 지니고 있던 문제를 다른 사람들과 이야기하지 않았어요. 그냥 안으로만 곪아 터지게 내버려두었고 마침내 폭발할 지경이 되었죠. 그래서 학교에 갔다가 누구든지 고깝게 들리는 소리만 하면 그 자리에서 내 분노를 몽땅 쏟아 부은 겁니다. 엄마를 때릴 수는 없으니까 말이죠." 펜저고등학교 1학년 때 키서는 수도 없이 학교 규율을 위반하고, 10일간 정학당하기를 밥 먹듯이 하다가 끝내는 '폭력 학교의 가장 무서운 폭력 학생'이란 별명을 얻었다. "주위의 모든 사람들이 날 그렇게 생각했어요. 싸움닭이라고. 난 그걸 우쭐대며 돌아다녔고······."

2010년 6월 도지어는 YAP 후원자들이 키서를 맡을 수 있게 해달라고 요청했다. 하지만 스티브 게이츠가 처음으로 키서와 짝을 지어준 사람은 어울리지 않았다. 키서의 생각으로는 너무 '구식'이었던 것. 그래서 게이츠는 파트타임으로 YAP 일을 보고 있던 라니타 리드라는 사람에게 키서를 의뢰했다. 그녀는 서른한 살의 로즐런드 주민으로 단 한 사람의 YAP 청소년에게만 멘토링을 하던 중이었다. 리드는 풀타임으로 미용실을 직접 운영하고 있었는데, '기막힌 손재주'란 이름의 이곳은 아늑하고 손님을 반기는 분위기로써 황량한 주변 풍경을 녹이는 뷰티 살롱이었다. 마침 키서는 헤어스타일리스트로 일하고 싶다는 생각을 항상 해왔던 터라, 리드는 곧바로 그녀를 샴푸 담당으로 투입했다. 키서는 손님의 머리를 감고 청소를 했으며, 때로는 헤어스타일 틀을 잡거나 머리를 땋고 동네 소년들이 좋아했던 짧게 여러 가닥으로 꼬인 머리를 만들 때 도와주기도 했다.

리드는 매주 교회에 나가는 영적인 사람이었지만, 동시에 여자아이들에겐 외모가 중요하다는 것도 믿는 타입이었다. 그래서 키서와 함께 그녀의 내면과 외모를 동시에 '변신'시키는 프로젝트에 착수했다. 여러분도 키서를 만나보면 알겠지만, 그녀는 매니큐어나 하고 다니는 타입이 아니었다. 하지만 리드는 그녀를 설득해서 손톱을 다듬고 헤어스타일도 갖추게 했으며, 메이크업이라든지 인조눈썹 혹은 멋진 옷 등을 가르쳐주었다. 두 사람은 미장원에서 몇 시간을 보내거나 함께 외출해서 식사도 하고 볼링을 치거나 그냥 앉아서 도란도란 얘기를 나누기도 했다. 말하자면 지속적인 '살롱 테라피' 세션의 연장이었다. 키서는 리드가 더할 나위 없이 좋은 언니 같다고 했다. 일요일이면 그녀는 키서와 몇몇 친구들을 위해 미장원에서 저녁 식사를 준비해주었다. 모두 YAP에서 소홀한 엄마나, 코빼기도 안 보이는 아빠, 사내아이들, 혹은 마약과 분노 등에 관해서 이야기를 주고받는 소녀들이었다. 여태껏 어떤 일에 대해서든 누구와 일절 대화를 나눈 적이 없었던 키서도 마음을 열기 시작했다. "삶에 대한 저의 관점이 깡그리 바뀌었던 거죠." 키서는 그렇게 말했다.

리드의 제안으로 키서는 기도를 시작했다. "하나님한테 부탁했어요, 그냥 날 좀 치유해달라고. 내가 저질렀던 나쁜 일을 모두 용서해

달라고 말이죠." 키서는 어머니와의 말다툼도 더 이상 하지 않았고 학교에서 싸우는 일도 없었다. 복도에서 2학년 여학생들이 시비를 걸어 올 때도 냉정을 잃지 않고 그런 경우엔 어떻게 해야 하느냐고 리드에게 조언을 구했다. 리드의 도움으로 도지어의 사무실에서 함께 둘러앉은 여자애들과 키서는 참으로 놀랍게도 문제를 원만하게 해결할 수 있었다. 키서는 이렇게 말했다. "우리가 함께 앉아서 이야기를 나눠봤더니 별것도 아닌 일 때문에 말썽이 생겼더라고요."

그런데 그해 가을, 키서가 여섯 살밖에 안 된 여동생의 이야기를 들으면서 사태는 또 한 번 꼬이게 되었다. 안젤로가 그 동생한테 손을 대려 했다는 것이었다. "동생의 말을 듣자 나는 터트린 울음을 멈출 수가 없더군요. 너무나 죄책감이 들어 어쩔 줄을 몰랐어요. 내가 어렸을 때 안젤로가 한 짓을 폭로했더라면 그는 우리 집에서 사라졌을 거고 또 내 동생한테 그런 일이 생기지도 않았을 테니까 말예요." 키서는 리드에게 사실을 알렸고, 리드가 게이츠에게 이를 전하자, 게이츠는 일리노이 아동가족서비스국 DCFS에 반드시 보고해야 한다고 일러 주었다. 거의 모든 사회복지사나 교사들도 그렇지만, YAP를 위해 일하는 이들도 '필수신고자 mandated reporters', 즉, 법적으로 신체적 학대 및 성적 학대를 관련 기관에 보고할 의무를 진 사람들이었기 때문이다. 리드는 어쩔 줄을 몰라 안절부절못했다. 로즐런드에서는 이런 경우 DCFS가 아이들을 데려가기 때문에 오히려 피해만 줄 수 있었던 것이다. 키서의 가정으로 말하자면 풍파는 좀 있지만, 그래도 키서와 동생들은 엄마와 함께 있어야지 남의 집에 위탁될 수는 없잖은가?

리드는 보고를 하고 싶지 않다고 게이츠에게 말했다. 꼭 보고해야 한다면 일을 그만두겠다고 으름장을 놓기도 했다. 어떻게 해야 할지 알 수가 없었다. "내 세속적인 심정으로는 누구든 사람을 불러다가 안젤로를 그냥 묵사발이 되도록 패주고 싶었어요. 하지만 내 맘속의 하나님은 최선을 다해서 이 상황에 대처해야 한다고 말씀하셨지요." 결국 리드는 게이츠가 전화를 걸도록 내버려두었다. 그녀는 간신히 DCFS 소속의 복지사들과 협상을 벌였고, 마침내 안젤로는 키서의 집에서 쫓겨났으며 (그는 미성년자 성추행 혐의로 투옥되었다) 키서와 동생들은 계속 엄마와 살게 되었다.

키서가 우려했듯이 어머니는 안젤로의 일을 폭로한 딸의 결단을 그리 달갑게 생각하지 않았다. 오히려 안젤로가 매달 집세에 보태라고 주던 300달러를 못 받게 되었다고 불평하는가 하면, 그가 괴롭혀오던 딸들을 걱정하는 게 아니라 안젤로가 감옥에서 어떻게 지내는지를 더 걱정하는 것 같았다. 그러나 키서는 자신의 삶을 바꾸겠다고 이미 결심했던 터라 안젤로 사건은 그녀의 결단을 한층 더 굳건히 만들었다. 그녀는 이렇게 말했다. "내 과거 때문에 미래가 영향을 받는 일은 없을 거예요. 어쩌다 간혹 지난날들을 생각하게 되겠지요. 하지만 그 때문에 내 삶이 피해를 입게 내버려두진 않을 겁니다. 최악의 일은 이미 일어났는데, 뭐. 이제부턴 긍정적인 쪽을 바라볼 거예요. 지금 살아가고 있는 꼴이 너무나 지겨워서, 그걸 바꿀 수만 있다면 무슨 짓이든 다 할 거라고요."

학교성적은 뒤졌지만 키서는 같은 반 친구들과 함께 2011년 여름에 졸업하겠다고 마음을 굳혔다. 마침 당시의 학교 시스템이 그것을 가능하게 했다. 요즘엔 성적이 나쁜 대도시의 고등학생들에게 보충수업, 야간교실, (한 학기 과정을 한두 달에 끝내주는 아벤타 같은) 온라인 학점 회복 코스 등등, 신속하게 학점을 얻을 수 있는 방법이 얼마든지 있다. 물론 교육계 사람들은 이런 기발한 방법들을 회의적으로 본다. 가장 가르치기 까다로운 학생들을 제대로 교육시키지는 않고 그냥 졸업장만 주어 사회에 내보냄으로써, 학교 시스템이 그런 아이들을 솎아내는 새로운 방법에 지나지 않는 것처럼 보이기 때문이다. 그렇지만 고등학교에서 한시라도 빨리 벗어나고만 싶은 키서에게 그런 코스들은 하늘이 내린 선물이었다. 그녀는 학교에 다닌 이래 처음으로 수업시간 중에 정말 열심히 공부했다. 그리고 일주일에 다섯 번씩 야간 학교에도 나갔고, 아침 여덟 시부터 저녁 일곱 시까지 학교에 틀어박힌 적도 한두 번이 아니었다. 그리하여 2011년 6월, 키서는 펜저고등학교를 졸업하고 지역 전문대인 트루먼 칼리지에 등록하게 되었으며, 거기서 미용과 학위를 따기 위한 공부를 시작했다.

졸업을 몇 달 앞둔 2011년 봄, 나는 학교 식당에서 키서를 만나 그녀가 품고 있는 미래의 계획을 들었다. 트루먼 칼리지를 졸업하고 면허를 따게 되면, 풀타임으로 라니타 리드의 미장원에서 일하기로 약속되어 있단다. "지금부터 5년 후에는 내가 번 돈으로 산 내 아파트에 살고 있는 모습을 그리고 있죠. 그리고 내 동생들도 함께 살 수 있고요."

단순히 자기 자신만이 아니라 온가족을 위해 탈출구를 찾는 꿈을 키운다는 것 ─바로 이런 점 때문에 나는 키서에게서 언제나 감명을 받는다. "우리가 지금 매일 보고 있는 것보다 훨씬 더 멋진 삶이 있다는 것을 동생들에게도 보여주고 싶으니까요." 그날 식당에서 그녀는 그렇게 설명했다. "동생들이야 만날 같은 걸 보고 사니까 그게 전부인 것처럼 보일지 모르죠. 하지만 우리 인생에는 여기서 보는 것처럼 서로 싸우고 죽이는 것이 다가 아니잖아요. 더 많은 게 있지요. 훨씬, 훨씬 더 많은 것들이."

조기개입早期介入 또는 조기교육early intervention을 뒷받침하는 과학과 논쟁을 벌이기는 어렵다. 아이 두뇌의 건강한 발달에 있어서 최초의 그 몇 해는 너무나도 중요하기 때문이다. 아이의 미래를 바꿀 수 있는 유일한 기회가 바로 그 몇 해이니까. 그러나 정서적, 심리적, 신경학적 경로를 타깃으로 삼는 프로그램들이 지닌 가장 희망적인 사실 가운데 하나가 아동기의 후반부가 되어서도 상당히 효율적일 수 있다는 점, 특히 인지교육보다 훨씬 더 효과적이라는 점이다. 아이가 여덟 살 정도 지나면 IQ 자체는 고집스럽게도 개선되지 않는다. 그러나 실행기능이라든지 스트레스를 풀고 격렬한 감정을 다독거리는 능력은 사춘기를 지나서 성인이 되어서도 얼마든지 —어떤 때는 드라마틱하게— 개선될 수 있다.

어떤 아이에게나 사춘기는 힘들다. 특히 역경 가운데 자라나는 아이들에게 사춘기란 흔히 끔찍스러운 전환기를 의미할 수도 있다. 어릴 때의 상처가 잘못된 결정을 낳고, 그것이 사뭇 파괴적인 결과를 낳게 되는 때가 될 수 있다. 그러나 10대들은 어린아이들과는 달리 자신의 삶을 다시 생각하고 정립할 수 있는 능력이 —혹은 적어도 그럴 수 있는 잠재력이— 있다. 그리고 키서의 이야기가 보여주듯이 (또한 앞으로 만날 다른 에피소드에서 보게 되듯이) 청소년기는 하나의 색다른 전환점, 뿌리째 뒤흔드는 변화의 시간이 될 수 있다. 다시 말해서 젊은이들이 영락없는 실패의 길을 피하여 성공을 향해 나아가는 진로를 모색할 수 있는 때이다.

많은 사람들은 성격이 개인의 본질 자체를 규정하는
일련의 핵심적인 속성을 가리킨다고 생각한다.
하지만 셀리그먼과 피터슨은 성격을 전혀 다른 방식으로 정의했다.
그것은 배울 수 있고, 연습할 수 있고,
가르칠 수 있는 기술이라고 정의한 것이다.

Search
02

성격은
어떻게 형성되는가

이보다 더 좋은 클래스는 없었다

　미국의 공교육 역사상 가장 유명한 중학교 졸업반은 아마도 1999년, 사우스 브롱크스에 위치한 KIPP 아카데미를 졸업했던 38명의 10대들일 것이다. 전원이 흑인이거나 히스패닉이었으며 거의 모두가 저소득 가정 출신인 이들은 4년 전에 데이빗 레빈David Levin이 직접 뽑아온 학생들이었다. 후리후리한 키에 열광적인 에너지로 가득한 25세의 예일대 출신인 레빈은 자신이 맡고 있던 신설 중학교에 그들이 입학하면 브롱크스 공립학교의 전형적인 열등생 모습에서부터 대학교 입학을 꿈꾸는 학자의 모습으로 탈바꿈시키겠노라고 약속함으로써 학생들과 부모들을 설득시켰었다. 그들은 KIPP 아카데미에 다니는 동안 새로운 몰입식 교육을 맛볼 수 있었다. 레빈이 그때그때 만들어내는 것처럼 보였던 이 방식은 고도의 에너지와 고도의 집중으로 진행되는 장기간의 수업에다가 학생들의 태도 개선과 행동 수정을 위한 정교한 프로그램을 결합시킨 것이었다. (KIPP은 Knowledge Is Power Program, 즉, "아는 것이 힘이다 프로그램"의 약자다.)

레빈의 이런 공식은 제대로 먹혀들었던 모양이다. 그것도 현저히 빠른 속도로. 1999년에 실시된 뉴욕시 중학교 졸업반 수능시험에서 KIPP 학생들은 브롱크스 지역에서 최고의 점수를, 그리고 뉴욕시 전체에서도 5번째로 높은 점수를 획득했다. 당시 빈곤지역에 있는 자유입학제 학교로서는 일찍이 들어본 적조차 없는 그들의 탁월한 성적은 뉴욕 타임즈의 1면을 장식했고, 마이크 월러스의 인기 프로그램 60분에서도 소개되었다. 이 덕분에 갭Gap의 창립자 도널드 피셔 부부는 KIPP을 전국적인 네트워크로 확산시키는 프로젝트에 수백만 달러를 기부하게 된다. 이 프로젝트로 인해 지난 10년 사이에 100개가 넘는 KIPP 차터 스쿨이 미국 전역에 신설되었으며, KIPP은 줄곧 차터 스쿨, 교원조합敎員組合, 시험표준화, 빈곤이 학습에 미치는 효과 등에 관한 전국적인 논쟁의 한가운데 서게 되었다. [차터 스쿨charter school은 공립학교의 대안학교 성격으로 출발해, 공금으로 운영되지만 자율적인 교육을 실시하는 학교를 가리킨다_옮긴이]

1995년으로 거슬러 올라가보자. KIPP 아카데미 중학교는 개교 첫날부터 학생들에게 대학교육이 얼마나 중요한지를 일깨워주었다. 아니, 으름장을 놓았다고 해야 할까. 그들이 2003년에 대학에 들어가게 된다고 해서 이 학생들에게 '2003학번'이라는 이름까지 붙여주었다. 온갖 대학교의 페넌트가 복도를 장식했고, 모든 교실은 선생님들이 졸업한 모교의 자질구레한 기념품으로 장식되었다. 계단에 걸린 거대한 배너는 학생들에게 궁극적인 미션을 상기시켜주었다. **"험준한 산을 넘어 대학까지!"** 그리고 이들이 KIPP을 졸업할 즈음엔 정말로 그 미션을 수행할 만반의 태세가 갖추어진 것처럼 보였다. 탁월한 성적으로 중학교를 졸업할 뿐 아니라, 대부분은 까다롭기로 유명한 사립고등학교나 가톨릭계 학교의 입학허가를 얻은 상태였고, 전액 장학금을 따놓은 아이들도 한둘이 아니었으니 말이다.

그러나 첫해에 졸업한 학생들 중엔 만사가 뜻대로 풀리지 않은 경우도 많았다. 레빈은 이렇게 설명했다. "우리는 그렇게 생각했죠, 좋아, 첫 번째 졸업생들이 뉴욕시 전체에서 5등이었잖아. 그리고 학생들의 90퍼센트를 사립이나 가톨릭 교구학교에 합격시켰잖아요. 모든 문제가 해결될 줄 알았지요. 근데 그렇게 되질 않더라고요." '2003학번'을 구성하는 대부분의 학생들은 고등학교를 거쳐서 대부분 대학교까지 들어갔다. 하지만 거기서부터 산등성은 더욱 가파르게 변했다. 고등학교 졸업 후 6년이 지났을 때, 전체 학생의 21퍼센트인 8명만이 4년제 대학을 마치고 학위를 땄던 것이다.

티렐 밴스Tyrell Vance는 첫 번째 KIPP 클래스에서 공부했다. 여러 면에서 그는 전형적인 경험을 했다. KIPP에 처음 등교했을 때, 이 학교의 의식과 규칙과 에너지는 그를 압도했고 어리둥절하게 만들었다. 그의 표현을 빌리자면 이렇다. "마치 무슨 문화적인 충격 같은 것이었죠. 생전 그런 모습을 본 적이 없었으니까." 밴스는 항상 숙제란 것이 선택사항인 걸로 알고 있었으나, KIPP에서는 의무사항이었다. 그리고 그런 의견의 차이는 밴스와 교직원들 사이의 기나긴 투쟁으로 이어졌다. 7학년 때는 전 학급이 버몬트로 수학여행을 떠났는데, 밴스는 밀린 숙제 때문에 함께 가지 못한 적도 있었다. 그래도 KIPP의 교사들이 친구들에게 헌신적이라는 것만큼은 분명했기 때문에, 그 역시 교사들에게 헌신적으로 변해갔다. "그분들은 본질적으로 나한테 제2의 가족이었어요. 그게 바로 결국 우리 모두가 갖게 된 느낌이었죠. 우린 마치 가족 같다는 기분 말입니다."

이 클래스의 많은 학생들처럼 밴스는 중학교에 다닐 때 수학의 제 1인자였다. 시내 수학경시대회를 석권했고, 8학년에 다니면서 주에서 실시하는 9학년 수학시험에도 합격했었다. 하지만 막상 고등학교에 진학하여 KIPP의 용광로처럼 끓어오르던 야망에서 멀어지면서, 그는 집중력을 잃어버렸다고 실토했다. KIPP에서 지녔던 그 투지가 없었다는 게 그의 설명이었다. 그는 공부를 대충대충 하기 시작했고, 그의 성적표는 오래지 않아 중학교에서 받았던 A나 B 대신에 C로 가득 찼다. 지금 와서 돌이켜보면 학업이란 측면에서는 KIPP이 아주 제대로 고등학교를 찾아주었지만, 정서적으로나 심리적으로는 그에게 만반의 준비를 갖추도록 돕지 못했던 것이다. 그는 이렇게 풀이했다. "내가 하는 일을 모든 사람이 다 알 정도의 끈끈한 가족적 분위기에서, 어느 누구도 내게 관심을 가져주지 않는 고등학교로 옮겨갔던 겁니다. 숙제를 했는지 체크하는 사람조차 없었다니까요. 게다가 우리는 고등학생이라면 누구나 겪는 그 모든 일들, 그러니까, 그냥 한 해씩 나이를 먹어가는 것도 감내해야 했거든요. 그런데 정말로 그런 일을 맞닥뜨릴 준비가 된 친구는 하나도 없었죠."

고등학교를 마친 밴스는 뉴욕주 북부에 위치한 공립대학에 들어가 컴퓨터정보 시스템을 공부했다. 하지만 이 과목이 너무 따분해서 전공을 카지노 및 게임 경영으로 바꾸었다. 그런데 여기서는 학과장과 뜻이 맞지 않아 결국 휴학을 하고, 잠시 쉬면서 구둣방에서 일을 했다. 그런 다음 그는 역사를 공부할 생각으로 다른 대학에 등록했다. 그러나 오래지 않아 학비가 동이 나자 밴스는 이참에 완전히 자퇴를 하게 되었다. 이제 20대 중반에 접어든 그가 지난 몇 년 동안 해오고 있는 일은 AT&T와 타임 워너 케이블의 콜 센터에서 고객서비스 관련 문의에 응답해주는 것이다. 그는 이 일을 즐기고 있으며 나름대로 성과에 대해 자긍심도 느끼지만 되돌아보면 후회되는 것도 많다. 그는 이렇게 말했다. "나도 잠재력은 얼마든지 있었어요. 그런 잠재력을 갖고 좀 더 많은 것을 이루었어야 하는 건데."

학습된 낙관주의

　데이빗 레빈으로서는 이 첫해 졸업반 아이들이 대학 과정에서 어렵게 투쟁하는 모습을 보는 것이 괴로웠다. 한 달이 멀다하고 또 누구누구가 자퇴했다는 이야기가 들려오는 것 같았다. 레빈은 이런 대학 관련 자료들을 개인의 일처럼 받아들였다. 내가 도대체 무얼 잘못했을까? 대학에 들어가서 성공하는 데 필요한 모든 것을 학생들에게 제공하는 것, 그게 바로 KIPP의 존재이유 아닌가? 내가 대체 무얼 빠뜨려 먹었단 말인가?

　첫해 졸업반뿐만 아니라 2~3차년도 학생들의 대학 자퇴 소식까지 계속 들리는 가운데, 레빈은 무언가 흥미로운 점을 발견하게 된다. 대학에 진학한 다음에도 끈기 있게 학업에 매진하는 학생들은 반드시 KIPP에서 성적이 좋았던 아이들이 아니라는 사실이었다. 오히려 다른 특정한 재능, 다시 말해서 낙관주의, 회복탄력성, 사회적인 민첩함 같은 기술을 지닌 학생들인 것 같았다. 성적이 좀 나빠도 곧바로 정신을 차려 다음번엔 더 잘하겠노라고 마음을 다잡을 수 있는 학생들, 부모들과의 불행한 파탄이나 싸움이 있었더라도 오뚝이처럼 다시 설 수 있는 학생들, 교수들을 설득하여 방과 후에 도움을 얻을 수 있는 학생들, 집에 틀어박혀 공부하는 대신 밖으로 나가 영화라도 보고 싶은 충동을 억제할 수 있는 학생들이 대학에서도 끈질기게 공부에 매달렸던 것이다. 물론 그러한 특성들이 있다고 해서 학위를 얻는 데 충분한 것은 아니었다. 레빈도 그건 알고 있었다. 그러나 가정적으로 풍족한 자원의 혜택을 입지 못하는 젊은이들이나 좀 더 부유한 친구들이 누리는 안전망을 갖지 못한 젊은이들에게는 이러한 특성들이 대학을 졸업하기까지 견딜 수 있도록 하는 데 필수 불가결의 요소라는 사실이 드러났던 것이다.

레빈이 그의 대학 졸업생들에게서 발견했던 여러 가지 품성은 제임스 헥먼과 다른 경제학자들이 비인지기술이라고 불러왔던 것과 상당히 겹치는 바가 많았다. 하지만 레빈은 그들과는 달리 성격강점character strengths이라는 용어를 즐겨 사용했다. KIPP 네트워크가 시작된 이래로 레빈과 KIPP의 공동창립자인 마이클 파인버그Michael Feinberg는 1990년대 초반 휴스턴의 중학생들에게 공부뿐만 아니라 성격 수업도 받게 하는 프로젝트를 공개적으로 시작했다. 그들은 벽에다 "열공!"이라든가 "착한 학생이 되자!" 혹은 "학문에 왕도는 없다!" 등의 슬로건을 가득 붙여놓았고 기하나 대수뿐만 아니라 팀워크, 감정이입, 인내심 같은 것도 가르칠 수 있도록 고안된 보상 및 벌점 시스템을 개발했다.

KIPP 아카데미의 아이들은 "학교도 하나, 미션도 하나, 기술은 둘: 공부와 성격" 같은 슬로건이 쓰인 티셔츠를 입고 다녔다.

원래 레빈과 파인버그는 '미국을 위한 교육Teach for America: TfA'이란 교사 그룹의 일원으로 휴스턴에 왔었다. 아이비 리그를 막 나온 새내기 졸업생들로서 비교적 물정을 모르는 교사들의 집단이었다. 이들은 예전에 만났던 혁신적인 교육자들로부터 -특히 해리엇 볼Harriett Ball이라는 여자로부터- 학교수업의 기교와 전략을 이미 차용해온 터였다. 그녀는 레빈이 맡은 학급에서 가까이 있던 베테랑 교사였는데, 구호나 노래 혹은 반복 훈련을 이용해서 곱셈표에서부터 셰익스피어에 이르기까지 모든 학과목을 훨씬 수월하게 가르치고 있었다. 하지만 성격 혹은 인성을 가르치는 문제에 있어서는 그녀만한 멘토를 전혀 찾아볼 수가 없었다는 것이 레빈의 고백이다. 성격의 교육을 위한 그 어떤 시스템도 -아니 그런 걸 토의할 수 있는 시스템조차도- 확립되어 있지 않았다는 사실은, KIPP 학교들이 해마다 진행했던 수많은 토론들이 아무것도 없는 무無에서 시작할 수밖에 없었다는 뜻이었다. 그리하여 교직원들은 학생들에게 과연 어떤 가치관이나 행동양식을 심어주도록 노력할 것인지, 왜 그래야 하는지, 어떤 식으로 할 것인지, 등등을 새로이 갑론을박甲論乙駁해야만 했다.

KIPP 아카데미 졸업생들이 고등학교 과정을 밟고 있던 2002년 겨울, 펀드 매니저로 일하는 동생이 〈낙관성 학습Learned Optimism〉이란 책을 레빈에게 선사했다. 펜실베이니아대학교 심리학교수인 마틴 셀리그먼Martin Seligman의 저서였다. 셀리그먼은 긍정심리학으로 알려진 학파를 이끄는 학자였고, 1991년에 출간된 이 책은 긍정심리학 운동의 기반이 되는 텍스트로 낙관성이란 타고난 특성이 아니라 학습되는 기술이라고 가르치고 있었다. 비관주의적인 성인이나 아이들도 훈련을 통해 좀 더 희망적이 될 수 있으며, 그렇게 되는 경우엔 더욱 행복하고 건강해져서 한층 더 성공할 가능성이 높다고 셀리그먼은 주장한다. 이 책에서 그는 대부분의 사람들에게 **우울은 심리학자들이 생각하는 것처럼 질병이 아니라, "우리가 좌절하는 까닭에 대해서 비관적인 믿음을 품고 있을 때 생기는 침울한 무드"일 뿐**이라고 적었다. 또한 그는 우울증을 피하고 삶을 개선시키고 싶다면, "뭐든 설명하려고 드는 당신의 스타일"을 뜯어고쳐 좋은 일이나 궂은일이 생기는 이유에 대해 스스로 좀 더 나은 이야기를 창조하라고 조언하기도 했다.

아울러 비관주의자들은 부정적인 사건이 생기면 그것을 영속적이고, 개인적이고, 모든 면에 스며드는 것으로 (셀리그먼은 이 형용사들의 첫 글자를 따서 3P라 불렀다) 설명하는 경향이 있다고도 썼다. 시험을 쳤는데 망쳐버렸다고? 시험 준비를 하지 않아서가 아니라, 자신이 돌대가리여서 그렇다는 것이다. 데이트를 신청했는데 거절당했다고? 다른 상대를 골라볼 생각은 하지도 않고 그냥 자신이 못나서 거절당했다는 것이다. 이와는 대조적으로 낙관주의자들은 나쁜 일이 생길 때 오히려 특정한 이유나 제한적이고 단기적인 설명을 찾아본다. 그 결과 좌절을 겪는다 하더라도 다시 마음을 추스르고 다시 시도해볼 가능성이 더 많다.

레빈은 책을 읽어나가면서 셀리그먼이 말했던 3P 패턴이 자기 자신과 동료 교사들 및 학생들에게 많다는 것을 깨닫게 되었다. 당시 학생들 사이에서 레빈은 행실이 나쁘거나 성적이 떨어지는 학생들에게 시시때때로 목청을 높여 장황한 설교를 했던 것으로 아주 유명했다. ("버럭 소리를 지르는 일이 엄청나게 많았죠." 밴스는 웃으면서 그렇게 회고했다.) 이제 그는 스스로에게 묻지 않을 수 없었다. 꾸중하는 말을 '영속적이고, 개인적이고, 모든 면에 스며드는 것으로' 받아들이는 아이들한테 나의 혹독한 꾸지람은 어떻게 들렸을까? "왜 숙제를 해오지 않았니?"라는 꾸지람은 얼마든지 "너, 뭐가 문제야? 제대로 하는 일이 하나도 없잖아!"로 해석될 수 있었을 것 아닌가. 레빈은 KIPP 아카데미의 모든 스태프에게 〈낙관성 학습〉을 사주었고, 이 책에서 얻은 영감을 바탕으로 '성찰과 배려의 질문들'이란 리스트를 만들었다. 2002년 여름에는 연수일研修日을 택해 교사들의 토론을 위하여 이 리스트를 나누어주었다. 여기에는 레빈과 그의 스태프진이 불편하게 여길 수도 있는 질문도 포함되어 있었다. 왜 우리 학생들은 더러 사람들이 자신을 싫어하거나, 가치 있다고 여기지 않거나, 신뢰하지 않는다고 느낄까? 왜 우리 학부모들은 더러 자신들이 멸시당하거나, 존중받지 못하거나, 업신여김을 당한다고 느낄까? 어떻게 하면 KIPP 추종자들을 해산시키지 않으면서 그들의 기개와 성격을 계속 발전시킬 수 있을까? 레빈에게 이것은 장기적인 하나의 재평가 과정이 시작되는 것이었다. 그는 학생들의 성격을 계발시켜주려고 거의 10년간을 몰두해오지 않았던가. 그가 사용하고 있던 테크닉이 전혀 먹히지 않는다면 어떡할 것인가?

리버데일 – 이 학교의 성격교육

데이빗 레빈 자신도 학생들처럼 브롱크스에서 학교를 다녔지만 그것은 브롱크스의 다른 지역에 있는 완전히 다른 종류의 학교였다. KIPP 아카데미에서 서쪽으로 차를 몰아 양키 스타디움을 지나고 북쪽으로 방향을 틀어 메이저 디건 고속도로를 몇 마일 올라가다 보면 곧 리버데일에 도착하게 된다. 가파른 언덕과 구불구불한 거리를 지닌 여기가 뉴욕시에서도 가장 부유한 가족들이 100년 이상 동안 터를 잡아왔던 무성한 녹지대다. 이곳의 유서 깊은 대저택들 사이에 시내에서도 가장 명망 있는 사립학교 세 개가 자리 잡고 있으니, 호러스 맨, 필드스턴, 그리고 높은 언덕 꼭대기에서 밴 코틀런트 공원과 도시 전체를 당당하게 내려다보고 있는 리버데일 컨트리 스쿨이 바로 그들이다. 파크 애비뉴에서 자랐던 레빈은 8학년 때 리버데일로 전학을 왔고 거기서 탁월한 학생이 되었다. 수학과 과학에서 발군의 실력을 지닌 학생이 되었을 뿐 아니라 농구팀의 주장까지 맡았던 것이다.

지금 이 학교를 찾아가보면, 맨 먼저 깊은 인상을 받는 것은 시내 어떤 학교에서도 볼 수 없는 대규모 캠퍼스다. 석조건물과 대단히 손질이 잘 된 라크로스 경기장이 경사가 완만한 27에이커의 땅을 장식하고 있다. 엄밀히 따지면 교복은 없지만, 중·고등학생들은 누구나 아베크롬비 앤 피치 재킷과 노스페이스 백팩 같은 학구적이면서도 캐주얼한 차림이다. (칙칙한 늦겨울 어느 날, 10학년 영어수업을 참관했더니 여학생들은 한 사람만 빼고는 모두 무릎까지 올라오는 125달러짜리 헌터 브랜드 장화를 신고 있었다.) 존 F. 케네디와 로버트 F. 케네디도 어렸을 때 잠깐 리버데일에 다녔었고, 요즘의 학생들도 어퍼 이스트 사이드와 좀 더 멋진 웨체스터 카운티에 의존하는 바가 크다. 말하자면 기득권층 사람들이 자녀들을 보내 기득권층의 구성원이 되는 법을 배우게 하는 곳이라고 할까. 수업료는 연간 38,500달러에서 시작되는데, 이 최저금액은 유치원 이전 과정의 경우다.

리버데일의 교장인 도미닉 랜돌프Dominic Randolph는 그를 처음 만나는 사람들에겐 이처럼 신분과 전통에 푹 젖어 있는 학교를 이끌 리더로서 뜻밖의 인물로 보인다. 일종의 우상파괴자, 혹은 기존 체제를 뒤흔드는 사람, 심지어 약간 괴짜처럼 느껴진다. 매일 좁은 넥타이를 매고 검은 양복 차림으로 출근하는 그는 '쿨'한 태도와 치렁치렁 늘어뜨린 흰머리 덕택에 1980년대 스카 밴드에서 색소폰을 연주했던 사람이 아닐까 하는 생각을 하게 만든다. [스카Ska는 기타 소리에서 따온 의성어로 1960년대 자메이카에서 발달한 관악기 위주의 음악을 말한다_옮긴이] 거기에는 그의 특이한 억양까지 한몫한다. 하지만 랜돌프는 엄청 생각을 많이 하는 사람으로서, 항상 새로운 아이디어를 추구한다. 그와 대화를 해보면 행동심리학자나 경영의 대가나 디자인 이론가들의 최신 업적 따위가 수시로 언급되어, 마치 솔로 TED 강의를 듣는 것처럼 느껴진다. [TED Technology, Entertainment, Design는 미국의 비영리재단. 기술, 오락, 디자인에 관련된 강연회를 정기적으로 개최하여 세계적으로 큰 인기를 얻고 있다_옮긴이] 그는 2007년, 교장에 취임하면서 비서와 자리를 맞바꾸었다. 예전 교장선생님들이 앉았던 적막한 내실內室은 비서의 몫이 되고, 자신은 바깥쪽 리셉션 자리를 고쳐서 그만의 열린 개념으로 작업장을 꾸민 것이다. 그리고 벽에는 화이트보드를 붙여놓고 거기다 아이디어나 슬로건 등을 적었다. 내가 그를 방문했던 날 한쪽 벽에는 오직 흰 종이 한 장만 달랑 붙어있었고, 그 위엔 물음표 하나만이 까맣게 프린트되어 있었다.

50대 초반인 랜돌프는 극도로 경쟁을 추구하는 학교의 교장치고는, 오늘날 '죽기 살기 식' 미국 교육의 기본 요소에 대해서 놀라우리만치 회의적이다. 그는 리버데일에 취임하자마자 대학과목 선이수先履修(AP: Advanced Placement) 학급을 폐지해버렸다. 그는 지금도 교사들에게 숙제를 줄이라고 독려한다. 그리고 유치원이나 중학교 입학을 위해 리버데일이나 다른 사립학교들이 요구하는 시험은 학생들을 거의 전적으로 IQ에 의해서만 평가하는 것이기 때문에 '명백히 부당한 시스템'이라고 말한다. 어느 가을 날, 그를 만났을 때 했던 말이다. "이처럼 시험을 강요하는 것은 인간의 성공이 의미하는 것에서 아주 중요한 부분들을 놓치는 짓이지요."

그의 설명에 의하면 그것이 놓쳐버리는 가장 중요한 부분이 바로 성격이다. 그의 말을 들어보자. "커다란 포장마차를 탄 서부의 개척자이든, 1920년대에 이탈리아 남쪽에서 미국으로 건너온 사람이든, 열심히 일하고 진정한 기개氣槪를 보이기만 한다면 누구나 성공할 수 있다는 생각이 미국에는 항상 존재했습니다. 그런데 이상하게도 지금은 그걸 잊어버렸어요. 만사가 순조로웠던 사람들이나 SAT에서 800점을 딴 사람들은 뭐든 자기가 하는 일이 엄청 대단하다는 피드백을 받는 게 아닌가, 걱정이 됩니다. 그래서 저는 실제로 우리가 그런 사람들을 장기적으로는 실패의 길로 내모는 거라고 생각해요. 갑자기 어려운 순간에 처하게 되면, 솔직히 말해서 그런 사람은 난처하기 짝이 없는 거죠. 내 생각엔 그런 상황에 대처할 수 있는 능력을 키워주지 않았거든요."

레빈이나 마찬가지로 랜돌프는 교육자로서의 경력을 쌓아가는 내내 하나의 질문에 천착穿鑿했다. "학교는 아이들에게 훌륭한 성격을 가르쳐줘야 하는 것 아닌가? 어떻게 해야 그것이 가능할까?" 그것은 종종 외로운 탐색으로만 여겨졌다. 그가 어렸을 때 다녔던 영국 기숙학교의 경우, 선생님들은 수학과 역사만큼이나 성격을 열심히 가르치는 것을 당연하게 생각했다. 하지만 미국에 와서 살아보니, 이 나라의 교육자들은 영국 교사들보다 성격에 관해서 말하기를 꺼려했다. 그는 여러 해 동안 성격에 대한 −혹은 사람들이 성격이라고 간주하는 것에 대한− 전국적인 담론을 추적했지만, 학교가 요구하는 바와는 항상 어긋난 것 같았다. 1980년대에 윌리엄 베닛William Bennett은 아이들에게 미덕을 가르치자고 호소했지만, 오래지 않아 랜돌프의 입맛에는 그러한 노력이 지나치게 정치적으로 변해버렸다. 그의 말마따나 신보수주의자들에 의해서 흡수되었기 때문이다. 90년대 들어 그는 감성지수emotional intelligence에 관한 대니얼 골먼Daniel Goleman의 글에 매료되었지만 이것은 너무 감상적인데다 대놓고 감정적이어서 교육의 실용적인 체제를 위한 밑받침이 되기엔 부족했다. "나는 무언가 진지하게 대접받을 수 있는 것, 무언가 일시적인 유행에 그치지 않을 것, 실제로 학교의 문화를 바꾸게 해줄 것을 찾고 있었습니다." 그는 내게 그렇게 말했다.

2005년 겨울, 랜돌프는 〈낙관성 학습〉을 읽고, 긍정심리학 분야에 매료되었다. 그는 셀리그먼뿐만 아니라 종종 함께 작업했던 두 명의 동료가 쓴 작품도 읽기 시작했다. 미시건대학교의 크리스토퍼 피터슨Christopher Peterson과 셀리그먼의 탁월한 애제자였던 앤절러 덕워스Angela Duckworth였다. 당시 뉴저지 프린스턴대학교 근처에 있는 사립 기숙학교 로런스빌 스쿨의 교감이었던 랜돌프는 필라델피아에서 셀리그먼과의 미팅을 주선했다. 그런데 공교롭게도 그가 40마일을 달려야 했던 바로 그날 아침, 셀리그먼은 별도로 데이빗 레빈과 미팅을 갖기로 되어 있었다. 두 사람이 거의 같은 시각에 도착하게 되자, 셀리그먼은 두 개의 미팅을 하나로 묶자고 즉흥적으로 결심하고, 마침 펜실베이니아대학을 방문 중인 심리학자 피터슨까지 합석시켜서 심리학과 교육에 관해 자유분방한 토론을 하도록 했다. 그것이 오랜 세월에 걸쳐 풍성한 결실을 가져다준 협동의 시초가 되었다.

Keyword 04

성격강점

레빈과 랜돌프는 낙관주의를 이야기하려고 각자 필라델피아를 찾았었다. 그러나 셀리그먼은 자신이 피터슨과 함께 쓴 다른 책 한 권을 꺼내들었다. 그들은 깜짝 놀랐다. 〈성격강점과 여러 가지 덕목Character Strengths and Virtues〉이라는 책이었다. 셀리그먼이 예전에 출간했던 베스트셀러들은 대중이 쉽게 접근할 수 있는 얇은 심리학책들로, 제목도 공항 서점에서 여행자들의 눈길을 끌도록 만들어졌다. ("어떻게 마음과 인생을 바꾸는가?") 하지만 이 책은 800여 쪽에 이르는 학구적인 작품이었으며, 무게만도 1.6킬로그램에 달했고 80달러의 가격이 붙어 있었다. 지은이들의 말로는 '온전한 정신의 매뉴얼'로 내놓은 것이며, 당시 테러피스트나 심리학자라면 누구나 서가에 꽂아놓고 있었던 정신질병의 권위 있는 분류서 〈정신질환의 진단 및 통계 매뉴얼 DSM; Diagnostic and Statistical Manual of Mental Disorders〉의 거울상으로 의도된 작품이었다. 〈성격강점과 여러 가지 덕목〉

은 '훌륭한 성격을 위한 과학'을 새로이 시작하려는 시도였다. 다시 말해서 이 책은 랜돌프와 레빈이 −자신들은 미처 깨닫지 못했지만− 각각 찾아 헤매던 바로 그것이었다.

 성격이란 말은 어떤 경우든 우리의 대화를 복잡하게 만드는 단어에 속한다. 사람마다 이 단어가 주는 의미가 천차만별이기 때문이다. 우선 성격은 특별한 일련의 가치를 충실하게 지키는 것을 나타내는 경우가 많다. 즉, 그 말뜻이 시대에 따라 반드시 변할 거라는 얘기다. 예컨대 빅토리아 시대 영국에서 훌륭한 성격을 지닌 사람이란 순결, 검약, 청결, 신앙심, 예의범절 등의 가치를 드러내는 사람이었을 것이다. 하지만 서부 개척 시대의 미국에서 좋은 성격은 용기, 자급자족, 재간, 근면성, 투지 같은 것과 더 연관이 있었으리라. 그러나 이 책에서 셀리그먼과 피터슨은 그런 세월의 변덕을 초월하여, 오늘날 북아메리카 문화에서뿐만 아니라 모든 시대 모든 사회에서 그 가치를 인정받을 수 있는 품격을 찾아내려고 했다. 그들은 아리스토텔레스에서 공자에 이르기까지, 우파니샤드에서 토라에 이르기까지, 〈보이 스카웃 핸드북〉에서 포켓몬 등장인물의 프로필에 이르기까지 샅샅이 뒤져, 마침내 전 인류의 보편적인 존경을 받을 거라고 믿는 24가지의 성격강점 리스트를 만들어냈다. 이 리스트에는 용맹, 시민의식, 공명정대, 지혜, 청렴성 같이 전통적이고 고귀한 특성으로 생각하는 성격도 담겨 있다. 동시에 사랑, 유머, 열정, 미적 감각과 같이 정서적 영역으로 들어가는 특성도 들어 있다. 뿐만 아니라 (사람 사이의 역동성을 인식하고 여러 가지 사회적 상황에 재빨리 적응할 수 있는 능력인) 사회적 지능, 친절함, 감사하는 마음 등과 같이 인간의 일상생활과 좀 더 관련이 있는 것들도 포함된다.

인간 사회에서는 대체로 성격강점이 도덕적인 유발성誘發性 혹은 유인성誘因性이 있는 것으로 간주되며, 많은 경우 종교법이나 제약과도 겹친다고 셀리그먼과 피터슨은 쓰고 있다. 그러나 도덕률은 고매한 행위를 한낱 자기보다 높은 권위에 대한 복종으로 만들어버리기 때문에, 성격에 관한 한 아주 제약적이라고 했다. 그들은 "미덕이란 법률보다도 훨씬 더 흥미롭다."고 썼다. 두 사람의 말을 빌리자면, 앞의 24가지 성격강점이 지니는 가치는 어떤 특별한 윤리체제와의 관계에서 비롯되는 게 아니라 실용적인 혜택에서 ─그러니까 그런 강점을 소유하고 표현함으로써 실제로 얻을 수 있는 것에서─ 오는 것이다. 이러한 강점들을 배양培養하는 것이야말로 '바람직한 삶'으로 향하는 믿음직한 길이 되며, 바람직한 삶이란 그저 행복한 삶이 아니라 의미 있고 성취감을 주는 삶을 뜻한다.

많은 사람들은 성격이 무언가 타고난 것, 바뀌지 않는 것, 개인의 본질 자체를 규정하는 일련의 핵심적인 속성을 가리킨다고 생각한다. 하지만 셀리그먼과 피터슨은 성격을 전혀 다른 방식으로 정의했다. 즉, 얼마든지 바뀔 수 있는, 아니, 사실은 완전히 유동적인 일련의 능력이나 강점이라고 말이다. 다시 말해서 그것은 배울 수 있고, 연습할 수 있고, 가르칠 수 있는 기술이라고 정의한 것이다.

하지만 현실적으로 교육자들이 성격을 가르치고자 할 때는 도덕률과 충돌하기 십상이다. 1990년대 미국에서는 아이들에게 성격을 가르치자는 움직임이 전국적으로 크게 확산된 적이 있었다. 1996년 국정연설에서 "모든 학교가 인성교육을 실시하여 바람직한 가치와 훌륭한 시민의식을 가르칠 것을 강력히 촉구합니다." 라고 선언했던 클린턴대통령과 퍼스트레이디 힐러리 클린턴의 격려가 그런 움직임을 북돋웠던 측면도 있었다. 그러나 오래지 않아 클린턴의 이 캠페인은 상반되는 정치 성향의 지지자들끼리 상호비방하고 의심하는 양상으로 타락했다. 우익은 성격 교육의 이니셔티브가 암암리에 퍼져나가는 정치적 올바름을 은폐하는 게 아닌지 의심했고, 좌익은 그것이 기독교적 세뇌작업의 시도를 숨기는 게 아닌지 의심했던 것. 지금 미국에는 수백 개의 공립학교들이 어떤 형태로든 성격 교육을 실시하고 있지만, 대부분은 모호하고 피상적이며 엄격한 연구를 거쳤던 프로그램들도 대개 효과를 보지 못하고 있다. 전국교육조사센터가 2010년 발표한 성격 교육 프로그램 평가는 7개의 인기 있는 초등학교 프로그램을 3년간 계속해서 연구한 결과였다. 이 발표에는 그런 프로그램들이 ─ 학생들의 행동에도, 학업 성적에도, 학교의 문화에도 ─ 전혀 의미 있는 영향을 미치지 못한 걸로 나와 있다.

　셀리그먼의 접근법에서 레빈과 랜돌프를 의아하게 만든 것은 그것이 서로를 비방하는 도덕성이라기보다 각 개인의 성장과 성과에 초점을 맞추고 있다는 점이었다. KIPP의 경우, 그걸 옹호하는 사람도 비난하는 사람도 모두 그것이 도덕적이라고 생각하기 일쑤였다. 데이빗 휘트먼David Whitman이라는 저널리스트는 2008년의 저서 〈**하찮은 일에 힘 빼기**Sweating the Small Stuff〉에서 KIPP 아카데미 및 그와 유사한 차터 스쿨이 적용하고 있는 방법에다 만족스러운 마음으로 '새로운 가부장주의'라는 딱지를 붙여주었다. 그는 이러한 학교들이 학생들에게 "어떻게 생각하는지를 가르칠 뿐만 아니라 흔히 전통적인 중산층의 가치관이라 부르는 것에 의거해서 어떻게 행동해야 하는지도" 가르친다고 적었다. 하지만 레빈은 이런 사고방식이 당혹스러웠다. 아이들에게 중산층 가치관을 주입시키는 것이 KIPP의 목표라는 생각은 상상만 해도 끔찍했다. 마치 부잣집 아이들은 저소득층 학생들한테 없는 무슨 깊이 있는 성격이라도 지니고 있는 것처럼! 레빈은 이렇게 말했다. "성격강점이라는 접근법에서 내가 멋지다고 생각하는 것은 기본적으로 거기에는 가치 판단이란 게 없다는 점입니다. 가치-윤리 접근법이 맞닥뜨릴 수밖에 없는 문제는 '가치, 가치, 하는데 도대체 누구의 가치이며 누구의 윤리냐'라는 거죠."

자제력과 의지의 힘

　셀리그먼의 사무실에서 처음 만난 이후 레빈과 랜돌프는 서로 전화나 이메일을 주고받기도 하고 기사나 웹 링크를 교환하는 등, 계속 연락을 취했다. 그리고 각자가 일하던 학교 환경의 커다란 차이에도 불구하고 두 사람은 많은 아이디어와 관심을 공유하고 있음을 발견하게 된다. 그들은 힘을 합쳐서 성격의 비밀을 함께 파헤치기로 뜻을 모으고, 당시 셀리그먼의 학과에서 박사 취득 이후의 과정을 밟고 있던 앤절러 덕워스의 도움을 청하기로 했다. (그녀는 지금 거기서 조교수로 일하고 있다.) 덕워스는 2002년 대부분의 대학원생보다 늦은 서른둘의 나이로 펜실베이니아대학에 왔었다. 중국계인 그녀는 10~20대에 이미 전형적으로 다재다능한 재원才媛이었다. 그녀는 하버드에서 학부를 마친 다음 (또 여가를 이용하여 케임브리지에서 저소득층 아이들을 위한 여름학교를 시작해놓고) 백악관 연설문 작성 부서의 인턴, 옥스퍼드의 (신경과학 분야)

마셜 연구원, 맥킨지의 경영 컨설턴트, 차터 스쿨 고문 등등, 90년대 중반 엘리트층의 포스트를 하나씩 섭렵했다. 그녀는 여러 해 동안 스스로 차터 스쿨을 시작해볼까 하는 생각도 했었지만, 궁극적으로는 그것이 가난한 아이들의 환경 개선을 위한 올바른 수단은 아니라고 ―혹은 적어도 자기 자신이 사용할 만한 수단은 아니라고― 믿게 되었다. 펜실베이니아대학의 박사 학위 프로그램 지원 에세이에서, 그녀는 여러 학교에서 일했던 경험이 '학교 개선에 관하여 20대에 지녔던 것과는 판이하게 다른 관점'을 제공했다고 적었다. 그녀는 또 이렇게 쓰고 있다. "내 생각에, 문제는 학교뿐만 아니라 학생들에게도 있다. 그 이유는 배운다는 것이 힘들기 때문이다. 그렇다, 물론 배우는 것은 재미있고 신 나고 만족도 주지만, 동시에 아이들의 진을 빼는가 하면 때로는 기를 죽이기도 한다. 머리는 좋은데 만성적으로 성적이 나쁜 학생들을 돕자면, 교사나 부모가 우선 성격이란 것이 적어도 지능만큼이나 중요하다는 사실을 인식해야 한다."

덕워스는 펜실베이니아에서 먼저 자제력에 관한 연구를 했다. 첫해 논문을 위해 그녀는 필라델피아 시내 어느 특성화 중학교의 8학년 학생 164명을 동원한 다음, 예의 IQ 테스트와 함께 자제력에 대한 표준평가를 실시했다. 그런 다음 한 학년 동안 여러 가지 학업 측정방법을 이용해서 그들의 성과를 평가했다. 그 학년이 끝날 즈음 그녀는 전년도에 측정했던 자제력 점수가 IQ 성적보다도 그들의 최종 성적을 훨씬 더 정확하게 예측해준다는 사실을 발견했고, 이는 많은 사람들을 놀라게 했다.

덕워스는 마시멜로 테스트라는 비공식적인 이름의 연구로 사회과학 서클에서 유명한 컬럼비아대학교의 월터 미셸Walter Mischel 심리학교수와 공동 작업을 시작했다. 미셸은 스탠퍼드 교수로 있던 1960년대에 네 살배기 아이들의 의지력을 테스트하기 위해 기발한 실험을 했었다. 스탠퍼드 캠퍼스에 있는 어린이집에서 아이들을 한 명씩 작은 방으로 불러 의자에 앉히고 마시멜로를 주었다. 책상 위에는 종을 얹어두었다. 실험자가 방을 나가면서, 아이에게 "내가 다시 돌아올 때 넌 마시멜로를 먹어도 좋아."라고 말한다. 그러면서 아이에게 둘 중 하나를 선택하게 했다. "지금 당장 마시멜로를 먹고 싶으면 책상 위의 종을 울려. 그럼 내가 돌아올 테니까. 하지만 종을 울리지 않고 내가 돌아올 때까지 참고 기다리면 마시멜로를 두 개 줄 거야."

미셸은 원래 아이들이 유혹을 물리치기 위해 사용하는 여러 가지 테크닉을 연구하는 방법으로 이 실험을 고안했다. 하지만 10년이 넘게 흐른 다음 이 실험에 임했던 아이들의 '만족을 미룰 수 있는 능력'이 후일의 학업성과 혹은 다른 성과를 예측하고 있었던 게 아닌지를 보려고 그들을 조사하기 시작했을 때, 이 실험은 전혀 새로운 차원으로 넘어갔다. 1981년부터 그는 자신이 찾을 수 있는 학생들을 모두 추적했고, 그 후로도 여러 해 동안 그들을 살펴보았다. 아이들이 마시멜로를 먹기까지 기다린 시간과 후일 그들이 공부에서 이룩한 성과 사이에 존재하는 상관관계는 실로 놀라운 것이었다. 마시멜로를 15분씩 기다릴 수 있었던 아이들은 30초가 지나자마자 종을 울렸던 아이들과 비교했을 때, 평균적으로 수능시험 점수가 210점이나 더 높았던 것이다.

덕워스는 미셸이 얻어낸 결과에 매료되었다. 필라델피아에서 이루어지고 있던 자신의 자제력 연구도 그 결과를 확인해주는 것 같았다. 하지만 그녀가 실제로 더 흥미를 느낀 것은 미셸의 원래 출발점, 즉, "자제력을 극대화시키고 싶다면 어떤 트릭이나 전략이 가장 효율적인가?"였다. 그리고 그러한 기교는 가르칠 수 있는 것일까? 미셸의 실험은 몇 가지 흥미로운 대답을 제시하고 있었다. 예컨대 심리분석 이론이나 행동이론은 모두 이렇게 주장해왔었다. 아이가 스스로에게 동기를 부여해서 참을성 있게 기다렸다가 마시멜로를 두 개 얻기 위한 최선의 방책은 먼저 보상이란 것을 관심의 한가운데에 놓고 두 개의 마시멜로를 먹게 될 때의 그 달콤한 맛에 더 강력하게 반응하도록 만드는 것이라고. 그러나 사실은 그 정반대임이 드러났다. 마시멜로를 바로 눈앞에 두지 않고 보지 못하게 숨겨놓았을 때, 아이들은 훨씬 더 오랫동안 참을 수가 있었다. 실험에서 가장 오래 참고 기다린 아이들은 스스로 마시멜로에 대한 관심을 흩뜨리는 방법을 만들기도 했다. 실험자가 돌아올 때까지 뭔가를 중얼거리거나 혼자서 노래를 부르는 아이도 있었고, 마시멜로에서 시선을 딴 데로 돌린다든지 손으로 눈을 가리는 아이도 있었다. 자제력의 마스터라고 할 수 있는 어떤 아이는 아예 드러누워 한숨 자기까지 했다.

아이들이 마시멜로에 대해 다른 방식으로 생각할 수 있게끔 간단한 메시지만 주어도, 그들은 훨씬 더 효율적으로 참고 기다릴 수 있다는 사실을 미셸은 알아냈다. 아이들이 먹을 것을 좀 더 추상적으로 생각할수록 더 오래 참고 기다릴 수 있었던 것이다. 아이들에게 마시멜로를 그냥 마시멜로가 아니라 뭉게뭉게 피어오른 둥근 구름으로 생각하라고 부추기면, 그들은 7분 정도 더 오래 참고 기다릴 수 있었다. 어떤 아이들에겐 진짜 마시멜로 대신에 마시멜로 그림을 쳐다보라고 했더니 역시 좀 더 오래 참고 기다렸다. 다른 아이들에겐 진짜 마시멜로를 보고 있었지만 머릿속에 마치 그림인 것처럼 액자를 상상해 넣어보라고 시켰다. 이 아이들은 무려 18분이나 기다릴 수 있었다.

그러나 이처럼 미셸이 발견한 사실을 학교 환경에 적용하고자 했을 때, 덕워스는 그것이 예상보다 더 어렵다는 것을 깨달았다. 2003년 그녀와 몇몇 동료들은 필라델피아의 어느 학교에서 5학년생 40명과 6주간의 실험을 했다. 먼저 아이들에게 자제력 연습을 시킨 다음, 숙제를 완전히 마친 데 대해서 상을 주었다. 그리고 실험이 끝날 즈음 학생들은 프로그램이 시작했을 때보다 자신들이 훨씬 더 자제력을 지니고 있노라고 보고했다. 그러나 사실은 달랐다. 자제력 교육을 받은 아이들은 같은 학교에서 그런 교육을 안 받은 아이들보다도 여러 가지 측정에서 조금도 더 나은 점수를 받지 못했던 것. 덕워스는 이렇게 말했다. "자제력에 대한 교사의 평가, 숙제 완료 여부, 표준화된 성과 테스트, GPA, 그들의 지각 여부 등등, 우리는 그야말로 여러 가지 많은 측면을 들여다봤지요. 하지만 그 어느 것이든 효과는 제로였어요."

동기

마시멜로 실험에서 가장 강단 있게 먹고 싶은 유혹을 거부했던 아이들이 채택했던 것과 같은 자제력 테크닉이 지닌 문제점은, 아이가 자신이 원하는 바를 정확하게 알고 있는 경우에만 먹혀들어간다는 점이다. 덕워스가 아이들이 열망해주기를 바랐던 장기적 목표는 20분 후에 보상으로 받는 두 개의 마시멜로보다 덜 구체적이고 즉각적이지 않으며 군침을 돌게 하지 않는 것이었다. 그렇다면 어떻게 해야 아이들이 좀 더 장기적이고 추상적인 목적을 이루기 위해 필요한 집중과 끈기를 습득하도록 도울 것인가? 시험에 합격한다든지, 고등학교를 제대로 졸업하는 것, 혹은 대학생활을 성공적으로 하는 것 등의 목적 말이다.

덕워스는 성취의 메커니즘을 동기motivation와 의지volition라는 두 개의 분리된 차원으로 나누는 것이 유용하다는 사실을 깨달았다. 장기적인 목적을 이루기 위해선 둘 다가 필요하며 어느 쪽이든 하나만으로는 충분하지 않다고 그녀는 말한다. 우리는 동기를 갖고 있으면서도 의지가 부족했던 경험에 대부분 익숙하다. 예컨대 살을 빼겠다는 동기가 극도로 잘 부여되었다 하더라도, 닭튀김을 내려놓고 역기를 들 만한 뜻이 −의지력 혹은 자기통제력이− 없다면 살빼기에 성공할 수는 없는 노릇이다. 어떤 아이가 고도의 동기부여를 받았다면, 덕워스가 그 5학년 학생들에게 가르치고자 했던 자기 통제의 테크닉과 연습은 상당히 도움이 될 것이다. 하지만 학생에게 교사나 부모들이 성취해주기를 바라는 목표를 이루고자 하는 동기가 없다면? 그런 경우에는 자제력을 위한 세상의 온갖 기교도 전혀 도움이 되지 못할 것이다. 덕워스도 이 점은 인정한다.

하지만 그렇다고 해서 어떤 사람의 동기를 변화시키는 것이 불가능하다는 뜻은 아니다. 아니, 단기적으로 본다면 그것은 놀라울 정도로 쉽다. 캔디 가게에 조금만 더 머물면서 IQ와 M&M 초콜릿이 관련된 수십 년 전의 몇 가지 실험을 곰곰 생각해보자. 1960년대 말 캘리포니아에서 이루어진 첫 번째 실험의 경우, 캘빈 에들런드라는 실험자는 5~7세의 아이들 97명을 실험대상으로 뽑았다. 모두 '중하위 혹은 하위 계급' 가정 출신이었다. 이 아이들을 무작위로 실험군 및 대조군으로 나누었다. 먼저 아이들은 모두 스탠퍼드−비네 표준 IQ 테스트를 받았다. 그리고 7주가 지난 다음 이들에게 다시 비슷한 테스트를 실시했지만, 이번엔 실험군의 아이들에게 정답을 말할 때마다 M&M 초콜릿을 하나씩 주었다. 그 결과 첫 번째 테스트에서는 실험군과 대조군 아이들의 IQ가 거의 대등했지만, 두 번째 테스트에서는 M&M을 준 실험군 아이들의 IQ가 평균 12점 올라갔다. 엄청난 증가였다.

　그로부터 몇 년 뒤 사우스 플로리다 대학의 연구원 두 명이 에들런드의 실험을 좀 더 세련시킨 실험을 시도했다. 이번에는 M&M 없이 치른 첫 번째 테스트 후에, 아이들을 점수에 따라 세 그룹으로 나누었다. 119점 전후를 받은 아이들은 고득점IQ그룹으로 분류하고, 101점 정도의 아이들은 중간IQ그룹, 그리고 평균 79점 가량은 하위IQ그룹에 넣었다. 그 다음 두 번째 테스트에서 각 IQ그룹의 아이들 중 절반에게는 에들런드가 그랬듯이 정답을 말했을 때 M&M을 한 개씩 주고, 다른 절반에게는 상을 주지 않았다. 그랬더니 중간IQ그룹과 고득점IQ그룹 아이들은 초콜릿을 받은 경우에도 전혀 IQ점수가 오르지 않았다. 그러나 하위IQ그룹에서 답을 맞힐 때마다 초콜릿을 얻은 아이들은 IQ점수가 97점 정도로 상승했다. 중간IQ그룹과의 격차를 거의 없앨 정도로 개선되었던 것이다.

　M&M 실험은 IQ 테스트가 무언가 현실적이고 영속적인 것을 - 달콤한 초콜릿 몇 개로는 도무지 변화시킬 수 없는 어떤 것을 - 측정하는 방법이라고 철석같이 믿었던 전통적인 지혜에 충격의 한 방을 먹인 셈이었다. 동시에 IQ가 낮은 것으로 생각했던 아이들에 관해서도 중요하면서 곤혹스러운 질문을 던져주었다. 그 아이들은 정말 IQ가 낮은 걸까? 한 아이가 두 차례의 실험에서 79점과 97점을 받았으니, 어느 쪽이 진짜 IQ인가?

　이런 질문은 교사들, 특히 빈곤계층이 많이 사는 지역의 교사들이 시시때때로 맞닥뜨리게 되는데, 좌절감을 주면서도 사람을 감질나게 만든다. 우리 학생들은 보기보다 더 머리가 좋다고 확신할 뿐 아니라 마음만 먹으면 그들도 훨씬 더 잘할 수 있다는 걸 알고 있다. 하지만 어떻게 해야 마음을 먹도록 할 수 있을까? 살아가면서 정답을 맞힐 때마다 M&M을 주어야 하나? 그건 별로 실용적인 해답이 아닌 것 같다. 게다가 소득이 낮은 집의 중학생들은 시험을 잘 치른 데 대해서 이미 어마어마한 보상을 받고 있지 않은가? 그게 현실이다. 정답이 나올 때마다 즉시 상을 받는 건 아니지만 장기적으론 그렇다. 만약 중·고등 과정을 통해서 학생의 시험점수라든지 GPA가 IQ 79점 대신에 IQ 97점을 적용해야 할 것 같다면, 이 학생은 고등학교를 무사히 마치고 대학에 진학할 뿐 아니라 좋은 일자리를 얻을 가능성도 훨씬 더 높다. 그쯤 되면 M&M이야 얼마든지 살 수 있지 않겠는가.

그러나 중등교사라면 누구나 알다시피, 이러한 논리를 학생들에게 확신시키는 일은 보기보다 훨씬 더 어렵다. 알고 보면 동기란 것은 상당히 복잡하고, 보상은 뒤통수를 치는 경우가 생긴다. 스티븐 레빗과 스티븐 더브너의 저서 〈괴짜경제학 Freakonomics〉에는 1970년대에 실시된 어떤 연구에 관한 이야기가 나온다. 헌혈하는 사람들에게 약간의 보상금을 주면 헌혈이 증가하게 되는가를 보기 위한 연구였다. 결과는 놀라웠다. 더 많은 사람이 헌혈을 하기는커녕 오히려 헌혈자의 수가 줄어들었던 것.

마찬가지로 M&M 테스트 역시 아이들에게 성공을 위한 물질적인 인센티브를 주면 커다란 변화가 있을 것으로 예상하지만 사실은 항상 그렇게 되는 것은 아니다. 근년에는 하버드 경제학자 롤런드 프라이어~Roland Fryer~가 M&M 실험을 대도시 학교 시스템의 스케일로 확장하려고 시도한 적도 있다. 그는 학생들의 시험성적을 개선시킨 교사들에게 보너스를 주거나, 성적이 좋아진 학생들에게 휴대전화 사용시간을 늘려준다든지, 아이들의 성적이 나아진 가정에 재정적인 인센티브를 주는 등, 공립학교의 여러 가지 인센티브 프로그램을 테스트했다. 그 실험은 꼼꼼하게 공을 들여 신중하게 이루어졌지만 그 결과는 한결같이 실망스러웠다. 그래도 자료에는 몇 가지 희망적인 구석도 있었다. 어린아이들이 책을 한 권씩 읽을 때마다 돈을 주었던 댈러스의 프로그램은 학생들의 읽기 능력 향상에 공헌을 했던 것으로 보였다. 그렇지만 대부분의 경우 이 프로그램들은 실패였다. 특히 뉴욕 시내 교사들에게 인센티브를 주었던 가장 큰 규모의 실험은 무려 7,500만 달러의 비용이 들었고 3년이란 기간이 소요되었지만, 결국 프라이어는 이 실험이 아무런 긍정적인 결과를 내지 못했다고 보고해야만 했다.

Keyword 07

코딩 스피드 시험 – 동기부여

사람들에게 동기를 부여할 때 문제가 무엇인지 아는가? 어느 누구도 그 방법을 제대로 알지 못한다는 것이다. 지금 우리 주위에 영감을 주는 포스터라든지, 자기계발 도서나 동기부여 관련 강사 등등이 붐을 이루고 있는 이유가 바로 거기에 있다. 우리에게 동기를 부여하는 것이 무엇인지는 참으로 설명하기 어렵고 측정하기 힘들 때가 많기 때문이다.

이처럼 복잡한 이유의 하나는 성격의 유형에 따라서 어떤 동기에 반응하는가가 달라진다는 점이다. 카밋 시걸 Carmit Segal 이 2006년에 실시한 일련의 실험 덕택에 우리는 그것을 잘 알고 있다. 당시 박사 과정을 마치고 하버드 경제학과를 다니고 있던 시걸은 현재 취리히의 어느 대학에서 교편을 잡고 있다. 그녀는 성격과 동기가 어떤 식으로 상호작용을 하는지 실험해보고 싶었다. 그리고 우리가 상상할 수 있는 가장 손쉬운 테스트를 그 수단으로 채택했으니, 그것이 바로 코딩 스피드 시험이라고 부르는 기초업무기술 평가였다. 그건 상당히 단순하고 직선적인 테스트다. 먼저 수험자들에게 답안지를 나눠주는데, 상단에는 여러 가지 간단한 단어가 적혀 있고, 각 단어에는 4자리 숫자가 하나씩 부여되어 있다. 그 리스트는 대충 이렇게 되어 있다.

game	● ● ●	2715
chin	● ● ●	3231
house	● ● ●	4232
hat	● ● ●	4568
room	● ● ●	2864

그리고 답안지의 하단에는 같은 단어와 다섯 개의 4자리 숫자를 주면서 그 중에서 각 단어에 해당하는 올바른 숫자를 선택하도록 하는 것이다.

질문 **답**

	A	B	C	D	E
1. hat	2715	4232	4568	3231	2864
2. house	4232	2715	4568	3231	2864
3. chin	4232	2715	3231	4568	2864

답안지 상단에 적힌 올바른 숫자를 찾아서 거기다 체크만 하면 된다. 약간 지루할지는 몰라도 아주 쉬운 일이다.

시걸은 수천 명에 이르는 청소년들이 코딩 스피드 시험과 정규 인지기능 테스트에서 받은 점수를 포함하는 두 종류의 방대한 데이터를 찾아내었다. 그 중 하나가 1979년 1만 2천 명 이상의 청소년 집단을 조사하기 시작했던 미 청소년 추적조사NLSY였고, 다른 하나는 미군에 입대하기 위해서 꼭 합격해야 하는 여러 가지 테스트 가운데 하나로 코딩 시험을 치렀던 신병新兵들의 자료였다. NLSY에 참여한 고등학생들과 대학생들에겐 시험을 잘 보려고 애써야 할 인센티브가 전혀 없었다. 점수는 조사 목적으로 매길 따름이었고 그들의 학업성적과는 전혀 상관이 없었으니까. 하지만 신병들의 경우는 코딩 테스트가 대단히 중요했다. 성적이 나쁘면 원하는 군인이 될 수 없었기 때문이다.

각각의 테스트에 임한 두 그룹의 점수를 비교해봤더니, 인지 테스트에서는 고등학생 및 대학생들이 입대 지망자들보다 성적이 좋았다. 그러나 코딩 시험에서 높은 점수를 낸 것은 오히려 신병들이었다. 자, 물론 그것은 자진해서 입대하고 싶은 젊은이들이 숫자와 단어 맞추기에 당연히 더 소질이 많기 때문이었을 수도 있겠지만, 사실 딱히 그럴 것 같지는 않았다. 코딩 스피드 시험이 측정한 것은 단순한 업무기능 이상의 근원적인 어떤 것이었음을 시걸은 깨닫게 되었다. 즉, 그 테스트는 수험자들이 세상에서 가장 따분한 테스트라도 신경을 쓰고 정성을 쏟도록 스스로를 타이르고 격려할 의향이나 그렇게 할 수 있는 능력이 얼마나 있는지를 측정했던 것이다. 더 많은 것이 달려 있는 입대

지망자들은 NLSY 친구들보다 코딩 테스트에 한층 더 노력을 기울였고, 테스트가 너무나 단순했던지라 조금만 더 노력을 해도 교육을 더 받은 친구들조차 쉽사리 이길 수 있었다.

 자, 여기서 기억할 게 있다. NLSY는 그저 일회성의 테스트가 아니라, 그 후로도 여러 해에 걸쳐 젊은이들의 진척 과정을 추적하는 도구라는 점이다. 그래서 시걸은 NLSY 자료를 다시 끄집어내 1979년에 각 학생이 기록했던 인지능력 점수와 코딩 스피드 점수를 들여다보고, 그 다음 20년 뒤 그들이 40대가 되었을 때의 소득 수준과 두 가지 점수를 비교했다. 예상했던 바와 같이 인지능력이 앞선 아이들이 더 많은 소득을 올리고 있었다. 그러나 엄청 단순했던 코딩 테스트에서 점수가 좋았던 아이들도 마찬가지였다. 사실 대학교를 졸업하지 않은 NLSY 참가자들만 봤을 때, 그들의 코딩 테스트 점수는 어느 모로 보나 인지능력 점수 못지않게 믿을 만한 후일 소득의 예측 지수였다. 코딩 테스트 고득점자들은 하위 득점자들보다 해마다 수천 달러나 더 많은 소득을 올리고 있었던 것.

 어째서 그럴까? 오늘날 미국의 노동시장은 아무 생각도 없는 단어와 숫자의 리스트를 비교하는 능력에다 정말로 그처럼 높은 가치를 부여하는 것일까? 물론 그것은 아니다. 말이 나왔으니 말이지, 시걸은 코딩 테스트 점수가 높다고 해서 다른 학생들보다 실제로 코딩 기술이 더 나으리란 것조차 믿지 않았다. 그들의 점수가 높았던 이유는 단 한 가지, 즉, 남들보다 더 열심히 노력했기 때문이니까. 그리고 노동시장이 진정으로 가치를 부여하는 것은 시험을 잘 본다고 해서 딱히 외부의 보상조차 없는 경우라도 열심히 노력하도록 만드는 그런 내적인 동기다. 어느 누구도 깨닫지 못했지만 이 코딩 테스트는 성인들의 세계에서 너무나도 중요하고 결정적인 비인지기술을 측정하고 있었던 것이다.

시걸이 알아낸 사실들은 사우스 플로리다에서 M&M 실험에 참여했던 소위 IQ 낮은 아이들을 바라보는 전혀 새로운 방식을 제시한다. 그들이 최초의 IQ 테스트에서는 형편없는 점수를 받았지만 M&M 인센티브가 주어진 두 번째 테스트에서는 훨씬 성적이 좋았던 사실, 기억하는가? 그렇다면 이런 질문을 던질 수 있다. 소위 'IQ가 낮은' 아이들의 진짜 평균 IQ는 얼마였던가? 79점, 아니면 97점? 물론 그들의 진짜 IQ는 97이라고 주장할 수 있을 것이다. IQ 테스트를 볼 때도 노력을 기울여야 하는 법인데, 그 'IQ가 낮은' 아이들은 M&M으로 동기를 부여하자 정말 노력을 했던 것이다. 그렇다고 M&M이 그들의 지능을 마술처럼 높여주어서 정답을 고르게 했겠는가? 아니다, 그들은 이미 그런 지능을 보유하고 있었다. 따라서 그 아이들은 'IQ가 낮은' 게 아니라 대충 평균치였다는 이야기다.

그러나 시걸의 실험이 암시하는 바는, 그들의 미래가 지닌 전망과 더욱 긴밀하게 연관된 것이 바로 첫 번째 테스트에서 나온 79점이란 사실이다. 그 79점이야말로 우리가 살아가면서 얼마나 성공할 수 있을 것인가를 예측해주는 테스트, 중요도도 낮고 보상도 낮은 테스트, 그러니까 코딩 테스트 같은 것의 점수와 마찬가지란 뜻이다. 그 아이들의 IQ는 낮지 않을지 모르지만 또렷한 인센티브가 없는 IQ 테스트라도 열심히 노력하도록 만드는 바로 그 성격이 강하지 않았다는 거다. 그리고 바로 이런 성격이야말로 아이들이 소중하게 지녀야 하는 것임을 시걸의 연구는 보여주고 있다.

성실성

　자, 그럼, 시걸의 실험에서 높은 성과에 대한 보상이 있든 없든 상관없이 최선의 노력을 경주했던 아이들, 투지에 가득했던 그 아이들이 보여준 성격을 무엇이라고 부를까? 이에 대해서 성격심리학자들이 사용하는 전문 용어가 있다. 성실성conscientiousness이다. 지난 수십 년에 걸쳐 성격심리학자들 사이에는 이른바 '5대 특성'으로 알려진 친화성agreeableness, 외향성extraversion, 신경성neuroticism, 뭐든 경험하겠다는 개방성openness, 그리고 성실성이라는 다섯 개의 관점에 의거해서 성격을 들여다보는 것이 인간 성격의 분석 방법 중 가장 효과적이라는 일종의 합의가 서서히 이루어졌다. 그런데 시걸이 남학생들을 상대로 표준 성격 테스트를 실시했더니, 물질적인 인센티브에 반응하지 않은 아이들이 -M&M으로 동기를 부여하든 않든 테스트를 잘 본 아이들이- 성실성 측면에서 유달리 높은 점수를 얻었다.

성격심리학계에서 성실성에 관한 한 가장 권위 있는 전문가는 브렌트 로버츠Brent Roberts다. 일리노이대학교 교수인 그는 경제학자인 제임스 헥먼 및 심리학자인 앤절러 덕워스와 함께 작업한 바 있다. 로버츠의 말로는 자신이 대학원을 마치고 어떤 연구 분야를 전공할지 고민하고 있던 1990년대 말기에는 아무도 성실성을 연구하고 싶어 하지 않았단다. 대부분의 심리학자들은 그것을 성격 분야의 골칫덩어리쯤으로 취급하고 있었다. 지금까지도 그렇게 보는 사람들이 많다. 로버츠의 설명에 의하면 그건 하나의 문화다. **성격**이라는 단어처럼 **성실성**이란 단어도 학계 밖에서는 다소 투박하고 항상 긍정적이지만은 않은 이미지를 연상하게 만든다. 그는 이렇게 말했다. "학자들은 자신이 소중하다고 생각하는 것을 연구하고 싶어 하지요. 그런데 사회에서 성실성을 소중하게 여기는 이들은 지성인도, 학자들, 진보주의자들도 아니거든요. 오히려 그들은 인간이란 통제를 받아야 한다고 생각하는 종교적이고 우익인 보수주의자들이기가 십상입니다." (그의 말을 빌리자면, 심리학자들은 여러 경험에 대한 개방성의 연구를 더 선호한다. 그는 −약간 서글픈 듯이− 설명했다. "개방성이 **쿨하다**는 거죠. 창의성에 관한 거니까요. 게다가 진보적인 이념과도 가장 끈끈하게 연관되어 있단 말입니다. 우리 성격심리학자들의 대부분은 −저도 거기 포함된다고 해야겠습니다만− 진보적입니다. 그리고 우린 스스로를 연구하기를 좋아하죠.")

로버츠 같은 몇 안 되는 예외를 빼면 학계의 성격심리학자들은 대부분 최근까지 거리를 두고 있었지만, '5대 특성'의 성실성은 1990년대 산업 및 조직심리학이라는 그다지 눈에 띄지 않는 심리학 분야에 의해서 받아들여졌다. 이 분야 학자들은 저명한 대학교에 자리를 얻는 경우가 거의 없고, 대부분은 아주 특별한 수요를 지닌 대기업의 인사관리자를 위한 컨설턴트로 일하면서 난해한 상아탑의 논쟁 따위와는 아주 멀리 떨어져 있다. 그런 회사들은 가능한 한 생산적이고 믿을 만하며 근면한 직원들을 원하기 때문이다. 대기업들이 그런 노동자들을 찾을 수 있도록 도와주기 위해 산업 및 조직심리학이 다양한 성격 평가방법을 쓰기 시작했을 때, '5대 특성'의 성실성이야말로 작업장에서의 성과를 가장 잘 예측해주는 특성이었다.

성실성에 있어서 로버츠를 가장 매료시키는 것은 그것이 일자리에 그치지 않고 훨씬 더 많은 성과를 예측해준다는 사실이다. 성실성이 두드러지게 높은 사람은 고등학교 및 대학에서 훨씬 더 성적도 좋고, 범죄를 저지르는 확률도 훨씬 낮으며, 결혼생활도 훨씬 더 오래 유지한다. 또 그들은 상대적으로 더 오래 사는데, 단순히 흡연이나 음주를 덜해서 그런 것만은 아니다. 뇌일혈로 쓰러지는 경우도 적고, 혈압도 낮은 편이며, 치매에 걸리는 경유도 훨씬 더 드물다. 로버츠는 이렇게 말했다. "성실성을 따라다니는 어떤 부정적인 이미지라도 있다면, 사실 더 멋지지 않을까 싶을 정도랍니다. 하지만 지금으로서는 성실성이 삶의 전반에 걸쳐서 성공을 위한 기능 중에서 가장 주된 차원으로 떠오르고 있는 실정이죠. 우리가 더 나은 삶을 사는 데 관해서는 그야말로 요람에서 무덤까지 가는 게 성실성입니다."

자제력만으로는 2퍼센트 부족

　물론 그렇다고 해서 성실성이 하나에서 열까지 모두 긍정적이라는 데 누구나 다 동의한다는 뜻은 아니다. 사실 학교나 직장에서의 성공과 성실성 사이에 어떤 관련이 있는지를 보여주는 첫 번째 실증적 증거는 학교나 직장을 거의 염두에 두지 않았던 사람에게서 나왔다. 마르크스주의 경제학자 새뮤얼 보울즈Samuel Bowles와 허버트 진티스Herbert Gintis는 1976년에 출간된 《자본주의 미국에서의 학교교육Schooling in Capitalist America》이란 책에서 미국의 공립학교는 사회계급의 분열을 영속화시키기 위해 설립되었다고 주장했다. 프롤레타리아 계층을 원래 타고난 계급에 묶어두기 위해서 "교육 시스템이 사람들에게 적절하게 순종하는 것을 가르쳐야" 한다는 것이다. 이 두 저자는 같은 시기에 진 스미스Gene Smith가 행했던 연구에서 많은 것을 얻었다. 스미스는 IQ 측정이 고등학생들의 미래를 가장 믿음직하게 예측해주는 테스트가 아니라는 걸 밝혀낸 바 있었다. 오히려 자신이 '성격의 강점'이라 불렀던 특징에 관해서 각 학생의 또래친구들이 그 학생을 어느 정도로 평가하느냐를 측정해야 한다는 것이었다. 그리고 그 성격의 강점에는 "성실성, 책임감, 고집스럽게 단정함, 헛된 꿈을 멀리함, 단호함, 끈기" 등의 특성이 포함되어 있었다. 이러한 측정은 대학진학 후의 성과를 예측함에 있어서 SAT 점수나 학급 내 석차 등을 포함한 그 어떤 인지능력 점수의 조합보다도 3배나 더 정확했다. 스미스의 연구 결과에 매료된 보울즈와 진티스는 새로운 연구 프로젝트에 착수하여 뉴욕주의 한 대형 고등학교 졸업반 237명을 상대로 다양한 IQ 및 성격 테스트를 실시했다. 그리고 예상대로 인지능력 점수는 GPA 결과를 제법 잘 예측했지만, 성실성을 비롯한 16가지 성격 시험의 조합에서 얻은 지수 역시 똑같은 예측을 가능하게 한다는 것을 알게 되었다.

셀리그먼, 피터슨, 덕워스, 로버츠 같은 심리학자들에게 위와 같은 여러 가지 결과는 성격이 성공적인 학교생활에 얼마나 중요한지를 널리 알려주는 사건이었다. 하지만 보울즈와 진티스에게는 학교 시스템이 온순한 프롤레타리아를 양산하기 위한 조작이라는 증거에 불과했다. 두 사람의 주장인즉 교사들이 상을 주는 대상은 억압당해서 따분한 아이들이라는 것이다. 그들은 GPA 성적이 가장 좋았던 학생들이 창의성이나 독립성 측면에서는 가장 점수가 낮고, 시간 엄수나 만족의 연기 혹은 예측가능성이나 신뢰성 따위의 점수는 가장 높다는 것을 알아냈다. 그 다음 두 사람은 직장인들을 상대로 비슷한 잣대를 적용해, 여기서도 중간관리자들이 부하직원들을 판단하는 방식은 교사들이 학생을 판단하는 방식과 동일하다는 것을 발견했다. 즉, 창의성이 뛰어나고 독립심이 강한 직원들에게는 낮은 점수를 매기고, 전략에 능하고 시간을 철저히 지키며 믿을 수 있고 달콤한 희열을 뒤로 미룰 줄 아는 직원들은 높게 평가하고 있었던 것이다. 두 사람이 보기에 이런 결과는 "미국 경제계를 지배하는 자들은 온화하고 믿을 수 있는 착한 양들로 사무실을 가득 채우고 싶어하기 때문에 그런 특성만 골라서 육성하는 학교 시스템을 만들어낸 것"이라는 자신들의 이론을 확인해 주었다.

로버츠의 조사에 의하면 성실성에서 높은 점수를 받는 사람들은 질서정연하고, 근면하며, 믿음직하고, 사회의 규범을 존중하는 등의 특성을 공유하는 경향이 있다. 하지만 성실성의 가장 중요한 요소는 아마도 자제력이리라. 그리고 자제력으로 말하자면, 그 가치를 회의적懷疑的으로 바라보는 것은 비단 마르크스주의 경제학자들뿐만이 아니다.

피터슨과 셀리그먼은 〈성격강점과 여러 가지 덕목〉에서 "자제력이 지나치게 강하다고 해서 정말 불리해지는 일은 없다"고 주장했다. 그것은 마치 힘이나 아름다움 또는 지능처럼 본질적으로 많아서 해될 일이 없는 능력이다. 더 많이 가질수록 더 좋을 뿐이란 얘기다. 그러나 캘리포니아대학교에서 심리학을 연구했던 잭 블록Jack Block을 필두로 하여 이와 반대의 생각을 지닌 학자들은 지나치게 자제력이 강하면 지나치게 약한 경우나 꼭 마찬가지로 문제가 된다고 주장했다. "지나치게 통제를 당하는 사람들은 과도한 제약을 느낀다. 그런 사람들은 의사결정에 어려움을 느끼고 쓸데없이 만족감을 뒤로 미루거나 스스로 즐거움을 거부할 수도 있다."고 블록과 그의 동료 두 명이 어느 논문에 썼던 것도 그런 맥락이다. 이들의 말을 빌리자면, 성실한 사람들은 강박적 強迫的인데다 불안하고 억눌려 있어 전형적으로 앞뒤가 꼭꼭 막힌 벽창호란 것이다.

 블록이 발견한 사실에는 확실히 일리가 있다. 성실성이란 것이 어떻게 강박관념으로 변질되는지는 쉽게 알 수 있다. 하지만 동시에 자제력과 긍정적인 결과 사이에 존재하는 상관관계를 보여주는 데이터를 부정하기도 어려운 노릇이다. 그 증거는 뉴질랜드의 어느 연구팀이 30년에 걸쳐 1천 명 이상의 젊은이들을 대상으로 조사했던 결과를 발표하면서 한층 더 풍부해졌다. 어린 시절의 자제력과 성인이 된 이후의 결과 사이에 또렷한 연관성이 존재한다는 것을 전에 없이 자세하게 보여준 결과였다. 애브셜롬 캐스피와 테리 모핏이라는 심리학자들이 이끌고 브렌트 로버츠도 참여했던 조사팀은 연구 대상자들이 3~11세였을 때 다양한 테스트와 설문조사를 이용하여 아이들의 자제력을 측정한 다음 그 수치들을 조합해서 아이마다 고유의 자제력 등급을 부여했다. 그 후 이들이 32세에 이르렀을 때 다시 조사를 해봤더니, 어린 시절의 자제력 등급이 아주 폭넓은 여러 면의 성과를 잘 예측해주고 있었다. 어릴 때의 자제력이 약할수록 서른두 살에 담배를 피우거나, 건강이 나쁘거나, 신용이 불량하거나, 법을 어길 가능성은 훨씬 높았다. 어렸을 때 자제력이 아주 낮았던 성인은 대단히 높은 자제력을 보인 사람들보다 범죄 행위를 저지를 확률이 3배나 높은 등, 그 효과가 어마어마하게 큰 경우도 더러 있었다. 그런 경우 이들이 두 가지 이상의 중독증을 보일 가능성도 자제력이 강했던 사람에 비해 3배였고, 자신의 아이들을 편부·편모 가정에서 키울 가능성도 2배가 넘었다.

뚝심

　그렇지만 앤절러 덕워스조차도 자제력에 한계가 있다는 점은 수긍한다. 어떤 아이들이 고등학교를 무사히 마칠 것인가를 예측하는 데는 자제력이 상당히 유용할지 모르지만, 어떤 종류의 사람들이 신기술을 창조하거나 탁월한 영화를 만들게 될까를 밝힐 때는 그다지 상관이 없다는 게 그녀의 말이다. 2005년에 출간된 저서 〈심리과학Psychological Science〉에서 획기적인 "자제력 vs IQ" 연구를 발표한 이후, 덕워스는 자신이 찾고 있던 성공의 동인動因은 자제력이 아니라는 느낌을 갖기 시작했다. 그녀는 자신의 커리어를 곰곰 되돌아보았다. 여러 가지 객관적인 수치로 봤을 때 자신은 대단히 지적이었고 높은 수준의 자기수양도 되어있음을 인식했다. 아침 일찍 일어나고, 열심히 일하고, 데드라인은 놓치지 않으며, 정기적으로 운동도 했다. 그리고 분명히 성공적인 삶을 살고 있었다. 박사과정을 밟는 중에 첫해의 논문이 심리과학 같은 저명한 잡지에 실리는 행운을 맛보는 학생들은 극히 드물었으니까. 하지만 여기저기를 돌아다니던 자신의 초기 커리어는, 예컨대 데이빗 레빈의 그것에 비해 목표가 훨씬 뚜렷하지 못했다. 레빈은 스물두 살의 나이에 이미 일생일대의 소명召命을 발견하고 그때부터 바로 그 목적에 끈질기게 매진했으며, 온갖 장애를 극복하면서 마이클 파인버그와 함께 수천 명의 학생들을 가르치는 차터 스쿨 네트워크를 성공적으로 만들지 않았던가. 덕워스는 나이도 비슷한 레빈이 어딘지 자신에게는 없는 어떤 특성을 —단 하나의 미션을 향한 열렬한 믿음과 그것을 이룩하려는 불굴의 헌신을— 지녔다고 느꼈다. 그리고 바로 그 성격을 가리키는 이름으로 그릿grit이라는 단어를 택했다. 뚝심, 불굴의 의지, 혹은 집요한 열정을 뜻하는 말이다.

덕워스는 셀리그먼과 함께 《성격강점과 여러 가지 덕목》을 저술했던 피터슨과 손잡고 이 뚝심을 측정하는 테스트를 개발했고, 이를 그릿 스케일Grit Scale이라 불렀다. 그것은 속임수가 아닐까 싶을 정도로 단순한 테스트로 딱 12개의 문항을 주고 수험자가 스스로를 평가하도록 했다. 예를 들어 "새로운 아이디어나 프로젝트가 기존의 아이디어나 프로젝트로부터 내 관심을 빼앗는 경우도 더러 있다." 라든가 "나는 사소한 실패 때문에 용기를 잃는 일이 없다." 혹은 "나는 열심히 일한다." 또는 "나는 시작한 일은 반드시 끝을 내고야 만다." 같은 문항이다.

각 문항에 대해 수험자는 1점(전혀 나와는 다른 이야기)에서부터 5점(완전히 나의 특성)까지를 매기게 된다. 이 테스트는 3분 정도밖에 걸리지 않으며 온전히 수험자 자신의 판단에 의존하지만, 덕워스와 피터슨이 이를 현장에서 적용했더니 놀랍게도 개인의 성공 여부를 잘 예측해주었다. 덕워스가 알아낸 바에 의하면, 뚝심과 IQ는 서로 극히 미약한 관련밖에 없지만 (총명하면서 뚝심이 있는 사람도 있고 멍청하지만 뚝심이 있는 사람도 있다) 펜실베이니아대학교의 경우 비교적 낮은 SAT 성적으로 입학한 학생들도 '그릿 스코어'가 높으면 훌륭한 GPA(평점)을 받을 수가 있었다. 전국 스펠링 비 대회에서도 그릿 스코어가 높은 아이들이 살아남아서 후반 라운드까지 갈 확률이 더 높았다. 가장 두드러진 결과를 보인 것은 육군사관학교에 막 입학하여 '짐승들의 막사Beast Barracks'로 알려진 혹독한 여름 훈련코스에 돌입하는 신입생도 1,200명에게 덕워스와 피터슨이 그릿 스케일을 실시했을 때였다. 군에서도 물론 자체적으로 이미 복잡한 평가체제를 개발해서 신입생도 가운데 누가 웨스트 포인트의 엄준한 요구를 견뎌낼 것인지를 판단했다. 그 속에는 학점, 신체적성, 리더십 잠재력 점수 등이 포함되어 있다. 그러나 어떤 생도가 '짐승들의 막사'를 끈덕지게 참아내고 어떤 생도가 중도 탈락하는가를 좀 더 정확하게 예측해주는 방법은 덕워스의 간단한 그릿 스케일 12개 문항이라는 게 밝혀졌다.

수치로 나타내는 성격

데이빗 레빈과 도미닉 랜돌프는 덕워스 및 그의 동료들로부터 컨설팅을 받으면서, 자신들이 가르치는 학생들에게 자제력과 뚝심은 필수 불가결의 특성이라는 점에 쉽사리 설득당했다. 그런데 중요한 성격 강점은 그 둘만이 아닌 것 같았다. 그렇다고 셀리그먼과 피터슨의 24가지나 되는 풀 리스트를 택하자니, 너무 거추장스러운데다 학교에서 실용적인 지도체계로 바꾸기도 너무 어려웠다. 그래서 두 사람은 피터슨에게 리스트를 다루기 쉽게 좀 줄여달라고 부탁했다. 그리하여 피터슨은 조사결과에 따라 삶의 만족도와 고도의 성과를 특별히 잘 예측할 수 있을 걸로 보이는 몇 가지 강점을 밝혀냈다. 그들은 약간의 수정을 거친 다음 마침내 아래와 같은 7가지 최종 리스트를 만들어냈다.

❶ 뚝심

② 자제력
③ 열정 혹은 열의
④ 사회지능
⑤ 감사하는 마음
⑥ 낙관적 성격
⑦ 호기심

그런 다음 덕워스는 1년 반에 걸쳐 레빈 및 랜돌프와 힘을 합쳐 위의 7대 성격강점 리스트를 두 페이지짜리 평가도구로 발전시켰다. 교사나 부모 혹은 학생 자신들이 완성하게 될 일종의 설문지 형식이었다. 교사들은 각각의 강점에 대해서 있을 수 있는 다양한 지표를 ―덕워스가 자신의 그릿 스케일 설문을 위해 선택했던 12가지 지표와 상당히 유사한 문항들을― 제안했고, 덕워스는 그 중의 수십 가지를 리버데일과 KIPP 현장에서 테스트했다. 즉, 각각의 지표에 대하여 교사들에게는 학생들을, 학생들에게는 스스로를, 5점 만점으로 평가해보라고 부탁했던 것이다. 이런 과정을 거쳐 덕워스는 마침내 "이 학생은 새로운 것들의 탐구를 갈망한다."(호기심 지표)에서부터 "이 학생은 노력을 통해 미래를 개선할 수 있다고 믿는다."(낙관적 성격 지표)에 이르기까지 통계적으로 가장 신뢰할 만한 24개의 지표를 선정하기에 이르렀다.

레빈이 보기에 다음 단계는 뻔했다. 그는 이미 2007년에 랜돌프가 로런스빌에서 주최했던 소규모의 비공개 콘퍼런스에 갔다가,

KIPP 학생들의 수학, 과학, 역사 실력에 점수를 매기듯이 그들의 성격에도 등급을 매기면 어떨까 하는 아이디어가 불현듯 떠올랐던 적이 있었다. 그 당시 레빈은 스스로에게 물었다. 아이들이 졸업할 때 GPA 점수뿐만 아니라 CPA(Character Point Average; 성격 평점)까지 갖고서 학교를 떠날 수 있다면 정말 멋진 일이 아닐까? 만약 당신이 대학교 입학사정관이라든지 기업에서 신입사원을 뽑는 인사관리자라면, 누가 뚝심이나 낙관성이나 열정에서 높은 점수를 받았는지 알고 싶지 않겠는가? 혹은 당신이 학부모라면, 독해력뿐만 아니라 성격 측면에서 당신의 아이가 같은 반 친구들과 어떻게 비교되는지를 알고 싶지 않겠는가? 레빈은 당연히 그럴 것이라 믿었다. 그리고 덕워스와 피터슨으로부터 지표들의 최종 목록을 받자마자 그것을 구체적이고 간결한 평가방법으로 바꾸는 작업에 돌입했다. 그것이 바로 사상 최초의 성격성적표character report card로서, 그는 뉴욕 시내 KIPP 학교의 학생들과 부모들에게 매년 두 차례 이 성격성적표를 나누어주었다.

하지만 리버데일의 랜돌프는 성격성적표라는 아이디어 때문에 불안해졌다. 어느 날 오후, 그는 나에게 이렇게 설명했다. "저한테는 성격을 수치화한다는 게 철학적으로 문제가 됩니다. 적어도 우리 학교의 규모라면 성적표 같은 것을 제도화하는 순간, 바로 시험 준비에 들어가는 사람들이 생길 겁니다. 저는 성격에 측정의 도구를 갖다 대기도 싫고 그것이 곧장 게임처럼 되는 것도 싫습니다. 그런 식이 된다면 아주 끔찍이 싫을 겁니다."

그럼에도 불구하고 그는 덕워스와 피터슨이 축적해놓은 리스트가 성격에 관하여 학생들과 소통할 때 유용한 도구가 된다는 점에서 레빈과 뜻을 같이 했다. 그래서 이 새로운 성격 측정 방법을 리버데일 커뮤니티 전반에 확산시키기 위해, (어느 교사의 표현을 빌리자면) "입소문 어프로치"를 채택했다. 그는 부모들과의 간담회에서 성격을 이야기했고, 교직원회의에서 날카로운 질문을 던지는가 하면, 뜻이 맞는 교사들을 동원하여 새로운 프로그램을 만들어보라고 독려했다. 2011년 겨울 리버데일 5~6학년 학생들은 그 24개 지표에 의한 조사에 임했고, 교사들 역시 그들에게 등급을 매겼다. 그리고 교직원들은 그 결과를 놓고 토론을 벌였다. 하지만 결과는 학생들과 부모들에게 알려주지 않았고 또 거기에 성적표라는 이름도 붙이지 않았다.

랜돌프의 신중한 페이스는 한편으로는 개인적인 스타일 때문이다. (그는 스스로 '대화의 프로세스'라는 것을 즐기며, 사람들의 마음을 조금씩 바꾸는 만담漫談을 좋아한다.) 하지만 다른 한편으로 그것은 리버데일의 문화와도 상당히 관련이 있다. 즉, 이 학교의 교사들은 딱히 교육학에 무슨 특별한 흥미가 있어서 채용되는 게 아니라, 각자의 분야가 지니는 콘텐트에 통달해 있기 때문에 채용되었다는 거다. 랜돌프의 설명을 들어보자. "교사들이 우리 학교에 오는 것은 어느 정도의 독립성을 원하기 때문입니다. 물론 이론적으로는 저도 그냥 '우리 학교에서 이 제도를 시행할 것이니, 그리 아십시오.'라고 말할 수 있겠지요. 하지만 그랬다가는 다들 이렇게 대꾸할걸요, '입 닥치시오.'라고."

그러나 내가 리버데일에서 잠시 있어봤더니, 성격에 관한 교내의 논쟁은 단순히 어떻게 해야 학생들의 성격을 가장 잘 평가하고 개선시키느냐, 그리고 얼마나 신속하게 그런 새로운 방식을 채용할 것이냐가 아니라는 사실이 명백해졌다. 아니, 그보다는 더 깊게 들어가, **성격이란 것이 도대체** 무엇을 의미하는가라는 질문이 논쟁의 대상이었다. 랜돌프가 리버데일에 왔을 때, 학교에는 이미 일종의 성격교육 프로그램이 시행되고 있었다. '리버데일 윤리를 깨우친 아이들'의 첫 글자를 따서 CARE라고 불리는 이 프로그램은 1988년 유치원부터 5학년까지의 저학년에서 먼저 채택되었다. 그것은 일종의 예절바른 단정함을 위한 청사진으로서, 학생들에게 "모든 사람을 존중하고, 다른 사람들의 감정을 배려하며, 마음에 상처 입은 사람들을 도와줄 방법을 찾으라"고 지시했다. 복도에는 CARE와 관련되는 미덕을 학생들에게 상기시키는 포스터가 나붙었다. (언제나 예절바르게/ 험담은 피하라/ 친구들을 도와주자) 저학년을 담당하는 많은 교사들은 CARE를 두고, 리버데일을 훌륭한 학교로 만들어주는 중요한 요소라며 자랑스러워했다.

　랜돌프에게 CARE 이야기를 했더니, 그는 얼굴을 찌푸렸다. 마지못해 전통에 경의를 표하는 혁명가의 모습이었다. 그는 세심하게 설명해주었다. "성격강점이란 것은 CARE 2.0이라고나 할까요. 저한테는 그렇게 보이네요. 기본적으로 저는 성격에 대한 이 새로운 언어를 전부 취하면서, 이제 우리는 차세대 CARE에 들어간다고 말하고 싶군요."

　사실 셀리그먼과 피터슨의 성격강점이란 접근법은 CARE 같은 프로그램의 확장이 아니다. 아니, 오히려 그런 프로그램을 거부하는 것이다. 2008년 '성격교육 파트너십'이라는 전국 조직에서 성격교육을 두 개의 범주로 나누는 논문을 발효한 적이 있다. 공정함이나 관용이나 진실성 같은 윤리가치를 대변하는 '도덕적 성격'을 개발하는 프로그램이 그 하나요, 노력이나 근면이나 인내 같은 가치를 포함하는 '성과적 성격'을 다루는 프로그램이 다른 하나다. CARE는 이 중에서 확실히 '도덕적 성격' 쪽에 해당되지만, 랜돌프와 레빈이 선택한 7가지 강점들은 훨씬 더 '성과적 성격'에 가깝다. 물론 도덕적 요소도 담겨있지만, 열정이나 낙관주의 혹은 사회지능과 호기심 같은 강점은 딱히 영웅적이라 할 수 없다. 그런 특성은 마틴 루터 킹이나 간디보다도 스티브 잡스나 빌 클린턴을 생각하게 만든다.

랜돌프는 교내 성격교육 이니셔티브의 총괄 업무를 위해 중·고등학생들의 상담교사였던 K.C. 코언K.C. Cohen과 저학년 학습 전문가인 캐런 피어스트Karen Fierst, 두 사람을 뽑았다. 리버데일에서 멀지 않은 사립학교 필드스턴을 졸업한 코언은 30대 중반으로, 친절하면서도 사려가 깊었다. 그녀는 성격개발에 심취해 있었으며, 랜돌프처럼 학생들의 성격을 걱정하고 있었다. 하지만 리버데일이 선택한 7가지 성격강점이 마뜩잖았다. 그녀는 이렇게 말했다. "좋은 성격이라고 하면 말이죠, 저 같으면, '당신은 공평한가? 다른 사람을 대할 때 정직한가? 사기꾼은 아닌가?' 같은 걸 생각합니다. 끈기가 있는가, 열심히 일하는가, 뭐, 그런 것은 별로 생각하지 않죠. 그냥 '좋은 사람인가?'를 생각하잖아요."

성격에 대한 코언의 비전은 성과적 성격이 아니라 도덕적 성격에 훨씬 더 가까웠고, 내가 리버데일을 방문했을 때도 그런 비전이 여전히 지배적이었다. 2011년 늦겨울, 내가 이 학교를 찾아가 몇몇 클래스와 회의에 참석했을 때 행동과 가치에 관한 메시지는 어디에서나 볼 수 있었지만 거의 전부가 도덕적인 차원의 것이었다. 중학교는 분주하기 짝이 없는 하루였다. 그날은 마침 파자마 데이인데다 아침회의도 있었고, 게다가 봄방학 동안 2주일간 보르도로 수학여행을 떠나는 아이들은 파리로 가는 밤 비행기를 타기 위해 일찍 하교해야 했다. 아침회의 주제는 영웅이었고, 예닐곱 학생들이 350명가량 되는 아이들 앞에 나와서 각자가 선택한 자기의 영웅을 간단히 소개했다. 1960년대 뉴올린즈의 흑백 학교 통합을 외쳤던 루비 넬 브릿지즈, 분신자살로 국민들의 폭동을 불러일으켰던 튀니지의 야채 행상 모하메드 부아지지, 영화배우이자 사회활동가인 폴 로비슨, 권투선수 매니 파퀴아오 등이 그들의 영웅이었다.

그 회의와 각 클래스, 그리고 여러 아이들과 나눈 대화에서 나는 가치나 윤리가 수없이 언급되는 것을 들었다. 특히 그들이 강조하는 가치는 포용이나 인내라든가 다양성 같은 사회적 가치였다. (나는 KIPP에서보다는 리버데일에서 흑인들의 역사를 훨씬 더 많이 들었다.) 햇살에 잠긴 멋진 식당의 한쪽 끝에서는 사진전시회가 열리고 있었는데, 동성애 커플, 시각장애 부모, 다문화가정, 입양아 등등의 예리하게도 다양한 가족들 모습이 전시되고 있었다. 어떤 여덟 살짜리 소녀에게 성격에 관해서 물었더니, 자기 또래친구들한테는 어떤 그룹에 끼일 수 있느냐 하는 것이 가장 큰 이슈라고 말했다. 누가 성인식 행사에 초대되는가, 혹은 누가 페이스북에서 기피인물이 되는가, 같은 문제 말이다. 내가 판단하기에 리버데일에서는 성격이란 것이 대체로 다른 사람들을 돕는 -혹은 적어도 그들의 기분을 상하게 하지 않는다는- 측면에서 규정되고 있었다. 성격강점을 지니는 것이 어떻게 좀 더 성공적인 삶을 영위하도록 도와줄 수 있느냐 하는 것은 별로 이야깃거리가 아니었던 것이다.

그렇지만 랜돌프는 이처럼 '착한 친구' 정도의 가치를 뛰어넘지 못하는 성격 프로그램이 걱정스럽다고 털어놓았다. "성격에 관해서 위험한 점이 있다면 말이죠, 이런 겁니다. 우리가 마냥 존경, 정직, 인내 같은 일반적인 정의만 들먹인다면 정말로 모호해져버린다는 것이죠. 예를 들어 내가 아이들 앞에 서서 '너희들 서로서로 존중하는 게 정말 중요하단다.'라고 말하면, 아마 걔들 눈에 생기가 없어질 걸요. 하지만 아이들에게 실제로 자제력을 보이라고 하거나 사회적 지능을 자세히 설명해준다면 아이들과 협력하는 것도 좀 더 효율적인 데다가 모든 게 좀 더 구체적으로 되겠지요."

한편 리버데일에서 저학년을 위한 성격 프로젝트를 주관하고 있던 캐런 피어스트는 학생이나 학부모들에게 24가지 성격강점 속에 실제로 그들에게 혜택을 줄 수 있는 무언가가 있다는 걸 확신시키려면 만만치 않을 것이라고 했다. 성격이 대학생활을 성공적으로 할 수 있게 도와줄 수 있다는 사실이 KIPP 학생들에게는 파워풀한 매력이 될 수 있겠지만, 리버데일의 아이들 경우는 어쨌거나 의심할 여지도 없이 모두 대학을 무사히 마칠 터였다. 피어스트의 설명은 이랬다. "틀림없이 그렇게 될 겁니다. 손윗식구들도 모두 그랬거든요. 그렇기 때문에 성격이니 뭐니 하는 데 투자를 하게 만들기가 더 어려워요. KIPP 의 학생들에게 이런 강점들을 가르치는 것은 다른 사람들의 성공 방법을 알기 쉽게 설명해주려는 노력과 같은 겁니다. 그러니까 '내가 성공한 사람들의 비결을 살짝 알려줄게.' 같은 거죠. 그러나 리버데일의 아이들은 이미 성공한 사회 속에서 살고 있거든요. 선생님들에게 의존하지 않더라도 성공의 비결 같은 정보는 얻을 수가 있단 말입니다."

풍요로운 삶

　드와이트 비데일은 리버데일의 중·고등 학생들에게 영어를 가르치고 있다. 그 자신도 2001년 리버데일 졸업생이며 이 학교 교무실에서는 보기 힘든 흑인이다. 내가 그를 만났을 때만 해도 그는 고교 선생님들 중 유일한 흑인이었다. 비데일은 비서였던 어머니와 전기기사였던 양아버지 아래 브롱크스에서 자랐다. 그는 고등학교 때 장학생으로 리버데일로 전학했는데, 이 학교의 방대한 자원과 학급의 아카데믹한 도전은 마음에 퍽 들었지만 백인 친구들의 부유함은 참으로 익숙해지지 않는 부분이었다고 털어놓았다. 9학년 때 그는 같은 반 여학생과 짝을 이루어 어떤 과제를 실행했는데 그 여학생이 함께 공부하자며 맨해튼의 가장 부유한 지역에 있는 자기 집으로 초대했던 모양이다. 그는 이렇게 말했다. "그 애가 사는 아파트로 걸어 들어갔던 때를 잊을 수가 없어요. 얼마나 으리으리한지 쩍 벌어진 입을 다물 수가 없더라고요." 그런 경험 때문에 그는 같은 반의 많은 친구들과 거리를 두지 않을 수 없었다고 했다. 그리고 리버데일에 다니는 내내 백인 친구들을 자기 집에 초대하지도 않았다. 자신의 삶이 그들과는 너무나 다르다고 느꼈기 때문이다.

이제 그와 비슷한 부를 누리면서 자라고 있는 아이들을 가르치고 있는 비데일은 어린 시절에 대해 미묘하게 다른 견해를 갖고 있다. 그는 자신의 말마따나 '변변치 못한 집안' 출신이었지만 그래도 항상 어머니가 옆을 지키며 대화가 필요할 때 항상 상대가 되어주었다는 사실에서 힘을 얻었다. 반면 그가 가르치는 학생들은 부모들과 훨씬 더 서먹한 관계인 것처럼 보인다. 교직원들이 '헬리콥터 부모'라고 부르는 현상을 ―언제나 주위를 빙글빙글 맴돌면서 필요하면 즉시 내려와 구해주겠다는 모습을― 많이 보게 되지만, 그렇다고 해서 부모들이 아이들과 정서적으로 교류하는 것도 아니고, 심지어 함께 시간을 보내지도 않는다는 것이다.

내가 리버데일에 있을 때 하루는 전문성 개발 컨퍼런스가 열렸는데, 여기서 도미닉 랜돌프는 교사 전원이 참석한 가운데 「**목적 없는 경주** Race to Nowhere」라는 영화를 보여주었다. 미국의 특권층 고등학생들이 겪고 있는 스트레스를 다룬 이 영화는 부유한 교외 지역에서는 일종의 언더그라운드 히트가 됐는데, 학교나 교회나 시민회관 등에서 상영될 때면 몇 백, 아니, 몇 천 명의 부모들이 몰려와 봤다고 한다. 이 영화는 오늘날의 10대들을 그린 암울한 초상화로, 지나치게 성취욕이 강한 어느 10대 소녀의 자살을 따라가며 정서적으로 격앙된 절정을 보여준다. 학교나 집에서 성공해야 한다는 스트레스가 갈수록 커졌기 때문이다. 이 영화는 리버데일의 교직원들에게도 엄청난 반향을 일으켰던 모양이다. 어떤 여선생님은 영화가 끝나자 눈물이 그렁그렁한 채로 랜돌프에게 다가왔다.

「목적 없는 경주」는 부유한 아동들을 교육하기 위해 정착된 제도와 방법이 사실은 그들을 황폐하게 만들고 있다고 믿는 심리학자들과 교육자들 사이에 거세지고 있던 움직임을 결집하도록 도와주었다. 영화에 나오는 주요 인물 중 한 사람이 바로 심리학자인 매들린 리바인 Madeline Levine이다. 그녀는 〈특권을 누리는 대가: 부모의 압력과 물질적 우위는 어떻게 소외되고 불행한 아이들의 세대를 낳고 있는가〉라는 베스트셀러의 저자다. 이 책에서 리바인은 여러 가지 다양한 연구와 조사를 인용하면서, 지금 부유한 집안의 아이들은 '중등학교에서부터 놀랍도록 높은 비율의 정서적인 문제'를 노출하고 있다는 자신의 주장을 뒷받침한다. 이것은 우연한 인구통계의 문제가 아니라고 레빈은 말한다. 부유한 집안에서 압도적으로 채택하는 양육의 관습에서 비롯된 직접적인 결과라는 것이다. 그녀의 주장인즉, 경제적으로 풍요로운 부모들은 그렇지 못한 부모들보다 아이들과 정서적으로 더 소외되어 있을 가능성이 높으면서도, 동시에 아이가 더 탁월한 성과를 내야 한다고 고집한다. 이 두 가지 영향력이 합쳐지면 독소가 될 소지가 다분하며, 아이들에겐 '수치와 절망이라는 절박한 감정'을 갖게 만들 수 있다.

리바인의 책은 컬럼비아대학교 사범대학의 심리학교수인 수니야 루타Suniya Luthar의 연구에 의존하고 있다. 루타는 지난 10여 년 동안 특별히 부유한 환경의 아이들이 겪는 심리적 부담을 전적으로 연구해왔다. (그녀는 2007년 랜돌프의 초청으로 로런스빌의 컨퍼런스에도 참여했다.) 루타가 처음 연구를 시작했을 땐, 주로 저소득층 청소년들의 문제점에 관심을 가졌다. 하지만 어려움이 적은 인구집단과 비교했을 때 도시의 빈곤지역에서 목격되는 패턴을 좀 더 잘 이해하려면 아무래도 비교대상이 되어줄 집단을 찾아야 한다고 마음먹게 된다. 1990년대 말의 일이다. 그래서 교외의 부유한 백인 가정 출신이 대부분인 10학년 학생 200여 명과, 비슷한 숫자의 저소득층 흑인이 대부분인 10학년 학생들을 비교하는 연구에 돌입했다. 그녀가 발견한 것은 놀라운 사실이었다. 풍족한 집안의 10대들이 저소득층의 10대보다도 술, 담배, 마리화나, 혹은 그보다 심한 불법마약류에 **더 손을 많이 대고** 있었던 것이다! 교외에 사는 여학생들의 35퍼센트가 그 네 가지를 경험한 반면, 시내의 가난한 여학생들은 15퍼센트에 그쳤다. 루타가 조사했던 부유한 집의 여자아이들은 우울증에 걸린 비율 또한 더 높았고, 그들 중 22퍼센트는 의학적으로 심각한 증상을 보이기도 했다.

얼마 후 루타는 훨씬 더 부유한 마을의 또 다른 중학교에서 컨설팅을 해달라는 요청을 받고, 몇 년 동안 중학생들을 추적·조사했다. 그녀는 고소득층에 속한 이 학생들 가운데 약 5분의 1이 오래 전부터 약물 복용, 고도의 우울증이나 불안증세, 만성적인 학습 곤란 등을 포함하는 여러 가지 어려움에 시달리고 있었다는 사실을 알아냈다. 그래서 이번에는 심리적인 좌절이나 비행에 대한 정보를 수집하는 것 외에도 아이들에게 부모와의 관계가 어떤지를 일일이 조사했다. 그리고 사회·경제적 의미의 양쪽 모두, 부모와의 관계는 아주 중요하다는 걸 알게 되었다. 부유한 집안이든 가난한 집안이든, 엄마의 애착 수준이 낮거나 부모의 꾸중이 심하거나 방과 후 어른의 보살핌이 너무 적은 것 등의 어떤 특징만 봐도 아이들의 적응력 부족을 쉬이 예측할 수 있었던 것이다. 그리고 '성과에 대한 지나친 압박감 및 부모와의 신체적-정서적 소외감'이야말로 부잣집 아이들이 겪는 고충의 가장 주된 원인이라는 것도 밝혀냈다.

하버드의 댄 킨들런Dan Kindlon 아동심리학교수는 2000년에 펴낸 저서를 위해 전국적으로 실시했던 조사에서 유복한 아이들이 몇 가지 특별한 압박감을 느낀다는 증거를 좀 더 찾아냈다. 루타와 마찬가지로 킨들런은 부유한 아이들에게서 (특히 사춘기 시절에) 유난히도 높은 불안감과 우울 증세를 볼 수 있었다. 그리고 고소득층 부모와 아이들 사이에 존재하는 정서적인 단절 때문에 아이들의 나쁜 행동을 부모가 방관하는 경우도 아주 많았다. 킨들런의 조사에서 연간소득이 10억 원 이상인 부모들은 단연코 자신들의 부모보다도 훨씬 더 아이들을 너그럽게 대한다고 말하는 집단이었다.

K.C. 코언에 의하면 자신을 포함한 리버데일 교사들은 경제적인 부와 그것이 아이들의 성격 형성에 미치는 파괴적인 영향에 관해 많은 이야기를 나누었다고 한다. 그는 실제로 킨들런을 리버데일에 초빙하여 학생들-교사들과 이 주제를 논의하도록 했다. 코언과 피어스트는 학교에서 아이들이 탁월한 성과를 내도록 지원하면서도 도리어 아이들의 성격강점을 가능하게 해줄 바로 그런 경험을 무심코 가로막는 부

모들이 많다는 이야기를 해주었다. 피어스트의 표현을 빌리자면, "우리 아이들은 어려운 걸 참지 못해요. 조금만 힘들어도 아예 못 참는 거죠. 그런 걸 겪지 않도록 상당히 보호를 받고 있어서 그래요. 그래서 아이들이 좀 불편해지기라도 하면 부모들한테서 이야기가 나오지요. 우린 부모들한테 뭔가 역경이 있어도 괜찮다고 말해주려고 노력합니다. 배움은 그런 데서 생기는 거니까요."

코언의 설명은 이렇다. "어떤 아이가 C 학점을 받았는데 부모는 A 학점이라야 한다고 생각하는 경우, 우리는 엄청난 불평과 이의를 받게 됩니다. 도대체 무슨 이야기냐, 아이가 얼마나 훌륭한 답안을 냈는데, 혹은 이번 숙제를 마치도록 이틀만 더 여유를 줄 수 없겠느냐고 말하는 부모도 있지요. 아이에게 무엇이든지 다 주겠다든지 사랑을 퍼부어주겠다는 의도로 지나치게 아이를 방임하는 것, 우리 부모들 중에는 그런 게 너무나 많습니다. 리버데일의 가장 큰 문제 가운데 하나라고 생각해요."

물론 이것은 단지 부유한 부모들뿐만 아니라 모든 엄마아빠들의 문제다. 아이들에게 베풀어주고, 아이들이 원하거나 필요로 하는 것이면 뭐든지 다 주며, 크든 작든 위험하거나 불편한 것으로부터 아이를 보호해주려는 지극한 충동, 거의 생물학적인 충동. 이 충동은 사실 오늘날 양육의 가장 핵심적인 패러독스다. 그럼에도 우리는 약간의 어려움, 어느 정도의 어려운 과제, (극복할 수 있음을 스스로에게 확인시키기 위해서라도) 극복할 수 있는 약간의 결핍 등이 아이들에게 반드시 필요하다는 사실을 —적어도 어느 정도는— 알고 있다. 부모로서 우리는 매일같이 이 쉽지 않은 질문을 붙들고 씨름을 한다. 그리고 절반이나마 올바른 결정을 내릴 수 있다면 운이 좋은 거다. 그러나 우리 집이라는 프라이버시 안에서 이런 딜레마를 인정하는 것과 많은 돈을 들여 아이를 보내는 학교에서 공공연히 그런 문제를 다루는 것은 완전히 다른 일이다.

리버데일에서 랜돌프가 성격에 관한 이 새로운 대화를 추진하려고 애를 쓰면서 맞닥뜨리는 게 바로 이런 문제다. 차터 스쿨이든 전통적인 학교든 일단 공립학교에서 근무하는 교사들은 국가로부터 봉급을 받으며 아이들이 사회에 나갈 수 있도록 준비를 시키는 책임을 ─ 어느 정도는 시민들을 대신하여─ 떠맡게 된다. 반면 리버데일 같은 사립학교에서 근무하게 되면 수업료를 지불하는 부모들을 위해 일한다는 의식을 항상 갖게 마련이다. 바로 그 점이 지금 랜돌프가 시작하려는 캠페인을 한층 더 어렵게 만드는 것이다. 학생들에게 뚝심이나 감사하는 마음 또는 자제력 등의 기본적인 특성이 결핍되어 있다는 전제에서 일을 한다면, 그들이 받아왔던 양육에 잘못이 있었다는 것을 은연중에 암시하는 셈이 아니겠는가. 그것은 말하자면 고용주를 비난한다는 뜻이 되고 만다.

물론 드러내놓고 그렇게 표현하지야 않겠지만 돈 많은 부모들이 리버데일 같은 학교를 선택할 때는 (적어도 부분적으로는) 일종의 위기관리 전략 차원에서 그렇게 하는 것이다. 성공한 리버데일 졸업생들의 면면을 살펴보라. 칼리 사이먼, 체비 체이스, 로버트 크럴위치, 펜실베이니아 주지사, 커네티컷 출신의 신진 상원의원 등등, 빵빵한 이름들을 만나게 될 것이다. 그렇지만 104년 동안 엄청난 특권층의 졸업생을 배출한 학교치고는, 정말로 세상을 바꾼 위인이라고 자랑할 만한 졸업생은 거의 없다. 전통적으로 리버데일 같은 학교의 목표는 아이가 살아가면서 이룩할 성취의 잠재력을 드높이는 것이 아니라, 그저 삶의 기반을 높여주는 것, 다시 말해서 아이가 상위계층에서 탈락하는 일이 없도록 해줄 연줄과 신임장 따위를 제공하는 것이다. 리버데일이 부모들에게 권하는 것은 다른 무엇보다도 실패의 확률을 극도로 낮추는 것이다.

청소년이 좋은 성격을 형성하는 최선의 방책은 실패의 가능성이 생생하고도 심각하게 존재하는 데에서 무언가를 시도하는 것이다. 랜돌프도 깨달았듯이, 그게 문제다. 높은 리스크를 안고 노력하게 되면 리스크가 낮을 때보다 어마어마한 실패를 맛볼 가능성이 더 많다. 비즈니스든, 운동이든, 예술이든 마찬가지다. 그러나 동시에 진정한 성공, '오리지널'한 성공을 이룩할 가능성도 그만큼 크다. 랜돌프의 설명은 이렇다. "뚝심과 자제력을 키우는 것은 바로 실패를 통해서이다. 하지만 극도로 학업 위주인 미국의 환경에서는 어느 누구도 도무지 실패하는 일이 없다."

데이빗 레빈은 KIPP 학생들이 리버데일 학생들에 비해 유리한 우위를 점하는 영역이 바로 여기라고 믿는다. 그는 이렇게 말했다. "우리 아이들이 공부하기 위해서 나날이 거쳐야 하는 어려운 과제들은 리버데일 아이들의 그것과는 아주 많이 다릅니다. 그 결과 여러 면에서 우리 아이들의 근성은 리버데일 학생들의 그것보다 두드러지게 높지요."

캐런 피어스트가 지켜본 바에 의하면, 리버데일 학생들은 대체로 어떤 정해진 타입의 성공으로 가는 길이 눈앞에 펼쳐진 것을 볼 수 있다. 대학에 들어가고, 대학을 졸업하고, 보수가 좋은 직장을 얻고, 그러다 행여 넘어지기라도 하면 (스무 살이 넘어도, 아니, 서른 살이 넘었다 할지라도) 식구들이 붙잡아줄 게 뻔하니까 말이다. 그러나 이들이 여러 가지 이점을 누린다 할지라도, 랜돌프는 학교 교육이나 집에서 받는 도움이 그들에게 좀 더 심오한 성공의 길을 찾아가는 기술을 제공해주지는 않을 거라고 믿는다. 셀리그먼과 피터슨이 훌륭한 성격의 궁극적인 산물이라고 추켜세우는 바로 그 심오한 성공, 즉, 행복하고 의미 있으며 생산적인 인생 말이다. 말할 것도 없이 랜돌프는 학생들의 성공을 기원한다. 다만 아이들이 성공하려면 먼저 어떻게 실패하는지를 배워야 한다고 믿을 뿐이다.

기강 紀綱

"KIPP에서는 성격이 학업이나 꼭 마찬가지로 중요하다고 언제나 강조해왔습니다." 톰 브런젤Tom Brunzell은 그렇게 말했다. 10월의 어느 따뜻한 저녁, KIPP의 학부모들이 모인 커다란 강당에서 그는 성격성적표의 장점을 설명하고 있었다. "우리는 여러분의 자녀들이 필요한 공부 기술을 갖도록 물론 최선을 다하고 있습니다만, 그런 기술을 갖고 있다 하더라도 튼튼한 성격을 함께 지니지 못한 채 성장한다면, 결코 충분하지 못할 것입니다. 성격이야말로 인간을 행복하게 하고 성공하게 만들며 성취감까지 준다는 것을 우리는 잘 알기 때문이지요."

이제 30대 중반인 브런젤은 KIPP 인피니티 중학교 학생주임. 인피니티는 뉴욕시의 세 번째 KIPP 학교로, 거대한 버스 터미널 맞은편에 있던 어느 중학교의 한 층을 빌려서 2005년 문을 열었다. 인피니티의 상임 훈육교사인 브런젤은 엄격한 측면이 대단히 효과적이었지만,

이날 저녁만큼은 얼굴에 미소를 가득 머금은 채 말쑥하게 다린 버튼다운 셔츠에다 넥타이까지 하고 깨끗한 청바지를 입고 있었다. 벽에 걸린 스크린에 투시되는 파워포인트 슬라이드를 하나씩 클릭하는 모습은 약간 긴장된 것 같았다. 그는 성격성적표에 대한 KIPP 조직 내 일선 책임자로서, KIPP/리버데일 성격작업그룹이란 이름의 월례 회의를 주재하기도 했다. 하지만 그에게 이 일을 맡긴 것은 여러 모로 뜻밖이었다. KIPP에 부임해올 때만 해도 그는 진지하게 반대를 제기할 뿐 아니라 학교의 훈육 시스템을 대놓고 비난했기 때문이다.

KIPP의 초기부터 설립자인 레빈과 파인버그는 학생들의 태도를 직접 (종종 심하다 싶을 만큼) 통제하는 것으로 유명했다. 아니, 악명이 높았다고 해야 하나? 그들은 학생들이 어떻게 자리에 앉고, 말하고, 주의를 집중하고, 복도를 걸어 다녀야 하는지 따위를 세세하게 정해주었다. 데이빗 휘트먼은 〈하찮은 일에 힘 빼기〉에서 KIPP 같이 가부장적인 학교들은 학생들에게 기대하는 태도를 정확하게 규정하고 그들이 어떻게 행동하는지를 세밀히 관찰하며, 잘 따르면 보상을 하고 그렇지 못할 땐 벌을 준다고 썼다. 제이 매튜Jay Matthew는 KIPP의 설립과정을 담은 〈열심히 공부하고 착하게 행동하라〉에서 레빈의 엄격한 면모를 더러 묘사하고 있다. 예컨대 어떤 학생이 종이를 똘똘 뭉쳐서 던지는 걸 목격했을 때가 그랬다. 그때 레빈은 친구들이 보는 데에 그 학생을 앉힌 다음, 그 앞에 휴지통을 갖다 놓고 다른 학생들에게 못 쓰는 종이를 전부 휴지통에다 던져 넣으라고 했다. 문제의 학생은 몇 번인가 종이에 맞을 뻔했다. (매튜는 후일 이 사건을 유감으로 생각한다고 했다.)

2005년 KIPP 인피니티에 부임했을 당시 브런젤은 진보적 교육을 지지하는 성향으로 알려진 뱅크 스트리트 칼리지에서 대학원 과정을 마무리하는 중이었다. 인피니티에 근무하면서 1년 반에 걸쳐 조사하고 작성한 그의 논문은 이 학교의 학생훈육체제에 대한 철저한 비판이었다. 그는 이렇게 적고 있다. "학생들의 순응을 기반으로 하는 인피니티의 시스템은 징벌에 의존하는 분위기의 전형이다." 그 결과 학생들은 너무나 피상적으로 착한 행실을 보여주기 일쑤라고 본 것이다. 자기 행동의 결과를 심각하게 고려하지는 않고, 교사들이 볼 때만 짐짓 착한 척하다가 교사들이 눈길만 돌려도 별짓을 다하면서 처벌을 피하려고 한다는 것이었다.

비록 KIPP의 전통에 담긴 일부 근본적인 요소에 대해 이의를 제기하긴 했지만, 그는 레빈과 당시 젊은 교장이었던 조셉 네그런으로부터 놀랍게도 고무적인 반응을 얻었으며, 인피니티는 KIPP의 잣대로 보더라도 탁월한 성과를 첫해부터 이룩했다. 이 학교는 5학년 한 반으로 문을 열었는데, 학생들은 인근 주택가와 잡화점 등에서 모집하여 추첨식으로 선발했다. 이들 중 예전에 다니던 학교에서 주 단위로 실시하는 4학년 영어 테스트를 통과한 아이들은 불과 24퍼센트에 지나지 않았으며, 4학년 표준 수학을 마스터한 학생은 35퍼센트뿐이었다. 그러나 1년 후에는 81퍼센트가 5학년 영어 테스트를 통과했고, 5학년 수학 테스트에 합격한 숫자는 99퍼센트에 이르렀다. 그럼에도 불구하고 네그런 교장은 인피니티의 첫해 교육이 제대로 이루어지지 않았다는 브런젤의 말에 동의한다면서 이렇게 말했다. "아이들 중에는 올바른 일을 하면서도 그 이유나 동기는 그릇된 경우가 있었어요. 그다지 문제가 많았던 것은 아니고 결과도 좋았으니 그건 만족합니다. 그러나 우리가 행복하고 성취감으로 가득한 인생을 만들어내는 그런 종류의 학교라는 생각이 도무지 들지 않았던 거죠."

2010년 가을, 내가 브런젤을 만났을 때 그는 KIPP 인피니티에서 이미 5년 이상을 보낸 터였고, 그동안 인피니티는 (부분적으로는 그의 비판에 대한 반응으로 인해) 변화를 겪었다. 처벌은 완화되었을 뿐 아니라 오래 지속되지 않았고, 학생들과 교직원 사이의 훈육에 대한 대화도 여전히 강도는 높았지만 공개적으로 이루어지는 일은 줄었으며, 학교 측이 자신의 말을 경청하고 존중해준다는 것을 학생들이 느끼도록 만전을 기했다. 브런젤이 보기에는 성격성적표가 이러한 개혁의 핵심적인 부분이었으며, 그것은 태도에 대한 대화의 색다른 구조, 좀 더 깊이 있는 사고와 더 많은 성장을 허락하는 대화의 틀을 제공했다.

이와 함께 브런젤의 최초의 비난이 그동안 무디어진 부분도 있었다. 그의 말로는 한때 지나치게 권위주의적으로 느껴졌던 KIPP의 행동 – 교정 시스템의 일부 요소들을 제대로 이해하게 되었다고 한다. 한 가지 예가 SLANT라는 시스템으로, KIPP 학생들이 첫해인 5학년 벽두에 귀가 따갑도록 듣게 되는 일련의 교실 내 습관 같은 것이었다. 똑바로 앉기Sit up, 경청하기Listen, 질문하기Ask questions, 끄덕이기Nod, 말하는 사람 쳐다보기Track the speaker with your eyes의 약자인 SLANT는 그가 보기에 각각의 다른 문화적 배경에 어울리는 태도를 인식하고 정확하게 실행하는 능력으로서 KIPP와 다른 많은 도회지 저소득층 학교들이 극도로 소중하게 여기는 능력인 '언어코드변환'을 가르치기에 유용한 방법이었다. 거리에 나서면 거리에 어울리게 행동하는 것도 무방하지만, 박물관이나 대학교 인터뷰 장소나 멋진 식당에 갔을 때는 거기에 맞게 행동하는 법을 제대로 알아야지 그렇지 못하면 소중한 기회를 놓칠 수도 있다. 그런 게 언어코드변환 이론이다. 브런젤은 이렇게 말했다. "우리는 전문적인 행동코드, 대학교의 행동코드, 문화적 주류의 행동코드 등을 가르치고 있으며, 순간순간 그런 것을 지도하고 있습니다."

KIPP 교사들과 리버데일 교사들의 차이가 극명하게 드러나는 영역이 바로 여기다. 리버데일의 카운슬러인 코언은 한 학년이 지나가면서 성격성적표의 몇 가지 지표를 둘러싼 두 학교의 이견異見이 점차 커지는 것을 느꼈다. 자신을 포함한 리버데일 교사들이 KIPP 교사들보다 자제력 같은 강점을 덜 소중히 여긴 것은 아니라고 했다. 다만 그런 강점들을 규정하는 방식이 서로 다르다는 것을 깨닫기 시작한 것이다. 그의 설명을 들어보자. "예컨대 KIPP에서 자제력을 보이려고 하면, 똑바로 앉아서 선생님들의 일거수일투족을 따라갑니다. 하지만 우리 학교에선 학생이 몸을 공처럼 돌돌 말아서 앉아도 누구 하나 간섭하질 않죠. 바닥에 눕는다 해도 상관하지 않습니다."

사무실에 앉아서 이야기를 나누면서 코언은 KIPP의 성격성적표에 나오는 24가지 지표를 읽어주고, 학교마다 다른 반향을 불러일으킬 다른 지표도 몇 가지 언급했다. "학생은 어른들과 급우들에게 예절 바르게 행동한다는 항목을 예로 들어볼까요? 예절 바른 건 좋은 일이죠, 하지만 리버데일에서는 아이들이 저한테 다가와 등을 토닥이며 '헤이,

K.C!' 하고 이름을 불러도 괜찮아요. 그러나 KIPP의 경우 선생님은 항상 미스터 아무개, 미시즈 아무개입니다. 일종의 격식이죠." 실제로 주류 문화의 한 부분인 아이들이 학교에서 반드시 주류처럼 행동하질 않는다는 점, 혹은 (좀 더 꼬집어 말하자면) 리버데일 같은 학교에서 구부정하게 다니거나 셔츠 자락을 단정하게 여미지 않거나 교사들과 격의 없이 지내는 것이 주류 문화의 행동이라는 점 – 이런 것이 언어코드변환에 있어서 혼란스러운 점이다.

코언의 말을 좀 더 들어보자. "얼마나 활동 과잉인지 껌을 씹어대야 하는 아이들도 있습니다. 껌을 씹으면 좀 가라앉기 때문이죠. KIPP에서라면 그런 건 절대 용인되지 않습니다. 말하자면 이런 거죠. 우리 학교에선 아이들이 벌써 다들 매너가 있다고 가정하기 때문에 걸상에 우스꽝스럽게 앉는다 해도 좋다는 겁니다. 반면에 KIPP에서는 아냐, 아냐, 안 되지, 누구나 다 규정을 따라야 해, 순응하는 것이 성공을 도와주니까, 뭐, 그런 식이죠."

KIPP에서 껌 씹는 것이 규칙 위반인 것은 사실이다. 하지만 성격 개발에 관해 KIPP에서 계속 이루어지고 있는 대화의 결과로, 어떤 선생님들은 껌 씹기 같은 위반에 대한 논의를 단순한 순응의 문제를 넘어서 좀 더 의미 있는 것으로 승화시킬 수 있게 된 것도 사실이다. 나는 코언과 이야기를 나누기 며칠 전에 KIPP 인피니티 7~8학년 독서 교사인 사유리 스태브로스키와 대화할 기회가 있었는데, 마침 그날 교실에서 껌을 씹던 여학생을 적발했던 이야기를 들려주었다. 스태브로스키는 이렇게 말했다. "그 학생, 딱 잡아떼더군요. 껌이 아니라 자기

혀를 잘근잘근 씹고 있었다나요." 이야기를 들려주면서 그녀는 눈알을 굴렸다. "전 일단 '그래, 알았어.'라고 말했는데, 나중에 교실 안에서 그 학생이 또 껌을 씹고 있는 걸 봤습니다. 그래서 '너, 또 껌을 씹고 있네. 똑똑히 봤어.'라고 했더니 그 아이는 '아뇨, 껌 안 씹어요, 보세요.' 하면서 빤히 껌을 입속에서 우물우물했고, 모두가 그 모양을 봤답니다. 근데요, 저도 몇 년 전 같았으면 불같이 화를 내고 고함을 질렀을 걸요. 하지만 이번에는 이렇게 말할 수 있었죠. '맙소사, 껌을 씹은 것만 해도 작은 위반인데, 나한테 두 번씩이나 거짓말까지 하다니. 정말 실망이로구나. 네 성격이 어떤 줄 알겠니?' 그랬더니 그 앤 완전히 풀이 죽더군요."

스태브로스키는 자신의 태도 때문에 심심찮게 골치를 썩여왔던 그 학생이 친구들 앞에서 작은 멜트다운(붕괴)을 —KIPP에서 쓰는 용어로 베이비 어택을— 경험하지 않을까 걱정이었다. 그러나 그 학생은 껌을 뱉어내고 수업을 끝까지 듣더니 나중에 눈물을 글썽이며 선생님에게 다가왔다. 스태브로스키는 이렇게 설명했다. "오랫동안 대화를 나누었어요. 그 친구는 철이 들기 위해서 무진 애를 쓰고 있긴 하지만 도무지 변하는 게 없다고 털어놓더군요. 그래서 내가 말했죠. '너, 정말 무엇이 변하는지 알아? 다른 친구들 앞에서 베이비 어택을 겪지 않았잖아. 두 주일 전이었더라면 틀림없이 그런 모습을 보였을걸.'이라고 말입니다."

톰 브런젤이 보기에 그런 순간에 일어나는 일은 조금도 아카데믹한 지도가 아니고 훈육의 문제조차도 아니다. 아니, 그건 테라피(치료)다. 좀 더 정확히는 일종의 인지행동치료이며, 긍정심리 분야 전반에 걸쳐 이론적인 토대를 제공하는 실용적인 심리학 테크닉이다. CBT~Cognitive-Behavioral Therapy~로 불리는 인지행동치료는 의식적인 마음을 이용해서 부정적이거나 자기파괴적인 생각과 해석을 인식하고 스스로를 설득하여 (더러는 혼잣말을 하기까지 하여) 좀 더 나은 관점을 갖게 한다.

"KIPP에서 성공하는 아이들은 매 순간 스스로 CBT를 하는 친구들이죠." 브런젤이 했던 말이다. 학생들에게 그렇게 할 수 있는 툴을 제공하는 것이 자신과 다른 교사들이 맡은 일이라고 그는 생각했다. "이 나이의 아이들은 누구나 날마다 내적으로 작은 폭발을 경험합니다. 그들의 삶에서 가장 고약한 중학교 시절이란 뜻이죠. 하지만 졸업까지 성공적으로 이룩하는 아이들은 '난 이 작은 어려움을 극복할 수 있어. 난 괜찮아. 내일은 새로운 날이 시작되는 거야.'라고 스스로를 타이를 수 있는 아이들입니다."

좋은 습관

　인지행동치료는 심리학자들이 상위인지上位認知, 초超인지, 메타인지metacognition 등으로 부르는 것의 한 예에 불과하다. 상위인지는 대체로 '생각에 대한 생각'을 의미하는 포괄적 용어다. 그리고 성격성적표를 거대한 상위인지의 전략으로 바라보는 것도 한 가지 방법이다. 사실 데이빗 레빈이 《낙관성 학습》을 읽었을 때 가장 마음이 끌렸던 점은 비관적인 아이를 낙관적으로 변화시키기에 가장 효과적인 기간이 '사춘기 이전, 하지만 상위인지를 할 수 있을 정도로 (생각 자체에 대해서 사고할 수 있을 정도로) 충분히 나이가 들었을 때'라고 하는 마틴 셀리그먼의 주장이었다. 그러니까 학생들이 KIPP 중학교에 들어갈 즈음이 딱 효과적이란 얘기다. 성격에 관하여 이야기하고 생각하고 평가하는 것, 이 모든 것이 상위인지의 프로세스다.

　그러나 앤절러 덕워스는 성격에 관해서 생각하고 이야기하는 것만으로는 -특히 청소년들에게는- 충분치 않다고 믿는다. 뚝심이나 열의나 자제력을 키우고 개선할 필요가 있다는 걸 추상적으로 아는 것과 실제로 그렇게 할 수 있는 도구를 갖추는 것은 엄연히 다르다. 덕워스가 동기와 의지력 사이에 경계선을 그은 이면裏面에는 바로 이런 논리가 있다. 학생이 성공해야겠다는 동기를 부여받지 못했을 땐 강력한 의지도 별로 쓸모가 없는 것처럼, 목표를 끝까지 추구하려는 불굴의 의지가 없이는 동기만으로 부족하다. 그래서 덕워스는 지금 젊은이들이 그런 의지의 도구를 개발하도록 도와주는 데 힘을 쏟고 있다. 이 프로젝트는 여러모로 아이들이 마시멜로의 유혹을 뿌리칠 전략을 월터 미셸과 연구했던 작업의 연장이다. 어느 가을날, 나는 그녀가 KIPP 인피니티 교사들을 위해 주도하고 있던 전문성개발 워크숍에 참가했다. 그녀가 5학년생들을 대상으로 한 학년에 걸쳐 테스트했었던 상위인지 전략의 요체要諦에 관해 브리핑을 하기 위해서였다.

'실행의도와의 심리적 대조Mental Contrasting with Implementation Intentions; MCII'라는 다소 투박한 이름의 이 교육은 가브리엘 외팅언Gabriele Oettingen 뉴욕대학교 심리학교수와 그의 동료들이 개발했다. 외팅언교수는 사람들이 목적을 설정할 때 세 가지 전략을 사용하는데, 그 중에서 두 가지는 그다지 효과가 없다는 것을 연구과정에서 알게 되었다. 예컨대 낙관주의자들은 뭐든지 탐닉하는 것을 좋아한다. 다시 말해서 이룩하게 될 미래를 상상하고 (중학생의 경우 내년에는 수학에서 A 학점을 딸 거라는 상상 같은 것), 그렇게 함으로써 따라올 온갖 좋은 일들을 (칭찬이나 만족감이나 미래의 성공 등등) 생생하게 그려본다는 뜻이다. 하지만 외팅언은 어떤 일을 하고 있는 동안에는 탐닉하는 것이 정말 황홀한 기분을 주지만 ―도파민이 넘쳐흐르도록 부추기지만― 그렇다고 그것이 실제 성과와 무슨 관련이 있는 건 전혀 아니라는 사실을 깨달은 것이다.

반면 비관주의자들은 외팅언교수가 '되씹기dwelling'라고 부르는 전략을 잘 쓰는데, 이는 자신이 목표를 향해 가는 과정에 끼어들어 장애가 될 온갖 일들을 생각하는 것이다. 위에서 든 예처럼 수학에서 A 학점을 원하는 중학생이 만약 '되씹는 타입'이라면, 그는 이런 생각만 하게 될 것이다. '난 숙제를 절대 끝내지 못할 거야, 어디 조용하게 공부할 장소도 없잖아, 게다가 교실에서는 항상 주의가 산만해지거든…….' 당연한 말이지만 이런 되씹기 또한 성과와는 아무런 관련이 없다.

세 번째 방법은 심리적 대비라고 불리는 것인데, 이는 위에서 설명한 두 가지 방법의 요소들을 결합하는 것이다. 그러니까 긍정적인 결과에 초점을 맞추면서 동시에 장애물들을 곰곰 생각하는 것이다. 덕워스와 외팅언은 최근의 논문에서 이렇게 썼다. 이 두 가지에 동시 집중함으로써 "갈망하는 미래를 성취하기 위해서 여러 장애물을 극복해야 한다는 사실을 알려주는 미래와 현실 간의 강력한 연계連繫를 만들 수 있다." 외팅언의 말에 의하면, 성공적인 결과에 이르는 다음 번 단계는 일련의 '실행의도'를 창출하는 것, 즉, 장애물과 그 극복 방법을 연결시키는 "~라면 ~할 것이다" 형태의 구체적인 계획을 세우는 것이다. 예를 들어서, "방과 후에 TV 때문에 산만해진다면, 숙제를 끝낼 때까지는 TV를 안 볼 것이다." 같은 계획이다. 외팅언은 다양한 실험을 통해서 MCII의 효과를 보여주었다. 이 전략은 다이어트 하는 사람들이 과

일과 채소를 좀 더 많이 섭취하도록 도와주었고, 고등학생들이 실전 SAT에 좀 더 열심히 대비하도록 도와주었으며, 만성요통 환자들이 좀 더 잘 움직일 수 있도록 도와주기도 했다.

"다음 학기에는 하루도 빠짐없이 수학숙제를 하겠다고 상상만 해도 그 당시엔 아주 기분이 좋지요. 하지만 실제로 그렇게 실행을 하지 않는 겁니다. 학교에 가보면 '꿈꾸라, 그러면 이룩하리라!' 따위의 포스터를 숱하게 봅니다. 그러나 우리 모두 자라서 부자가 되고 유명해지고 어쩌고 하는 긍정적인 상상에서 벗어나야 해요. 이제는 우리가 가고자 하는 길을 가로막고 있는 장애물에 대해 생각해야 한다는 말입니다." 워크숍 도중에 덕워스가 KIPP 선생님들에게 했던 말이다.

결국 MCII라는 것은 스스로 **규칙**을 정하는 방법이라고 할 수 있다. 데이빗 케슬러David Kessler 전 식품의약국장이 〈**과식의 종말**The End of Overeating〉이란 저서에서 지적했듯이, 튀긴 음식을 피하기 위한 규칙이든, 중독성 강한 TV 프로그램을 피하기 위한 규칙이든, 어떤 규칙이 작동하는 데에는 신경생물학적인 이유가 있다. 우리가 스스로 규칙을 만들 때는 전전두엽을 파트너로 삼아서 뇌 안에서도 식욕에 이끌리는 반사적인 부위와 싸움을 벌인다고 그는 설명했다. 그리고 규칙은 의지력과는 다르다고 지적하기도 했다. 규칙은 의지력에 대한 **상위인지적인 대체물**이라는 것이다. 스스로에게 어떤 규칙을 부여함으로써 ("튀김만두는 절대로 안 먹어!") 튀긴 음식을 향한 열망과 그것에 저항하려는 의도적인 결의 사이의 고통스러운 내적갈등을 슬쩍 피할 수 있다. 케슬러의 설명대로라면, 규칙이란 "우리가 유혹적인 자극과의 만남에 대비하도록 만들고 우리의 관심을 다른 데로 돌려주는 구조"를 제공하는 것이다. 오래지 않아 이런 규칙은 그것이 회피하고자 하는 욕망만큼이나 자동적인 것이 된다.

KIPP 워크숍이 있던 그날처럼 성격에 관하여 이야기를 할 때 덕워스는 종종 윌리엄 제임스William James를 인용하곤 한다. 제임스는 우리가 미덕이라고 부르는 특성이 알고 보면 단순한 습관 이상도 이하도 아니라고 썼던 미국의 철학자 겸 심리학자다. 덕워스는 KIPP 교사들에게 이렇게 설명했다. "습관과 성격은 본질적으로 동일한 겁니다. 나쁜 아이들이 따로 있고 좋은 아이들이 따로 있는 게 아니거든요. 어떤 아이들은 나쁜 습관이 있고, 어떤 아이들은 좋은 습관이 있다는 것뿐이죠. 그렇게 설명하면 아이들은 곧장 이해합니다. 왜냐하면 아이들은 습관 바꾸는 일이 어렵긴 하지만 반드시 불가능한 것만은 아니란 걸 잘 알거든요. 윌리엄 제임스는 인간의 신경체계가 마치 종이 한 장과도 같다고 합니다. 그걸 이리저리 여러 번 접게 되면 오래지 않아 구겨지는 겁니다. 제가 볼 때 바로 이것이 KIPP에서 일어나고 있는 일인 것 같아요. 여러분은 아이들이 KIPP을 졸업할 때 즈음이면 자신을 성공으로 인도해줄 그런 종류의 구김을 갖도록 만전을 기하고 싶은 겁니다."

그러니까 양심적인 사람이라고 해서 어디서나 항상 의식적으로 고매하게 행동하겠다고 결심하는 것은 아니라는 게 덕워스의 말이다. 다만 그런 사람들은 기본적인 대응을 "착한" 행동에다 —즉, 사회가 좀 더 기꺼이 용인하는 옵션이나 장기적인 혜택을 늘려주는 옵션에다— 맞추어놓았을 따름이다. 어떤 상황이 주어졌건, 가장 양심적인 길이 언제나 가장 스마트한 옵션인 것은 아니다. 예를 들어서 카밋 시걸의 코딩 스피드 시험에서 가장 좋은 성적을 받은 학생들은 지루하기 짝이 없는 과제를 정말 열심히 수행했으면서도 아무런 보상도 받지 못했다. 그런 태도에 붙여줄 만한 형용사는 '**성실한**'이다. '**어리석은**'이란 말도 괜찮을 것이다. 하지만 장기적으로 볼 때, 기본 옵션을 성실함으로 설정해놓으면 대부분의 사람에게 득이 된다. 왜냐하면 정말로 중요한 사안에 맞닥뜨렸을 때 —기말고사를 본다든지 구직 인터뷰에 늦지 않게 간다든지 유혹에 굴복하여 바람을 피울지 말지를 결정할 때— 우리는 틀림없이 올바른 선택을 하게 될 것이며, 그러기 위해서 애를 쓰거나 지칠 필요가 없을 테니까. MCII 같은 전략이라든가 마시멜로를 둘러싼 액자를 상상하는 행위는 궁극적으로 미덕의 길을 좀 더 따라가기 쉽게 만들기 위한 트릭에 불과하다.

정체성

　내가 (성격성적표가 도입된 첫해의 절반가량이 지난) 2011년 겨울 KIPP 인피니티를 찾았을 땐, 어디를 가나 성격성적표를 볼 수 있었다. 아이들은 '무한성격' 따위의 슬로건이 적혀 있고 등에 온갖 성격강점이 열거되어 있는 셔츠를 입고 다녔다. 자제력을 고취시키는 어떤 티셔츠에는 월터 미셸을 향한 찬사가 적혀 있기도 했다. "마시멜로를 먹어선 안 돼!" 그리고 벽은 "자제할 줄 알아?" 혹은 "난 적극적으로 참여해!" 같은 게시물로 뒤덮여 있었다. 복도에 걸린 게시판 꼭대기에는 '중요한 건 성격'이라는 말이 쓰여 있었고, 성격을 고스란히 드러내는 친구를 볼 때마다 학생들이 적어 넣은 '들켰어!' 카드와 쪽지들도 압정으로 부착되어 있었다. (재스민이란 학생은 윌리엄이란 친구를 열정의 상징으로 인용했다. – 윌리엄은 수학시간에 문제가 나올 때마다 빠짐없이 손을 번쩍 들었다.)

　그런 메시지가 포화상태에 이른 것에 대해 데이빗 레빈에게 물어봤다. "이거 좀 지나친 것 아닌가요?" "아뇨, 전혀 그렇지 않아요." 레빈의 대답이었다. "성공을 위해서는 저들이 사용하는 언어에서부터 수업계획에 이르기까지, 학생들이 상을 타거나 인정받는 것에서부터 벽에 붙은 표어에 이르기까지, 학교의 모든 것에 그런 메시지가 스며들어야 합니다. 그게 조직의 DNA 속으로 녹아들지 못한다면, 최소한의 영향밖에 줄 수 없지요."

물론 KIPP에서 벽면 가득 메시지를 싣는 것은 조금도 새로울 게 없는 일이다. 애초부터 레빈과 파인버그는 포스터와 슬로건 그리고 사인과 티셔츠를 이용해서 강렬한 학교문화를 창출하고 학생들의 마음속에 자존감과 소속감을 주입시켜왔기 때문이다. 덕워스의 말을 빌리자면, 집단정체성에 다가가는 KIPP의 접근법이야말로 이 학교를 효율적으로 만드는 핵심 요소인 것 같다. "KIPP이 하고 있는 일은 아이가 순식간에 예전과는 완전히 다른 마음가짐을 가질 수 있게끔 사회적 역할의 변화를 일으키는 것입니다. 이 학교는 말하자면 '우리 집단' 대 '그들 집단' 같은 게임을 하고 있는 거지요. 'SLANT 하다'가 무슨 말인지 우린 알지만 너희들은 몰라, 너희들은 KIPP 학생이 아니니까, 뭐, 그런 식으로 말입니다."

심리학자들은 집단정체성이 성과에 막강한 영향을 —긍정적으로든 부정적으로든— 미칠 수 있다는 것을 보여준 바 있다. 지금은 스탠퍼드대학교 교육대학장인 심리학자 클로드 스틸Claude Steele은 1990년대 초반에 하나의 현상을 밝혀내고 이를 '고정관념의 위협stereotype threat'이라고 불렀다. 지적이거나 신체적인 능력을 테스트하기 전에 수험자의 집단정체성과 관련 있는 심리적인 신호를 은근히 보내주면, 그가 얼마나 훌륭한 성과를 이룩하는지에 커다란 영향을 미칠 수 있음을 스틸은 보여주었던 것이다. 그 후로도 많은 연구자들이 수없이 다양한 상황에서 이 효과가 나타나는 모습을 보여주었다. 프린스턴의 백인 학생들이 10홀짜리 미니 골프를 시작하기 직전이라고 상상해보자. 어떤 학생들에겐 이것이 그들의 타고난 스포츠 자질을 테스트하는 거라고 말해주고 (학생들은 그런 자질이 없을 거라고 지레 겁을 먹는다), 다른 학생들에겐 이것이 그들의 전략적인 사고 능력을 테스트하는 거라고 말해준다 (학생들은 그런 능력이 있다고 자신한다). 그랬더니 전자의 학생들은 후자의 학생들보다 4타나 더 성적이 나빴다. 그런데 흑인 학생들의 경우는 정반대였다. 그들에게 이 미니 골프가 그들의 전략적 사고를 테스트하는 거라고 말했더니, 성적은 4타나 더 나빴다. 결국 스틸의 이론은 무엇일까? (백인은 운동에 소질이 없다든가 흑인은 영리하지 않다는 따위의) 당신이 속한 집단에 관한 고정관념이 옳은 것으로 확인될까봐 걱정한다면, 당신은 불안해지고 그런 걱정을 안 할 때보다도 성과가 더 나빠진다는 것이다.

다른 학자들은 미니 골프보다 훨씬 더 심각한 목표에 있어서도 고정관념의 위협이 있음을 알아냈다. 60대, 70대, 80대인 사람들에게 나이가 들면 기억력이 얼마나 쇠퇴하는지에 관한 기사를 읽어보도록 지시한 다음에 그들의 기억력을 테스트해봤더니, 전체 단어 가운데 44퍼센트만을 기억했다. 하지만 유사한 집단에게 그런 기사를 읽게 하지 않고서 테스트를 해봤더니 전체 단어의 58퍼센트를 기억해냈다. 또 만만찮은 수학 시험을 앞둔 여대생들에게 그들이 여자라는 사실을 상기시켜주기만 해도, 그런 정체성의 '큐'를 받지 않은 여대생들보다 시험성적이 훨씬 나쁘게 나온다.

집단정체성에 대해서는 좋은 소식도 있다. 이것은 미세한 신호에 의해서 촉발되기도 하지만, 마찬가지로 미세한 개입에 의해서 없어지기도 한다는 것이다. 이미 다양한 환경에서 테스트가 이루어진 가장 효과적인 테크닉 가운데 하나는 고정관념의 위협을 받을 위험성이 있는 학생들을 '지능이란 유연해서 잘 변하는 것'이라는 대단히 구체적인 메시지에 노출시키는 방법이다. 이러한 연구들이 보여준 바로는 학생들이 그런 아이디어를 내면화한다면, 자신감도 얻을 수 있고 시험점수와 평점도 올라가는 경우가 많다.

이러한 개입에 관해서 가장 흥미로운 사실은 지능의 유연성이라는 문제가 심리학자들이나 신경과학자들 사이에서 실제로 뜨거운 감자가 되어 있다는 점이다. 물론 SAT 같은 학력 검사에서 나타나는 점수는 여러 가지 훈련에 의해서 영향을 받을 수 있지만, 가장 순수한 종류의 지성은 전혀 유연하지가 않기 때문이다. 그런데 캐럴 드웩Carol Dweck이란 이름의 스탠퍼드 심리학교수가 놀라운 사실을 발견했다. 지능의 유연성이란 진실이 어찌 되었건 간에, 지능이 유연하다는 것을 학생들이 믿기만 해도 학업 성적이 훨씬 좋아진다는 사실이었다. 지능이나 다른 기술 따위는 본래 고정적이며 타고나는 것이라는 믿음을 확고하게 견지하는 사람들과 '성장의 마음가짐the growth mindset'을 지니고 있어서 지능도 개선될 수 있다고 믿는 사람들 — 드웩은 이렇게 사람들을 두 개의 부류로 나누었다. 그런 다음 학생들의 마음가짐이 성적의 추이를 예측해준다는 것을 보여주었다. 그러니까 인간의 지능도 개선될 수 있다고 믿는 학생은 실제로 성적이 좋아지더라는 얘기다.

지능에 유연성이 있든 없든, 마음가짐만큼은 확실히 유연성이 있다. 드웩을 비롯한 많은 학자들은 적절한 방식으로 교육이 이루어지기만 한다면, 고정된 마음가짐을 지녔던 학생들도 성장을 믿는 마음가짐으로 변할 수 있으며, 그로 인해 성적도 향상되는 경향이 있음을 보여주었다. 클로드 스틸과 자주 작업하였던 조슈어 애런슨과 그의 동료들은 마음가짐을 바꾸는 몇 가지 교육방법이 대체로 저소득계층인 텍사스주 7학년 학생들에게 미치는 영향을 비교·연구해보았다. 우선 조사 대상인 모든 학생들에게 대학생 한 명씩을 멘토로 지정해, 한 학년 동안 각각 90분씩 두 차례 면담을 하게 했으며 이메일을 통해서 정기적으로 소통하도록 했다. 그리고 몇몇 학생들을 무작위로 지정하여 그들의 멘토가 "지능은 한계가 정해진 자질이 아니라 정신의 노력으로 키우고 확장시킬 수 있는 재능이다." 같은 성장 마음가짐을 위한 메시지를 전해주도록 만들었다. 이에 비해 나머지 학생들에게는 "마약 복용은 학교 성적을 해칠 수 있다." 식의 좀 더 일반적인 메시지를 들려주었다.

그렇게 1년이 지난 다음 애런슨과 동료들은 텍사스주 학력시험에서 위의 두 그룹 학생들이 보여준 성적을 비교해보았다. 역시 성장 마음가짐의 메시지를 들었던 학생들이 마약 관련 메시지를 들은 학생들보다 두드러지게 좋은 성적을 올렸음이 밝혀졌다. 특히 가장 인상적인 영향력은 여학생들의 수학 점수에서 볼 수 있었다. '여자아이들은 원래 수학을 잘 못한다는 고정관념이 사실로 드러나면 어떡하지'라면서 걱정이 태산인 여학생들에게서, 고정관념의 위협이 지닌 악영향은 다른 어떤 경우보다도 분명하게 드러났던 것이다. 텍사스에서의 이 실험에서 일반적인 마약 금지 메시지를 들었던 여학생들의 평균 점수는 74점으로, 동일한 메시지를 들었던 남학생들보다도 8점 정도 낮았다. 반대로 성장 마음가짐의 메시지를 들은 여학생들은 평균 84점을 기록하면서 동일한 조건의 남학생들과의 간격을 완전히 극복한 걸로 나타났다.

성적표

    지능도 개선시킬 수 있음을 학생들이 믿을 때 실제 그들의 성적이 좋아진다는 드웩의 생각은 성격에도 똑같이 적용된다. 적어도 성격성적표를 만들 때 그 배경에 깔려 있는 의도는 그런 것이다. 즉, 성격이란 것을 고정되어 바꿀 수 없는 특징으로 학생들에게 제시하는 게 아니라, 지속적으로 발전시킬 수 있는 일련의 특성으로 제시함으로써, 학생들이 성격을 개선시키도록 북돋우자는 의도다. 어느 날 나는 KIPP 인피니티의 마이크 위터Mike Witter와 이런 아이디어를 논의한 적이 있다. 8학년 영어 교사인 위터는 성장의 마음가짐을 신뢰하는 것으로 보였다. 그는 이렇게 말했다. "좋은 교사가 되려면 지능의 유연성을 **반드시 믿어야** 합니다. 그리고 성격 또한 그와 마찬가지로 유연합니다. 성격에 신경을 쓰라고 아이들을 가르친다면, 그들의 성격도 변하게 마련이지요."

이 학교의 다른 어떤 선생님들보다도 위터는 학생들이 성격에 좀 더 신경을 쓰게 만들려고 결연한 노력을 기울였다. 그해 겨울, 나는 위터의 클래스를 방문하여 데이빗 레빈이 이중목적 교육이라고 불렀던 것을 관찰하기도 했다. 이중목적 교육은 교사가 수업시간마다 성격강점에 관한 대화를 의도적으로 끼워 넣는 것을 말한다. 수학교사도 성격강점을 이용해서 세상의 문제들을 푸는 것, 그런 것이 레빈의 희망이었다. 그는 흑인 인권운동의 역사를 가르치는 선생님도 성격강점을 이용할 수 있다고 설명했다. 내가 위터의 클래스를 보러 왔을 때, 그는 어떤 소설을 놓고 학생들의 토론을 이끌고 있었다. 교실 앞에는 낙관적 성격에서 사회지능에 이르는 일곱 가지 성격강점을 푸른 바탕에 흰 글씨로 큼직하게 써서 걸어놓았다. 위터는 학생들에게 주인공의 성격강점이 무엇이냐고 물었다. 오랫동안 이런저런 이야기가 오간 끝에 결국 대부분의 학생들은 주인공의 뚝심이 두드러지고 자제력은 떨어진다는 데 의견을 같이했다. 그때 한 학생이 손을 들고 물었다. "성격이란 것이 거꾸로 개인에게 해를 끼치지는 않을까요?"

"물론이지. 성격이 역효과를 가져올 수도 있어." 위터가 대답했다. "소설 주인공처럼 뚝심이 지나치면, 다른 사람들에 대한 공감 능력을 상실할 수가 있잖아. 그런 근성이 넘쳐흐르면 말이야, 나는 미스터 뚝심이라서 어려운 거라곤 없는데, 모두들 상황이 어렵다고 불평하는 게 도무지 이해가 안 갈 거야, 그렇지? 그러면 사람들을 친절하게 대해주는 것도 무척 어려워진다고. 심지어 사랑조차 마찬가지야. 사랑이 넘쳐도 남들에게 휘둘리는 타입의 사람이 될 수 있기 때문에 힘들어지거든." 이쯤에서 나도 충분히 알 것 같다는 학생들의 웃음소리가 여기저기 터져 나왔다. "그러니까, 맞아, 성격이란 것은 정말 신중해야 하는 거지. 성격강점이 곧 성격약점으로 둔갑할 수 있으니까."

수업이 끝나고 위터는 일부 교사들이 성적표의 저변에 깔린 기본적인 전제를 —즉, 성격도 변한다는 전제를— 여전히 미심쩍어한다고 말했다. "교사들이 점차 그런 생각을 편안하게 받아들이는 것이 전체 과정의 일부였죠. 성격성적표를 정말로 신뢰하기 위해서는 성격의 유연성을 믿어야 하는데, 모든 교사들이 그 단계에 이르렀는지는 저도 잘 모르겠습니다. '그래, 나는 그런 사람이야. 이게 나라고! 그러니까 그냥 받아들이라고!' 성인이 이렇게 말하는 것을 몇 번이나 들었느냐, 이런 말입니다. 그렇지만 성격의 개선이라는 것이 나한테는 해당되지 않는다고 믿는다면, 어떻게 아이들한테 적용되리라고 믿겠습니까?"

KIPP 인피니티에서 성격성적표를 나누어주는 날 저녁, 나는 위터를 다시 만났다. 2월 초의 어느 쌀쌀한 목요일이었다. KIPP에서 성적표 배포는 언제나 중요한 이벤트였다. 학부모들에게도 참석을 강력히 권했고 그들은 대부분 모습을 드러냈다. 특별히 이날은 학생들이 생전 처음으로 성격성적표를 받는 날인데다 그 내용을 예상조차 할 수 없었기 때문에, 교직원들이나 학부모들이나 한층 더 긴장할 수밖에 없었다.

실행 측면에서도 성격성적표는 교사들에게 만만치 않은 과제였다. 뉴욕시에 있는 네 개의 KIPP 중학교 가운데 세 군데에서는 교사들이 모든 학생들에 대해서 24개의 성격 지표 하나하나에 일일이 성적을 매겨야 했는데, 이 과정에서 주눅이 들어버린 교사가 한둘이 아니었다. 그런데 성적표를 나누어줄 때가 되자 훨씬 더 어려운 난제가 그들을 기다리고 있었다. 그것은 소수점 두 자리까지 매긴 그 점수가 어떻게 아이들의 성격을 요약해주는지를 정확히 부모들에게 설명하는 과제였다. 나는 복도 소파에 앉아 있는 위터 옆에 잠시 자리를 잡았다. 그는 짙은 붉은색 립스틱을 바르고 까만 니트 모자를 쓴 흑인 여성과 함께 성격성적표를 훑어가면서 이야기를 나누고 있었고, 후드가 달린 회색 셔츠를 입고 몸집이 장대한 그녀의 아들이 동석하고 있었다.

위터가 학생의 어머니에게 설명했다. "지난 몇 년 동안 저희들은 부모님들을 위해서 아이의 성격을 좀 더 또렷이 보여주는 그림을 만드는 프로젝트를 진행해왔습니다. 우리가 구축한 이 성격의 범주들은 여러 연구를 통해서 성공의 지표라고 판명된 자질을 대표하는 것들입니다. 쉽게 말해서 그런 성격이 있다면 대학진학의 가능성이 훨씬 높다는 뜻이지요. 좋은 일자리를 구할 가능성도 높고요. 심지어 결혼을 제대로 한다든지 가족을 꾸릴 가능성도 더 높다는 뜻이니 놀랍지 않습니까? 그래서 우리는 이런 성격들이 정말로 중요하다고 생각합니다."

그 어머니는 고개를 끄덕였다. 위터는 아이의 성격성적표에 적힌 점수들을 하나씩 짚어 내려갔다. 맨 위에는 좋은 소식이 있었다. "어른들과 친구들에게 친절함"이라는 항목에 모든 교사들이 5점 만점을 주었던 것이다. "화가 나도 잘 참음"이란 항목에서도 비슷하게 성적이 좋았다. 이 둘은 대인관계에서의 자제력을 나타내는 것이었다.

위터는 학생에게 시선을 돌려 이렇게 말했다. "이건 너한테 아주 좋은 강점이라고 할 수 있어. 이런 종류의 자제력을 놀라우리만치 잘 키웠단 말이야. 그러니까 이제 우리는 개선의 목표로 삼을 게 무엇인지를 찾아봐야 할 것 같구나. 우선 맨 먼저 눈에 들어오는 것은 이거야!" 위터는 녹색 마커를 꺼내서 학생의 성적표에 적힌 한 가지 지표에다 동그라미를 그렸다. 그러고는 커다란 목소리로 말했다. "주의를 집중하고 산만하지 않음." 이것은 학업 관련 자제력을 나타내는 항목이었다. "흠, 이건 다른 항목보다 약간 낮구나. 왜 그렇다고 생각하니?"

아이는 약간 수줍은 듯, 검은 운동화를 내려다보면서 대답했다. "교실에서 말을 너무 많이 하는 것 같아요. 어떨 땐 멍하니 하늘을 쳐다보면서 집중을 못하기도 하고요."

이어서 세 사람은 아이가 수업 중에 좀 더 집중할 수 있게 도와줄 전략을 의논했다. 15분간의 대화가 끝날 때 즈음엔 어머니도 이 새로운 접근법에 확신을 가진 것처럼 보였다. 그녀는 자리에서 일어나는 위터를 향해 이렇게 말했다. "아이의 강점들은 놀라울 게 없어요. 이 녀석, 그런 성격이니까요. 하지만 아이의 공부를 수월하게 만들기 위해서 무엇을 해야 하는지 콕 집어주시니까 정말 좋네요. 어쩌면 아이 성적이 정말 올라갈지도 모르겠어요."

등산

KIPP 학생들은 자신의 성격과 그것을 개선시킬 방법에 대해서 교직원들과 대화를 나눌 것이다. 그런데 이들 각자의 첫 번째 성격성적표가 그런 대화의 시작을 의미한다면, 그 과정의 끝은 제인 다울링Jane M. Dowling이라는 여자의 책임이다. 다울링은 KIPP 졸업생들이 지원하는 'KIPP에서 대학까지'라는 프로그램의 뉴욕 사무실을 운영하면서 월스트리트에서 한 블록 떨어진 키다리 석조건물의 8층 사무실을 나누어 쓰는 20여 명의 카운슬러들을 지휘하고 있다. 이 뉴욕 사무실은 모두 700여명의 KIPP 졸업생들을 책임지고 있는데, 그 가운데 절반은 아직 고등학교에 재학 중이고, 나머지 절반은 대학 과정의 여러 단계를 밟고 있다.

대학 졸업에 관한 KIPP의 공식 목표는 KIPP 중학교의 모든 졸업생 중 75퍼센트 이상이 고등학교 졸업 후 6년 이내에 4년제 대학교의 학위를 획득하게 만드는 것이다. 앞서 이야기했던 졸업생 티렐 밴스의 예를 기억해보라. 그의 동기생 중에서 고작 21퍼센트만이 6년 이내 대학을 마치지 않았던가? 그렇다면 다울링이 맞닥뜨리고 있는 과제가 어느 정도인지 감을 잡을 수 있으리라. 2011년 2월의 어느 날 아침, 나는 다울링의 사무실을 찾았다. 그녀는 KIPP 출신 아이들의 대학교 학업성취 자료가 자세하게 기록된 스프레드시트를 보여주었다. 6년 이내 졸업 비율이 2003년 졸업반의 21퍼센트에서 2005년 졸업반의 46퍼센트로 올라가는 등, 숫자는 확실히 올바른 방향으로 개선되고 있었다. 한데 그날만큼은 다울링의 관심이 특별히 2007년 졸업반에 집중되고 있었다. 다시 말해 졸업한 지 막 4년째 접어드는 시점으로, 이론상으로는 처음 학사 학위를 받고 대학을 마치는 아이들이 배출될 때였으니까. 스프레드시트를 보니 4년 안에 때맞추어 대학을 졸업한 아이들은 불과 26퍼센트였지만, 또 다른 18퍼센트가 아직 대학에서 수업을 받고 있었다. 이들은 여전히 5~6년 이내에 졸업할 가능성이 있다는 뜻이다.

다울링은 2007년 졸업반이 그전 학생들보다 학업에서는 더 재능이 있다고 했다. 그들 중 상당수는 고등학교 진학을 위해 특별한 기숙학교를 다녔고, 이들이 재학 중인 대학교에는 밴더빌트라든가 컬럼비아 같은 이름이 포함되어 있었다. 다울링은 이렇게 설명했다. "일부 학생들을 주저하게 만든 것이 바로 성격이었다는 사실을 우린 알게 되었습니다. 믿기 어려운 지능을 갖고 있으면서도 그것을 올바른 방향으로 풀지 않는 학생들이 있습니다. 과제를 수행할 능력이 얼마든지 있는데 꾸물대는 문제로 애를 태우는 아이들도 엄청 많지요. 그런가 하면 정말로 사회적인 문제나 정서적인 이슈 때문에 허덕이는 학생들도 있고요." 다울링은 졸업반 57명 가운데 7명이 대학교에서 심각한 우울증을 경험했다고 알려주었다. "특히 이 졸업반 아이들이 두드러졌어요. 가족문제라든지 또래집단 사이에서 생기는 문제 때문에 그렇습니다. 그런 게 정말 심하게 그들의 발목은 잡은 겁니다." 자기가 이야기하고 있는 아이들의 전부는 아니더라도 대부분은 그래도 여전히 대학교육 수료의 길을 가고 있다고 그는 힘주어 말했다. "좋은 아이들입니다. 하지만 아이들한테 회복탄력성이 있는 경우에도 가난한 삶의 충격은 피하기 어렵잖아요?"

그녀는 나에게 KIPP에서 만든 76쪽의 **대입자문위원을 위한 전략서**를 한 권 선사했다. 학생들의 진척 과정을 지켜보면서 자문위원들이 참조하는 책자였다. 이 책은 엄청나게 세세한 내용을 담고 있어서, KIPP이라는 기관이 얼마나 데이터에 집착하는지를 보여주었다. 이 전략서에 의하면 'KIPP에서 대학까지' 프로그램 자문위원들은 예외 없이 적어도 매달 한 번씩 자신이 맡고 있는 학생을 일일이 접촉하게 되어 있다. 그리고 각 학생에게 학업준비도, 재정안정성, 사회·정서적 상황, 비인지준비도 등 4가지 범주에서 대학교육 지속가능성의 등급을 부여해야 한다. 또한 각 학생과의 소통이 끝난 다음엔 각 범주마다 개인별로 적색, 녹색, 황색의 급수를 매겨야 한다. 예를 들어서 어떤 학생이 주당 20시간 이상 근무해야 하는 직장을 갖고 있다면, 학업준비도에 있어서 황색 등급에 해당한다. 또 만약 대학의 카운슬링 서비스가 어느 학생의 현안 문제를 다루고 있다면, 그의 사회·정서적 상황은 적색 등급이다. 또 '책임을 진다든지 중요한 과제를 완수하는 데 많은 어려움이 있는' 학생이라면, 비인지준비도에서 적색 등급이다. 그리고 다울링은 원할 때면 언제나 책상머리의 데이터베이스에 접속해서, 자문위원들이 짝을 이루고 있는 각 학생의 잠재적인 문제점들이 반짝거리는 붉은 점으로 나타나는 걸 볼 수 있다.

귀갓길의 전철 안에서 이 전략서를 읽으며, 나는 인간의 성공이라는 세세한 과정이 얼마나 복잡한 것인지를 다시 떠올렸다. 책자에는 재정지원의 데드라인, 전공 선택에 대한 참조사항, 공부습관 개선을 위한 힌트, 룸메이트나 교수들과의 관계개선을 위한 제안 등, 온갖 사실과 아이디어가 가득 담겨 있었다. 그것은 리버데일 졸업생들이 이미 수년 동안 부모, 친구, 형제들로부터 들어왔던 정보들이며, 사실상 그들이 끊임없이 몰두해왔던 정보들이었다. 하지만 KIPP 졸업생들에게는 마치 외국어처럼 생소한 내용이었다.

성격을 이렇게 바라볼 수도 있다. 즉, 리버데일 학생들이 누리고 있는 사회적 안전망을 대체하는 기능으로서 ─다시 말해 일시적인 탈선이나 잘못된 결정의 결과로부터 그들을 보호해주는 가족과 학교와 문화의 지원으로서─ 말이다. 만약 (저소득층 가정의 아이들이 으레 그렇듯이) 그런 사회적 안전망이 없다면, 다른 방법으로 그걸 보충해야 한다. 그런 아이들이 성공하기 위해서는 부유한 집안의 아이들보다 뚝심과 사회지능 및 자제력을 더 많이 지녀야 한다. 그런 강점들을 개발하는 데는 많은 노력이 필요하다. 그러나 그러한 기술들을 찾아내어 지뢰밭

과도 같은 역경을 뚫고 마침내 대학 과정을 끝낸 KIPP 학생들로서는, 자신들이 리버데일 친구들에 비해서 몇 가지 생생한 우위를 누리면서 성인의 단계로 접어들 거라는 생각을 떨치기 어려울 것이다. 금전적인 우위가 아니라 성격 면에서의 우위 말이다. KIPP 출신이 대학을 졸업할 즈음엔 단순히 학사 학위뿐만 아니라 그보다 좀 더 가치 있는 것, 즉, 자신은 험한 산을 넘어서 거기에 이르렀다는 인식을 갖게 되기 때문이다.

최적의 경험이란 인간이 살아가면서 완벽하게 몰입하고 있다는 느낌을 갖는 순간들을 가리킨다. 이처럼 강렬한 집중 상태를 표현하기 위해 그가 선택한 말이 몰입flow이었다. 몰입의 순간들은 '무언가 어려운 일, 해볼 만한 일을 성취하기 위해 자발적으로 노력하는 가운데 몸과 마음이 최대한으로 확대될 때'에 가장 잘 일어난다는 것이 그의 설명이다.

Search 03

어떻게 생각할 것인가

그 아이의 엄청난 실수

도대체 어디서 뭐가 잘못된 거지? 시배스천 가르시아는 알 수가 없었다. 2011년도 전국 중학생 체스선수권대회. 한순간 그는 비숍 하나, 졸 하나로 앞서면서 유리한 입장을 점해 대회의 서두를 승리로 장식할 수 있다는 자신감이 충만했다. 하지만 다음 순간 그는 갑자기 난관에 빠졌다. 누리고 있던 우세는 어느새 사라지고, 자기 킹은 겁에 질린 생쥐 꼴로 상대의 루크를 피해 종종걸음으로 이리저리 도망 다니는 신세가 되었다. 몇 수가 더 지나고 패배가 뚜렷해지자, 그는 자신을 무찌른 소년과 힘없이 악수를 했다. 오하이오에서 왔다는 엷은 갈색 머리의 소년은 천 명의 아이들이 체스에 몰두하고 있는 휑뎅그렁한 컨벤션 센터 볼룸을 가로질러 그의 팀이 임시로 차지하고 있던 창문도 없는 회의실로 어기적어기적 걸어갔다. 키가 작고 당찬 몸집에다 말수가 적은 시배스천은 토실토실한 뺨에 새까맣고 뻣뻣한 머리칼이 풍성한 라틴계 남자아이였으며, 브루클린에 있는 IS_{Intermediate School} 318 초등학교 6학년생이었다. 그는 이틀 전에 60명의 팀원들, 몇몇 교사들, 그리고 학부모들과 함께 전세버스로 11시간을 이동해 체스 시합이 열리는 오하이오주 콜럼버스에 도착했다. 그의 주말은 시작이 썩 좋지 않았다.

IS 318 팀의 학생들은 시합에서 이기든 지든 끝나는 즉시 대기실로 돌아와 체스교사인 일리저베스 스피겔Elizabeth Spiegel과 사후분석을 하는 것이 관례로 되어 있었다. 시배스천은 구부정한 모습으로 대기실에 들어와, 호리호리하고 날렵한 스피겔 선생님이 체스판을 앞에 놓고 앉아 있는 작은 테이블로 다가갔다.

"졌어요." 그가 털어놓았다.

"어떻게 된 건지 얘기해보렴." 스피겔이 말했다. 30대 중반인 그녀는 검은색 옷을 입고 있었고, 환하게 염색한 머리칼과 대조를 이루어 얼굴은 한층 더 창백하게 보였다. 그녀의 머리칼은 계절마다 조금씩 다른 색을 띠었는데, 이번 시합에 올 땐 새빨간 벨벳 케이크의 선명한 색상을 택했다. 시배스천은 선생님의 맞은편 의자에 털썩 주저앉더니, 자신이 시도했던 65번의 수와 상대방의 수까지를 모두 기록한 메모장을 내밀었다.

상대선수의 실력이 너무 좋았다는 것이 시배스천의 설명이었다. 그는 애처롭게 말을 이었다. "그 친구 기술이 뛰어났어요. 작전도 기가 막혔고요."

"그래? 그럼, 어디 한번 볼까?" 스피겔은 백白을 집어 들고 앞에 놓인 체스보드에다 상대편이 놓았던 수를 하나하나 다시 짚어가기 시작했고, 시배스천은 흑黑으로 자신이 두었던 수를 재현했다. 양쪽 모두 게임의 시작은 졸 몇 개를 움직이는 것이었고, 곧이어 백은 나이트들을 내세웠는데, 이는 캐러-칸이라고 부르는 기본적인 오프닝으로, 학교 체스 시간에 이미 수십 번씩 연습했던 것이었다. 그런데 다음 순간 오하이오 소년이 나이트 하나를 전혀 예기치 않았던 곳으로 빼자, 두 나이트가 한꺼번에 흑의 졸을 공격하는 양상으로 돌아서는 게 아닌가. 불안해진 시배스천은 졸을 하나 더 내세워 방어하려 했지만, 이게 함정에 빠지는 수였다. 상대방은 재빨리 나이트를 움직여 방어에 나선 졸을 잡았고, 게임이 시작된 지 단 4수만에 시배스천은 졸 하나만을 남겨두게 되었다.

스피겔은 시배스천을 응시했다. 그러고는 물었다. "그 수를 두기까지 시간이 얼마나 걸렸니?"

"2초요."

선생님의 얼굴에 구름이 덮였다. "한 수를 두는 데 겨우 2초만 생각하라고 너를 여기까지 데려온 게 아니야." 선생님의 목소리에는 싸늘한 기운이 감돌았다. 시배스천은 고개를 떨구었다. "시배스천!" 아이가 고개를 들었다. "이건 정말 한심해. 네가 계속 이런 식으로 시합에 임한다면 너를 팀에서 뺄 수밖에 없다. 넌 돌아갈 때까지 머리 숙이고 여기 앉아 있어도 돼. 2초가 뭐야, 너무 빨라." 그런 다음 선생님의 목소리는 약간 부드러워졌다. "자, 이거 봐, 실수하는 것은 괜찮아. 하지만 아무 생각조차 하지 않고서 뭘 한다니 말이 돼? 그건 용서할 수 없지. 그토록 경솔하고 생각 없는 게임을 보면 너무 너무 화가 난 단 말이야."

폭풍은 오는 것도 눈 깜짝할 새였고, 지나가는 것도 금세였다. 스피겔은 곧장 말을 다시 움직이면서 시배스천의 게임을 검토하고 있었다. "음, 좋은데." 아이가 졸에 대한 공격을 피하자 선생님은 그렇게 말했다. "그건 아주 똘똘해." 아이가 상대의 나이트를 낚아채자 다시 내뱉었다. 이런 식으로 둘은 한 수 한 수씩 나아갔다. 스피겔은 시배스천이 좋은 아이디어를 내면 칭찬을 해주고, 썩 좋지 않은 경우에는 대안을 생각해보라고 다그치면서, 서두르지 말고 천천히 하라고 몇 번씩이나 되풀이해서 상기시켰다. "넌 어떤 면에서는 아주 훌륭한 경기를 하고 있어. 그런데 한두 번씩 지나치게 빨리 움직이는 통에 진짜 어리석은 짓을 저질렀단 말이야. 그런 짓만 하지 않으면, 넌 대단히 좋은 성적을 낼 거야."

스피겔이 이끄는 팀이 K-12로 불리는 전국대회에서 올린 성적에 관하여 뉴욕 타임즈에 기사가 난 적이 있는데, 나는 그걸 읽은 다음 2009년 겨울에 처음으로 스피겔을 만났다. 이 신문의 체스 칼럼니스트 딜런 맥클레인이 기고한 이 기사는 IS 318 초등학교가 연방 교육청의 타이틀 원$_{Title\ I}$ 프로그램에 속해 있다는 사실, 그러니까, 이 학교 학생들의 60퍼센트 이상이 저소득층 출신이었음을 지적했다. 그럼에도 불구하고 그녀가 지도한 이 학생들은 대회에서 사립학교나 특성화학교의 부유한 가정 아이들을 압도했다는 것이었다. 나는 이 스토리에 매료되기는 했지만, 솔직히 말해서 약간 회의적이기도 했다. 할리우드 제작자들이나 잡지 편집자들이야 빈민가 아이들이 체스 시합에서 부잣집 도련님들을 무찌르는 이야기를 사랑하겠지만, 그들의 승리를 좀 더 자세히 들여다보면 얼핏 눈에 들어오는 만큼 고무적인 것도 아니지 않은가. 알고 보면 불우한 환경의 팀이 이긴 시합은 무게감이 떨어지는 경우도 더러 있고, 학생들이 경쟁했던 그 부문이 능력상의 어떤 등급 이하로 제한된 경우도 없지 않다. 혹은 저소득층의 그 학생들이 입학시험을 치르는 특별한 학교에 다닌다든지, 오랜 빈곤의 내력을 지닌 흑인 가정이나 라틴계 가정 출신이 아니라 아시아나 동유럽에서 최근에 이민 온 경우도 있다. 한 가지 예를 들어볼까. 2005년 뉴욕 매거진은 모트 홀이란 학교의 체스 팀에 대해 장황하고도 칭찬 일색인 기사를 실었다. '할렘의 흑기사'로 알려진 이 팀은 워싱턴 하이츠, 인우드, 할렘 출신의 물불 안 가리는 10~12세 아동들로 구성되어 내쉬빌에서 열리는 전국선수권대회에 참가했었다. 그들이 6학년 부문에서 2등을 차지한 것은 분명 훌륭한 성적이었지만, 사실 그들은 1천 점 이상인 아이들이 참여할 수 없도록 제한되어 있는 부문에서 경쟁했다. 게다가 선수들은 모두 입학시험을 치른 다음에야 모트 홀에 들어갔기 때문에, 애당초 평균 이상의 학생들이었던 것이다. 그뿐인가, 이 학교는 이론상 할렘 구역이지만 팀원 가운데 흑인이라곤 딱 한 명이었고, 다른 아이들은 코소보, 폴란드, 멕시코, 에콰도르, 중국 등지에서 온 이민가족 출신이었다.

어쨌거나 1월의 어느 아침, IS 318 초등학교를 찾았던 나는 위에서 들었던 예와 견줄 만한 특이사항을 보게 되리라고 기대했다. 그러나 나의 예상은 빗나갔다. 이 팀은 백인과 아시아계 학생들도 섞여 있어 다양하게 구성되어 있었지만, 선수 대부분은 흑인이거나 스페인계였고 가장 우수한 선수들은 모두 흑인이었다. 내가 판단하기로는 이 팀의 선수들도 어려웠지만, 로즐런드에 있는 펜저고등학교의 대부분 학생들이 견뎌내고 있는 정도로 힘겨운 불이익과 장애를 맞닥뜨리고 있는 아이는 거의 없었다. 그래도 IS 318 학생들 중 87퍼센트가 연방정부의 중식 지원을 받을 자격이 있다고 하니, 이 학교는 정직하게 '타이틀 원' 지명을 따낸 셈이다. IS 318은 벳퍼드-스타이비선트에 접해 있는 사우스 윌리엄즈버그에 위치하고 있는데, 졸업생 가운데 인근 마시 주택단지에서 자란 래퍼 제이-지Jay-Z가 가장 유명한 인사로 꼽힌다. 재학생들의 가족은 대개 어렵게 살아가는 노동자계층으로, 학부모들의 대다수는 직장은 있어도 대학교육은 받지 못했는데, 체스 팀 역시 이러한 전반적인 특성을 반영하고 있었다.

이후 2년에 걸쳐서 나는 종종 IS 318을 찾았다. 수업도 참관하고, 팀을 따라 뉴욕시 주변에서 개최되는 시합이나 체스 클럽도 방문하고, 스피겔이 운영하는 블로그를 보며 그들의 진척상황도 지켜보는 등, 이들이 어떤 성과를 거두고 있는지를 가늠하기 위해서 애썼다. 부유한 집안 아이들이 —아니, 좀 더 정확하게 말하자면 부잣집 아이들 그리고 경쟁적인 입학시험을 치르는 특수학교의 엘리트들이— 체스 시합을 휩쓰는 것은 가감 없는 현실이다.

예컨대 시배스천이 참가했던 콜럼버스 시합보다 몇 달 전 올랜도에서 열린 2010년도 토너먼트에서 학년별로 승리한 팀들을 들여다보았다. 아니나 다를까, 9학년 부문에서 우승한 산 베니토의 아웃라이어들을 제외하면, 거의 모든 학년의 우승은 사립학교, 입시가 있는 학교, 교구 학교, 애플 엔지니어들이 자녀를 보내는 공립학교 등에서 출전한 팀의 몫이었다.

그런데 묘하게도 6~8학년(중등 학년)의 경우만큼은 모두 저소득층 지역의 공립학교인 IS 318이 위너였다. 이 학교는 단 한 학년에서만 승리를 거둔 게 아니라, 참여할 수 있는 모든 학년에서 우승을 거머쥐었다. 그들이 격파했던 상대 학교들의 이름을 볼까? 뉴욕의 트리니티, 컬리지잇, 스펜스, 돌턴, 호러스 맨, 그리고 보스턴, 마이애미, 그리니치, 커네티컷 등지의 특권층 사립학교 등등, 미국 내에서 가장 탐나는 사립학교들의 리스트나 다름없었다. 그렇다고 2010년도 시합에서의 성적이 일시적인 요행인 것도 아니었다. IS 318은 2008년에도 위에서 말한 3개 학년 모두에서 우승을 기록한 바 있었다. (2009년의 경우엔 6~7학년 부문을 석권했으나 8학년에서 반점 차이로 아깝게 트로피를 놓쳤다.)

결론적으로 IS 318의 체스 프로그램은 미국 내에서 단연 가장 우수한 체스 프로그램이다. 더 나은 것은 없다. 어떠한 단서도, 특별 조건도 없다. 그것이 적나라한 진실이다. 말이야 바른 말이지, 그것은 어떤 학년을 막론하고 미국에서 가장 탁월한 학생 체스 프로그램임이 거의 확실하다. 이 팀은 최근 몇 년 사이에 명성을 얻었고, 시내 전역의 초등학교에서 유망한 선수들을 유치해옴으로써 경쟁력을 한층 더 높였다. 하지만 그보다 더 중요하게 그들이 여러 시합을 석권해온 원동력은 4월의 그날 오후 일리저베스 스피겔이 대기실에 앉아서 수행하고 있었던 바로 그런 임무였다. 즉, 시배스천 같이 대단치는 않지만 체스를 약간은 이해하고 있는 11살짜리 아이들을 한 수 한 수 갈고 닦아 챔피언으로 둔갑시키는 임무 말이다.

스피겔과 머리를 맞대고 패전을 재현하고 있던 시배스천은 게임 시작 35수만에 초반의 실수에서 완전히 회복하여 확실한 리드를 잡을 수 있었다. 그는 적진 깊숙이 퀸을 전진시키면서 상대의 킹에게 '외통장군'을 불렀다. 상대는 흑 퀸의 공격을 막기 위해서 졸을 갖다 댔다. 시배스천은 퀸을 두 스퀘어 앞으로 움직인 다음 다시 외통장군을 외쳤다. 백진영의 킹은 한 스퀘어 물러나면서 퀸의 공격범위에서 벗어났다.

다음 순간 시배스천은 상대편 킹에 대한 압박을 지속하는 대신, 손쉬운 득점을 택했다. 퀸을 써서 졸 하나를 잡아버린 것이다. 곧이어 적진의 루크가 나타나 그의 비숍을 낚아채 가면서, 그는 또 한 번 서서히 모습을 드러낸 위기에 대처하지 못했다. 여태 그가 독점하고 있던 우위는 흐려지기 시작했다.

"아니, 너, 졸을 먹은 거야?" 스피겔이 따져 물었다. "왜 이래? 좀 더 나은 수가 있잖아, 뭐야?"

시배스천은 입을 닫고 있었다.

"외통장군은 어때?"

아이는 체스판을 뚫어지게 쳐다보았다.

"생각해봐. 그리고 내가 질문을 던진다고 해서 금세 대답할 필요는 없어. 그걸 항상 기억해둬. 하지만 제대로 된 결정을 내려야지. 그게 중요해."

순간 시배스천의 얼굴에 엷은 미소가 슬그머니 피어올랐다. "제가 퀸을 잡을 수 있었던 상황이었네요."

"어떻게? 보여줘." 선생님이 그렇게 묻자 시배스천은 몇 번 말을 움직이면서, 제때에 한 번만 외통장군을 불렀더라면 자신의 비숍도 구하면서 동시에 상대를 막다른 골목으로 밀어붙일 수 있었음을 보여주었다. 그랬더라면 오하이오에서 온 그 친구, 꼼짝없이 퀸을 내놓거나 게임을 포기하거나 했을 텐데…….

"그래, 바로 이거야." 스피겔은 말을 움직여 아이가 손쉽게 졸을 잡으려 했던 순간으로 돌아가면서 침착하게 말했다. "그 순간을 다시 생각해봐." 그녀는 아이가 했던 것처럼 백의 졸 하나를 집어 들면서 말했다. "**이 수를 두었던 그 순간**, 넌 이미 지고 말았어." 그 다음 그는 킹에게 외통장군을 부르면서 말했다. "네가 **이 수를** 두었더라면 이길 수 있었잖아." 그녀는 의자에서 몸을 뒤로 젖히며 시배스천을 똑바로 쳐다보았다. "시합에 지고 약간 마음이 상하는 것은 괜찮아. 마음이 **상해야** 정상이지. 넌 재능이 있는 선수야. 하지만 속도를 좀 늦추고 생각을 더 많이 해야 해. 왜냐하면 넌 이제 ─여기서 그녀는 손목시계를 들여다봤다─ 다음 시합까지 네 시간밖에 없거든. 그 아이한테 무릎 꿇었다는 사실에 대해서 생각할 시간이 네 시간밖에 없다는 뜻이야." 선생님은 체스판을 톡톡 두드렸다. "잠시 속도를 늦추고 생각할 수도 있었는데 그러지 않았기 때문에, 바로 그 한 순간 때문에, 지고 말았다는 사실을 말이야."

IQ와 체스에 관하여

    1985년부터 체스 세계챔피언으로 군림했던 개리 카스파로프Garry Kasparov는 1997년 5월 11일 뉴욕 맨해튼 중심부 에퀴터블 센터에서 벌어진 딥 블루Deep Blue와의 6연전 마지막 게임에서 불과 19수만에 백기를 들었다. 딥 블루는 IBM 엔지니어들이 고안해낸 체스 시합용 컴퓨터 프로그램이었는데, 여섯 차례의 시합에서 카스파로프는 1승-3무-1패 후에 다시 패배를 맛본 것이었다. 그것은 결국 그가 6연전에서 졌다는 의미인 동시에, 더 중요하게는 (현장을 취재했던 뉴욕 타임즈 기자의 표현을 빌리자면) 자신이 누렸던 '세계 최고의 체스선수'라는 비공식 타이틀까지 잃어버렸다는 뜻이기도 했다. 체스계뿐만 아니라 지구촌 전체가 카스파로프의 패배에 경악을 표했고, 이 사건이 우리 인간에게 무엇을 의미하는지에 관하여 우려 섞인 토론을 낳았다. (뉴스위크는 그보다 며칠 전에 이 매치에 관한 기사를 실었는데, 표지에서 그것을 "인간 두뇌의 마지막 한 판"이라고 표현했다.) 시합이 끝나고 서글픈 표정으로 기자회견에 임한 카스파로프는 시합을 놓쳐서 부끄럽다고 털어놓으면서, 딥 블루의 탁월한 능력이 신비로울 따름이라고 했다. 그러고는 이렇게 탄식했다. "저도 인간입니다. 내가 도저히 이해를 못할 정도로 두드러진 것을 보면 겁이 납니다."

많은 사람들에게 딥 블루의 승리는 단순히 인류의 체스 경기 지배력에 대한 도전 정도가 아니라, 우리 인간들의 독특한 지성에 대한 실존주의적 위협을 뜻하는 사건이었다. 그러니까, 비유컨대 돌고래 무리가 완벽한 교향곡을 막 작곡해낸 정도의 놀라움이랄까. 사실 체스 능력은 오랫동안 '높은 지능' 혹은 '똑똑함'의 간단한 대명사였다. 지능이 높을수록 체스를 더 잘 하고, 그 반대도 사실이다. 영국의 체스 그랜드마스터 조너선 레빗Jonathan Levitt은 1997년의 저서 **〈체스 천재〉**에서 IQ와 체스 능력 사이의 정확한 수학적 연관성을 소위 '레빗등식Levitt equation'이라는 것으로 풀었다.

$$Elo \sim (10 \times IQ) + 1{,}000$$

여기서 Elo는 선수의 토너먼트 등급인데, 레빗의 설명에 의하면 어떤 개인이 '여러 해 동안의 경기 참가 혹은 공부' 과정을 거친 다음 이룩할 수 있는 최고의 등급을 가리킨다고 한다. [Elo 바로 다음에 있는 물결표(~)는 "거의 동일하다는" 뜻이다.] 자, 그러니까, 만약 당신의 IQ가 지극히 평범하게 100정도라면, 레빗등식에서 당신이 바랄 수 있는 최고 등급은 2000이라는 얘기다. 그리고 IQ 120은 2200 등급까지 기대할 수 있을 것이다. 체스 그랜드 마스터 정도면 보통 2500 이상이다. 레빗의 공식을 따르면 이런 사람들은 적어도 IQ가 150 이상, 즉, 천재 수준이라는 의미다.

하지만 체스 기술이 순수한 지능과 밀접하고 직접적인 연관성을 갖는다는 논리를 모든 사람들이 수긍하는 것은 아니다. 체스에 대해서 도발적인 책을 몇 권 썼던 스코틀랜드 출신 젊은 그랜드 마스터 조너선 로우슨Jonathan Rowson은 레빗등식을 "완전히 번지수가 틀린" 생각이라고 부른다. 그의 주장인즉 체스에서 가장 중요한 재능은 지능과는 전혀 상관이 없는 심리적이고 정서적인 재능이라는 것이다. "체스에 대한 큼직큼직한 학문적 연구의 대부분은 체스 플레이어가 생각하고 느끼는 방식에 있어서 가장 본질적인 것을 많이 놓치고 있다." 〈체스의 칠거지악〉이란 책에서 그는 이렇게 썼다. "그런 연구들은 체스를 거의 전적으로 인지적인 탐구로 생각하는 잘못을 저지르고 있다. 어떤 수를 선택하고 어떤 위치를 이해하는 것이 오로지 정신적 패턴과 추론에 기반을 두는 것처럼 착각하는 잘못을 저지르는 것이다." 현실은 그렇지 않다고 그는 쓰고 있다. 위대한 (혹은 제법 괜찮은) 체스선수가 되고자 하는 사람이라면, 어느 모로 보나 '자신의 정서를 인지하고 사용할 수 있는 능력'이 생각하는 방식과 같이 중요하다는 것이다.

스피겔은 IS 318에서 체스를 가르치거나 전국 중학생 체스선수권대회 같은 시합에서 경기 후 경과보고 및 검토를 할 때, 종종 특별한 체스 지식을 전해준다. 슬라브 디펜스 오프닝과 세미-슬라브의 차이

점이라든가, 밝은 칸 비숍과 어두운 칸 비숍의 상대적 가치를 재는 법 같은 것들. 그러나 대개의 경우 그녀가 일하는 모습을 볼 때마다 사실 스피겔은 학생들에게 새로운 사고방식을 가르치고 있었다. 알고 보면 그거야말로 훨씬 더 간단하면서 동시에 복잡하기도 한 일이었다. 그녀의 방법론은 마틴 셀리그먼이 연구했고 앤절러 덕워스가 가르쳤던 상위인지 전략과 밀접하게 연관되어 있었다. 그리고 그의 시스템은 (일부 과학자들이 뇌를 위한 항공교통관제센터에 비유했던 좀 더 고차원적인 지능인) 실행기능에 관해서 신경과학자들이 해왔던 연구와도 떼려야 뗄 수 없는 관계에 있는 것 같았다. 내가 보기엔 그랬다.

실행기능 가운데 가장 중요한 두 가지는 인지의 유연성과 자제력이다. **인지의 유연성**은 문제가 생길 때 대안代案이 되는 해결책을 볼 수 있는 능력, '상자의 밖에서' 생각할 수 있는 능력, 익숙하지 않은 상황을 헤쳐 나가는 능력이다. **인지의 자제력**은 본능적이거나 습관적인 반응을 억제하고 좀 더 효율적이며 빤하지 않은 반응으로 대체할 수 있는 능력이다. 스피겔이 학생들을 훈련시킬 땐, 이 두 가지 기술 모두가 핵심적이다. 그녀의 말을 빌리자면, 체스를 탁월하게 잘 두기 위해서는 새롭고 색다른 아이디어를 찾아내는 고도의 능력이 필요하다. 특별히 창의적인 어떤 승리의 수를 간과하지는 않았는지? 상대의 치명적일 수 있는 한 수를 바보같이 묵살하지는 않았는지? 또한 당장 매력적으로 보이는 전략을 추구하고 싶은 유혹을 떨쳐버리라고 가르치기도 한다. 그런 수는 (시배스천도 이미 배웠지만) 가까운 미래의 트러블이 되기 십상이기 때문이다. 어느 날 아침, 그녀의 수업을 참관했을 때 스피겔은 이렇게 말했다. "체스를 가르친다는 것은 생각하기에 수반되는 습관을 가르치는 것과 같아요. 실수를 어떻게 이해할 것인지, 사고의 과정을 어떻게 좀 더 깨우칠 것인지, 그런 거죠."

스피겔은 IS 318에서 풀타임으로 체스를 가르치기 전에 8학년생들의 영어 선생님이었는데, 영어교사로서는 거의 재앙 수준이었다고 한다. 시배스천의 체스 게임을 분석하듯이 영작문을 가르쳤기 때문이라나. 그러니까 학생들이 숙제를 제출하면, 그들을 한 명씩 붙들고 문장을 하나하나 따져가며 이렇게 물었다는 것이다. "자, 네가 하고 싶은 말을 가장 잘 표현하는 게 **정말** 이런 방법이라고 생각해?" 그랬더니 학생들은 마치 머리가 이상한 사람을 보듯이 스피겔을 빤히 쳐다봤다고 한다. "아이들이 쓴 내용에 관해서 장황한 편지를 써 보내곤 했지요. 그런 편지를 예닐곱 장만 쓰고 나면 저녁이 다 지나가버렸답니다."

스피겔의 교습 스타일이 영어시간에는 안성맞춤이 아니었을지 모르지만, 이와 같은 경험은 결국 자신이 체스 교실에서 어떤 걸 가르치고 싶은지를 좀 더 잘 이해할 수 있게 도와주었다. 그녀는 한 학년 내내 정해진 체스 교육과정을 마냥 따라가기보다, 자신만의 학사일정을 구축하기로 마음먹었다. 그래서 학생들이 이미 알고 있는 것과 (더 중요하게는) 그들이 아직 모르고 있는 것들을 기반으로 해서 교과내용을 기획했다. 예를 들어 주말에 학생들끼리 토너먼트 식으로 시합을 시켰는데, 많은 아이들이 기물棋物을 무방비 상태로 놔둠으로써 적의 손쉬운 표적이 된다는 것을 알게 되었다. 그럴 땐 다음 날 어떻게 해야 기물을 무방비로 두지 않을까 하는 아이디어 위주로 수업을 짜서, 교실 앞에다 녹색 펠트가 덮인 연습판을 걸어놓고 거기에 학생들이 실수했던 게임을 재현하곤 했다. 학생 개개인과 더불어 (혹은 클래스 전체와 함께) 반복적으로 그들의 게임을 재현하면서 정확히 어디서 무엇이 어떻게 잘못되었는지, 다른 수를 둘 수는 없었는지, 좀 더 나은 수를 두었더라면 게임이 어떻게 풀렸을지 등을 분석했다. 그러고는 그런 가상의 시나리오대로 몇 수를 두어본 다음 다시 실수했던 순간으로 돌아가곤 했다.

합리적으로 들릴 수도 있겠지만, 사실 이런 프로세스는 체스를 가르치거나 배우는 방법으로는 상당히 특이하다. 스피겔의 이야기는 이랬다. "뭔가 제대로 못하는 것에다 그처럼 열심히 초점을 맞춘다는 것은 불편한 노릇이지요. 그래서 사람들은 보통 먼저 체스에 관한 책을 읽습니다. 책은 재미도 있고 지적으로 흥미로운 경우도 많지만, 실제로 어떤 기술로 전환되지는 않거든요. 정말로 체스를 잘 두고 싶다면, 실제로 게임을 해보고 내가 어디서 무엇을 잘못하고 있는지를 찾아내야 합니다."

스피겔의 말마따나 그것은 이상적으로 이루어진 심리치료에서 사람들이 얻는 것과 닮아 있다. 즉, 내가 저질렀던 —혹은 계속 저지르고 있는— 실수를 되짚어보고, 어째서 그런 실수를 하는지, 근원적인 이유를 찾아내려는 것이다. 그리고 스피겔은 탁월한 심리치료사처럼 학생들을 가장 좁고 어려운 길로 인도하려는 것이다. 그들로 하여금 실수에 대한 책임을 지게 만들고, 그런 실수에 집착하거나 그것 때문에 자책하지는 않으면서 무언가를 배우도록 만드는 길 말이다. 스피겔은 이렇게 표현했다. "아이들은 자기가 완전히 통제할 수 있는 경우에 패배의 경험을 맛보는 일이 극히 드뭅니다. 그러나 체스 시합에서 지게 되면 자기 자신 이외에는 어느 누구도 탓할 수가 없다는 사실을 잘 알아요. 이길 수 있는 모든 요건을 다 갖추었는데도 졌기 때문입니다. 그런 일이 딱 한 번만 생긴다면 대개는 이런저런 핑계를 댄다든지 그냥 완전히 잊어버릴 수도 있습니다. 하지만 그게 삶의 일부가 될 정도로 매주 그런 일이 생긴다면, 나 자신과 나의 실수 혹은 패배를 완전히 분리시키는 방법을 찾아내야만 합니다. 그래서 나는 학생들에게 '너희들은 가끔 패배라는 것을 맛볼 뿐이지, 너희들 자신이 패배가 될 수는 없다'고 가르치기 위해 노력합니다."

체스 열풍

　시합에서 지는 것을 다른 시각으로 봐야 하고, 더러 좌절을 겪더라도 자신감을 잃으면 안 된다고 아이들한테 이야기하는 거야 물론 쉽다. 하지만 당신이 패배를 맛보는 주체라면 그건 여간 힘든 일이 아니다. 스피겔만 해도 상당히 높은 수준의 체스 시합을 직접 경험한다. 체스 교육에 시간을 더 할애한 탓에 등급이 좀 낮아지긴 했지만, 그래도 그녀는 여전히 미국 내 30대 여성 체스선수 가운데 한 사람이다. 하지만 위대한 체스선수들이 다 그렇듯이 그녀 역시 많은 패배를 맛본다. 그리고 그럴 때면 자신이 운영하는 블로그로 ―체스계의 뉴스와 의견을 얻을 수 있는 소스로는 다소 별나긴 하지만 인기가 높다― 들어가 누구나 볼 수 있도록 스스로를 책망하곤 한다. 2007년 러시아의 어느 마스터와 맞붙은 시합에서 지고 난 다음 그녀는 이런 글을 블로그에 올렸다. "난 참으로 바보 등신, 끔찍하게 생각머리도 없는 철부지 아이 같았다. 정말 그처럼 간단하게 잡아먹힌다는 걸 계산도 못했단 말인가? 공개적으로 말하지만, 난 내 자신이 증오스럽다."

스피겔은 겨우 네 살이었을 때 아버지로부터 체스의 기본을 배웠다. 하지만 6학년이 되어 노스캐롤라이나 롤리에 있는 중학교의 방과 후 체스 프로그램에 등록했을 때까지는 체스 시합에 나가본 적도 없었다. 그리고는 체스에 푹 빠져버렸다. 아니, 자신이 탁월한 재능을 보였던 체스뿐만이 아니라, 체스로 인해 생전 처음 느낀 소속감도 너무 좋았다. 체스를 알기 전까지만 해도 사회적으로 서툴렀던 그녀는 갑자기 자기 몸에 딱 맞는 곳을 찾게 된 것이다. 그녀는 이렇게 말했다. "지금도 기억나요, 그 행복하고 편안한 느낌. 체스 실력이 좋았기 때문에 아이들도 친절했고, 어른들은 마치 나도 진짜 어떤 의견을 갖고 있는 것처럼 대해주었어요. 생전 처음으로 사는 게 점점 더 좋아진다는 느낌을 받았죠." 오래지 않아 스피겔의 등급은 체스 프로그램을 맡고 있던 선생님보다 높아졌고, 앞으로 그의 도움이 없어도 계속 나아질 수 있으며, 혼자서도 체스를 깨우칠 수 있다는 걸 깨닫고는 스스로도 깜짝 놀랐다. 그리고 생각했다. 혼자서 체스를 배울 수 있다면, 수학이라든지 다른 어떤 과목도 혼자 못하란 법이 어디 있겠는가? 이렇게 혼자 힘으로 새로운 과목을 마스터하는 그녀의 능력은 온전히 체스 경험에서 배운 것으로, 이 기술 덕분에 그녀는 스스로 '미국의 끔찍한 고등학교'라고 묘사한 어려운 시기를 잘 견디고 대학에 진학할 수 있었다. 그녀는 처음에 듀크에 입학했다가 나중에 컬럼비아로 옮겨 수학을 전공했고, 몇 년 후에 영문학으로 전공을 바꾸었다.

졸업 후 스피겔은 뉴욕에 남아 '체스 인 더 스쿨Chess-in-the-Schools'이라는 비영리조직의 교사로 채용되었다. 그것은 1986년 이래 스피겔 같은 체스 전문가들이 매주 몇 시간씩 시내의 저소득층 공립학교에서 가르칠 수 있도록 주선해왔던 기구다. 이후 4년 동안 스피겔은 네 개의 학교를 번갈아 다니면서 체스를 가르쳤는데, 그 중에서도 IS 318을 가장 좋아했다. 결국 2006년에 이 학교 교장은 풀타임 체스 교사 겸 순회 체스선수단의 코치로 그녀를 채용했다.

여러 해 동안 그저 건성으로 체스를 해왔던 그녀는 2005년 여름 피닉스에서 열린 고수들의 공개 토너먼트에 충동적으로 참여하게 된다. 여기서 그녀는 자신도 깜짝 놀랄 정도로 우수한 성적을 올려 토너먼트 여성부문 사상 최고의 점수를 따냈고, 다음 해 봄에 열리는 전국 선수권대회에 참여할 자격도 덤으로 얻었다. 스피겔은 자신의 실력이 턱도 없이 모자란다는 걸 잘 알았다. 모두 국내 최고의 체스 플레이어인 64명의 남녀선수들이 참여할 시합이었고, 그 중에서도 자신의 등급이 가장 낮았기 때문이다. 그래서 스피겔은 일주일에 5일, 매일 3~4시간씩 체스를 공부하는가 하면, 인터넷 체스 클럽 웹사이트를 찾아 몇 시간씩 오프닝 및 플레잉 기술을 체크하면서 밤을 지새우는 등, 체스에다 모든 것을 쏟아 부었다. 덕분에 그녀는 충분한 기술의 향상을 이룩하여 10위권에는 들지 못했으나 상당히 좋은 성적을 거둘 수 있었고, 이후에도 열정을 잃지 않고 체스를 연마했다. 중학교 때처럼 체스는 다시 한 번 그녀의 삶을 지배했다. 온종일 체스를 가르치고, 밤에는 직접 플레이했다. 체스를 하지 않는 친구들과는 연락이

끊겼고, 체스 이외에는 전념할 일도 인간관계도 서서히 사라졌다. 자신의 블로그에 올린 것처럼, "내가 무엇인가를 느낄 수 있는 유일한 때는 체스를 할 때"가 돼버렸고, "그 외의 시간은 한두 가지 예외를 제외하고는 거의 완벽하게 무감각"해졌다.

스피겔은 체스 밖의 세상과 점점 더 단절되어갔다. 그녀에게는 멜랑콜릭한 성향과 어느 정도 기이한 취향이 있는데, 사회적인 고립이 심해지면서 그런 특성은 더 두드러지게 되었다. 어느 날 그녀는 블로그에 자신이 주말에 데이트를 했다고 수줍은 듯 발표했다. "어느 순간 그가 팔로 나를 감쌌는데, 난 이런 생각이 들었다. **오, 이런, 난 더 이상 어떤 사람과도 신체적인 접촉을 하지 않고 있었구나.** 오랫동안 그런 생각을 하고는 있었지만, 난 끝내 그에게 그런 말을 하지는 않았다. 그래서 스스로가 자랑스럽다. 데이트할 때 그런 식의 말을 해서는 안 된다는 것을 차츰 깨닫게 되었다."

그러던 중 2009년 성탄절 휴가 때 그녀는 IS 318의 미술 교사와의 로맨틱한 여행을 충동적으로 결심한다. 조너선이란 이름의 키 크고 잘생긴 그는 길고 검은 머리칼에다 지중해풍의 외모를 지녔는데, 스피겔은 오래 전부터 교사휴게실에서 그를 경탄의 눈으로 바라보았지만 감히 탐낼 수 없다고 여겨온 터였다. 하지만 바하마에서 한 주일을 보내고 돌아왔을 즈음, 그들은 이미 사랑에 빠져 있었다. 넉 달 후 그들은 함께 살기 시작했고, 2010년 가을엔 약혼한 사이가 되었다.

조너선은 전혀 체스를 하지 않았으며, 스피겔이 점점 더 많은 시간을 그와 보내게 되면서 체스에 대한 열정은 식기 시작했다. 그렇다고 체스를 완전히 그만둔 것은 아니어서, 여전히 하루 종일 학교에서 체스를 가르치고 주말엔 학교 간 시합에 나선 아이들의 코치가 돼주었다. 하지만 이제 그녀는 시간이 나면 온라인 체스를 두는 게 아니라, 자전거를 탄다든지, 좋은 식당을 찾아다닌다든지, 새로운 이웃을 탐방한다든지, 미래를 이야기했다. 이건 체스를 하지 않는 내가 보기엔 긍정적인 발전으로 비쳤다. 언제나 체스를 붙들고 있는 것은 스피겔을 그다지 행복하게 만들지 못했고, 조너선과 시간을 보내는 것은 행복을 선사하는 것으로 보였기 때문이다. 하지만 그녀 자신의 관점에서는 비용과 혜택의 분석이 그다지 단순하지는 않았다. 그녀의 공식 등급은 2170에서 최고를 기록했다가 조너선과 사귀기 시작하면서 2100 이하로 떨어졌다. 그녀는 체스에 대해 다시 진지해지고, 좀 더 플레이하고, 등급도 올리고 싶다는 욕심을 자주 언급했다. 만날 체스만 하고 있을 때보다는 지금이 더 행복하다는 것을 이성적으로야 알고 있었지만, 불행하게도 체스에 집착했던 그 시절이 그립기도 하다는 것이 그녀의 고백이었다.

잘 계산된 불친절

스피겔이 하는 일의 핵심에는 하나의 복잡한 줄타기가 존재하고 있었다. 그녀는 학생들의 자신감을 부추기고 싶었다. 자기보다 강한 라이벌을 극복하고, 도무지 불가능할 것만 같이 복잡한 게임을 마스터하는 자신의 능력을 믿게 만들고 싶었다. 그러나 맡은 일의 다급한 측면은 —그리고 스피겔의 성격이 지닌 까다로움은— 학생들에게 만날 '너희들 어쩜 이렇게 엉망이야'라는 이야기만 하고 다녀야 한다는 의미였다. 시합이 끝나고 경과 분석을 할 때마다 기본적으로 하게 되는 말은 사실 이것이다. **"여기서 넌 멋진 아이디어가 떠올랐다고 생각했지. 하지만 그건 틀려먹었어."**

내가 그녀의 수업을 방문했던 어느 날 이런 이야기를 했다. "언제나 마음속으로 싸우고 있어요. 날마다요. 교사로서 내 걱정거리 리스트 맨 위에 있지요. 내가 아이들한테 아주 심술궂다는 느낌 말예요. 어떨 땐 정말 아파 죽을 지경이죠, 그니까, 집에 돌아가서 아이들한테 했던 말을 하나하나 돌이켜보면, 마치, '아니, 내가 무슨 짓을 하고 있는 거지? 애들을 해치는 말만 하고 있잖아?' 같은 생각이 들어요."

(IS 318이 우승을 차지했던) 2010년 여자부 토너먼트가 끝난 다음, 스피겔은 아래의 글을 블로그에 올렸다.

> 처음 하루와 다음날 반나절은 아주 나빴다. 나는 게임을 하나씩 검토하면서 완전히 난리를 피웠고, 열한 살짜리들이 기물을 무방비 상태로 만들거나 이유도 없이 수를 둔 것에 대해 "무슨 이따위 말도 안 되는 짓이야!"하고 소리를 지르는 등, 아주 형편없이 행동했다. "너 둘까지는 셀 수 있지, 그렇지? 그렇다면 그 정도는 볼 수 있었을 거 아냐?"라든가, "좀 더 집중하지 못할 거라면 아예 체스를 그만둬, 우리 시간만 낭비하고 있으니까." 따위의 기막힌 소리도 아이들에게 했다.
>
> 3라운드가 끝날 즈음 나는 스스로가 욕이나 해대는 얼간이처럼 느껴져서, 모두 포기하고 가짜로 친절한 사람 행세나 해야겠다고 작정했다. 그런데, 웬걸, 4라운드 들어 아이들이 한 시간 넘도록 신중을 기하면서 성적이 나아지는 것이 아닌가. 말이야 바른 말이지, 바로 이런 것 때문에 우리가 해마다 쉽게 여자부를 석권하는 것 아닌가 하는 믿음이 든다. 그러니까 10대 소녀들에게 (특히 침착하고 논리 정연한 소녀들에게) '너희들은 게으르다'든지, '하는 짓이 고작 이거냐, 말도 안 된다'고 대놓고 말하는 사람은 거의 없지만, 아이들은 가끔 그런 이야기를 들어야 한다는 것이다. 안 그러면 허리를 꽉 조여 맬 이유를 못 느끼니까 말이다.

훌륭한 교사, 특히 대도시의 훌륭한 교사는 학생들과 상호교류를 잘해야 한다는 나의 고정관념에 스피겔은 자주 반기反旗를 들었다. 고백하자면, 그녀를 만나기 전의 나는 TV 영화 「사우스 브롱크스의 기사騎士」에서 테드 댄슨이 연기했던 인물과 상당히 닮은꼴인 교사가 이상적인 체스 선생님이라는 비전을 갖고 있었다. A&E 네트워크에서 방영된 이 영감 넘치는 오리지널 영화에서, 댄슨은 오합지졸 같은 빈민가 출신 아이들을 데리고 거만한 사립학교 학생들과 경쟁하여 승리로 이끈다. 그러는 가운데 수시로 아이들을 안아주고, 동기를 부여해주는 연설도 하며 소중한 삶의 교훈도 전해준다. 스피겔은 이런 모습과는 딴판이었다. 그녀는 아이들을 안아주지 않는다. 너무나 헌신적이고 깊이 배려하면서도, 어떤 학생이 게임에서 지고 좌절하는 걸 보면 달려가서 위로하는 스타일이 아니다. IS 318의 교감인 존 갤빈은 스피겔의 공동코치로서 종종 시합에 나오곤 하지만, 그런 일에는 갤빈이 자기보다 훨씬 낫다는 게 스피겔의 말이다. 그의 '정서지능'이 훨씬 더 높다는 얘기다.

"당연하지요. 전 많은 아이들과 아주 따뜻한 관계를 유지하고 있습니다. 그러나 교사라는 직책은 마치 거울과 같아서, 아이들이 체스 시합에서 어떻게 했는지를 이야기함으로써 그것에 대해 심사숙고하도록 도와주는 것이잖아요. 아이들에게 제공할 수 있는 아주 커다란 선물입니다. 아이들은 어떤 일에 엄청난 노력을 쏟아 붓고, 우리는 잘난 체하거나 거들먹거리지 않는 눈높이로 아이들과 함께 그 결과를 들여다보는 거죠. 애들한테 그런 기회가 자주 오는 건 아닌데, 내 경험으로 봐서 아이들은 그걸 진정으로 원하거든요. 하지만 그렇다고 해서 제가 그들을 사랑하는 엄마처럼 대한다는 건 아닙니다. 전 그런 스타일이 아니거든요."

마이클 미니와 클랜시 블레어를 포함한 연구자들은, 유아들이 인내와 집중 같은 자질을 키우기 위해서는 양육자에게서 고도의 사랑과 배려를 얻을 수 있어야 한다는 사실을 보여주었다. 그렇지만 스피겔의 성공이 암시하는 것은 아이들이 사춘기 초반에 이르렀을 때 가장 효율적으로 동기를 부여하는 것은 핥아주고 쓰다듬어주는 스타일의 양육이 아니라 전혀 다른 종류의 관심이라는 사실이다. 중학생들로 하여금 마치 스피겔의 체스 학생들처럼 광적으로 집중하고 연습하도록 밀어붙이는 게 있다면, 그건 어쩌면 예상치도 않았던 누군가가 그들을 진지하게 대해주고 그들의 능력을 믿어주고 스스로 개선하게끔 북돋워주었기 때문이 아닐까?

콜럼버스에서 열릴 시합에 대비하는 IS 318 체스 팀을 지켜보며 가장 활발한 보도 활동을 펼쳤던 몇 달 동안, 나는 KIPP 인피니티에서도 많은 시간을 할애하여 성격성적표의 추이를 눈여겨보았다. 나는 두 학교 사이를 지하철로 오가는 시간을 이용해서, 스피겔이 학생들에게 체스를 가르치는 방법과 KIPP의 교직원들이 나날의 정서적 위기 및 일탈 행동을 학생들과 토론하는 방식의 닮은 점들을 곰곰 생각해봤다. 독자 여러분도 기억하겠지만, KIPP의 톰 브런젤 학생주임은 자신의 접근 방식을 일종의 인지행동치료로 간주한다고 말했다. 학생들이 스트레스와 정서적 혼란에 빠져서 허덕인다면, 그는 그들에게 소위 '큰 그림' 사고를 －많은 심리학자들이 상위인지라고 부르는 것을－ 적극

권유하겠다고 했다. 전전두엽 피질에서 일어나는 '큰 그림 사고big-picture thinking'는, 말하자면 속도를 한 박자 늦추고 자신의 충동을 검토하며, 교사에게 소리를 지르거나 운동장에서 다른 아이를 밀어붙이는 대신 좀 더 건설적인 문제 해결 방법을 고려하는 것이다. 바로 그런 목적을 위해 스피겔은 체스 시합 후의 경과 분석 과정에서 좀 더 형식을 제대로 갖춘 방법을 개발했다. 그 결과 IS 318 학생들도 KIPP 학생들과 마찬가지로 자신의 실수를 깊이 들여다보고 왜 그런 실수를 했는지 검토하며, 어떻게 했더라면 더 나았을까를 곰곰 생각해보라는 과제를 받았다. 이런 접근방식을 인지치료라고 부르든, 그냥 단순히 훌륭한 교수법이라 부르든, 중학생들의 내면에 변화를 가져오는 데는 탁월한 효과가 있는 것 같았다.

하지만 이런 테크닉은 사실 오늘날 미국의 학교교육에서 굉장히 희귀하다. 학교의 미션이나 교사의 임무가 단순히 정보의 전달이라고 믿는다면, 학생들에게 그런 엄준한 자기분석을 강요하는 게 쓸데없는 짓으로 보일 수도 있겠다. 그러나 만약 당신이 아이들을 도와서 그들의 성격을 바꾸고자 한다면, 정보의 전달만으로는 충분치 않다. 그리고 비록 스피겔은 자신이 가르치는 것을 성격이란 말로 표현하지는 않았지만, 데이빗 레빈과 도미닉 랜돌프가 강조했던 성격강점과 스피겔이 아이들에게 심어주려 했던 기술 사이에는 놀랍게도 겹치는 부분이 많다. **뚝심, 호기심, 자제력, 낙관적 성격**……. 이런 것들을 학생들에게 가르치기 위해 노력하는 스피겔의 모습을 나는 매일같이 보았다. 교실에서, 그리고 체스 시합장에서.

뿐만 아니라 나는 스피겔이 자신의 분석적인 테크닉으로 아이들에게 사회지능을 가르치는 모습도 여러 번 목격했다. 어느 가을날, 나는 스피겔과 그의 팀을 따라 센트럴 파크에서 열리는 대규모 옥외 체스 시합을 구경하러 갔다. 햇살이 따가웠다. 스피겔과 함께 베데스다 분수로 내려가는 돌계단에 앉아 있었는데, 어떤 학생이 화난 표정으로 다가와 스피겔과 이야기를 하고 싶다고 했다. 7학년 학생이었는데, 검은 피부에 짧게 깎은 머리에다 엘비스 코스텔로처럼 크고 두꺼운 안경을 쓰고 있었다. 이 친구는 중학생들의 농담이나 자리다툼에서 종종 어쩔 줄을 모른다든지, 자기 주변에서 돌아가고 있는 일들을 제대로 이해하지 못하는 등, 사회적인 환경에서 어려움을 겪고 있었다. 이날도 그의 이야기는 뒤죽박죽 엉망이었지만, 말하자면 최근에 IS 318을 졸업한 론이라는 아이가 자기 뺨을 때리겠다고 을러대고 있으니, 스피겔 선생님이 어떻게 좀 해달라는 요지였다.

"어째서 너의 뺨을 때리겠다는 거니?" 스피겔이 물었다.

멈칫거리며 실토한 내용은 이랬다. 아이가 축구공을 들고 공원엘 가서 게임을 하던 중 쉬는 시간에 몇몇 소년들과 공을 돌리며 놀았다. 그러다 너무 더워서 물을 마시러 가고 싶었다. 아이는 자기 축구공을 들고 가려고 했다. 공을 들고 식수대를 향해 가려는데 한 소년이 그를 개새끼라고 부르는 것 같았다. 그는 론이 욕했다고 지적했고, 론은 그러지 않았다고 맞섰다.

"론이 그랬어요, 그딴 소리 하지 말라고." 몹시 분하다는 듯 아이가 스피겔에게 말했다. "따귀를 한 대 때려줄 거야, 그렇게 말했다니까요. 그래서 제가 그랬죠, 어디 한번 때려봐. 그랬더니 론이 진짜로 다가와서 얼굴을 때리려고 하잖아요. 하지만 친구들이 모두 말렸어요."
그러니까 달리 표현하자면 그건 바야흐로 사춘기를 앞둔 사내아이들 사이의 전형적인 다툼이었다. 충동적이고, 넘치는 호르몬에 휩쓸려 격렬하게 도덕을 따지는, 약간은 어처구니없는 싸움.

그런데 스피겔은 어느 쪽의 편을 든다든지, 서로 잘 지내야 한다는 애매하고 따분한 충고를 늘어놓는 대신, 마치 체스 게임처럼 사태를 분석하기 시작하는 게 아닌가.

"자, 우선 내가 제대로 이해했는지 보자꾸나." 햇살이 너무 따가운 듯 눈을 가리고 아이를 올려다보며 스피겔이 말했다. "네가 걔를 보고 때릴 테면 때려보라고 말한 다음에, 걔가 널 때리려고 했다는 거지?"

"예, 그래요." 약간 자신 없는 투로 아이가 답했다.

"그렇군. 있잖아, 만약 론이 아무 소리도 안 했는데도 네가 걔한테 뭐라고 했다면 말이다. 그러면 론이 화가 날 거야. 그렇지, 말이 되지?"

아이는 말없이 선생님을 쳐다보았다. 시배스천이 비숍을 뺏긴 다음 꾸중을 들을 때랑 약간 닮아 있었다.

"그리고 축구공에 대해서도 물어볼 게 있어." 스피겔의 말이 계속되었다. "친구들이 그 공을 갖고 노는데 네가 그 공을 가져가면 싫어할 거야, 그렇지? 그걸 알아야지. 네가 거기 없는 동안 친구들이 공을 갖고 놀아도 괜찮다고 생각하지?"

"아뇨!"

"흠, 하지만, 그걸 알아야 돼. 네가 친구들을 못 믿는다면, 그 아이들도 너의 친구가 돼주지 않을 거야."

아이는 짜증이 난 모습이었다. "그럼, 관둬요."

말이 났으니 말이지만, 나는 몇 달 전에도 이 아이와 스피겔 사이에 비슷한 대화가 오가는 걸 지켜본 적이 있었다. 그때 스피겔이 체스 이야기를 하는 동안 나는 교실에 앉아 있었는데, 그 아이가 들어와 불만을 털어놓았던 것이다. 다른 아이의 어머니에 대해서 무슨 이야기를 했더니, 그 아이가 자기한테 욕을 했다나 어쨌다나…….

처음엔 이 아이가 의지할 사람을 찾거나 다른 아이를 혼내줌으로써 분풀이를 해달라고 요청하기 위해서 스피겔을 찾아오는 거라고 생각했다. 하지만 센트럴 파크에서 있었던 대화를 지켜본 다음엔, 이 아이가 찾아오는 이유는 마치 체스 게임에서 유리한 입장을 날려버리거나 퀸을 무방비 상태로 놔둔 다음에 도움을 청하려고 찾아오는 것과 꼭 같다는 생각이 퍼뜩 들었다. 어떻게 해야 멍청한 실수를 그만 저지를 수 있는지, 아이는 그걸 알고 싶었던 거다. 아이가 보기엔 움직여야 할 기물이 지나치게 많아서 믿을 수 없으리만치 복잡한 또 하나의 게임을 좀 더 잘할 수 있는 방법이 없을까, 조언을 얻고 싶었던 거다. 중학교 과정을 무사히 마치고 다른 친구들의 호감도 사야 하는 게임을 말이다.

저스터스와 제임스의 경우

　토너먼트가 시작되기 전날 오후에 처음으로 스피겔을 봤을 때, 그녀는 기분도 좋고 휴식도 충분히 취한 모습이었다. 빳빳한 흰색 셔츠와 줄무늬 양복바지를 입은 그녀는 귤을 먹고 차를 홀짝거리면서 컨벤션 센터 위 자신의 호텔방을 꽉 메운 서른 명 남짓한 학생들과 함께 체스 시합계획표를 검토하고 있었다. 하지만 일단 토너먼트가 시작되자, 그녀의 발랄했던 기분은 사라지고, 날이 갈수록 머리칼도 헝클어지면서, 눈빛에서도 광채가 흐려졌다. 그녀에게 중학생 토너먼트는 그해의 시합 중에서 가장 중요했다. "내가 해왔던 일에 대한 최후의 심판 같은 걸로 느껴져요." 첫날 오후 그녀는 나한테 그렇게 말했다. "한 해 내내 노력했던 모든 것들이 바로 여기서 어떤 성과를 거두느냐로 집약되는 거죠." 그래서 스피겔은 하루 종일 대기실에 앉아, 커피를 마시고 푸드코트에서 가져온 음식을 먹으며 늘어지게 걱정을 했다.

IS 318 팀들은 5개 부문에서 자웅을 겨루었는데, 스피겔은 그 중에서도 K-8 오픈과 K-9 오픈에 가장 신경을 썼다. ('오픈'이란 참가선수들의 등급에 상한선이 없다는 뜻이다.) K-9에는 9학년 학생들까지 포함되어 있었지만, 많은 코치들은 이 부문이 8학년생들까지만 참여할 수 있는 K-8 오픈보다도 경쟁이 덜하다고 생각했다. K-9에 참여한 중학교의 숫자가 더 적었기 때문이다. 같은 해에 K-8과 K-9을 한꺼번에 석권한 학교는 없었지만 -그리고 IS 318에는 9학년이 없었지만- 스피겔은 자신의 팀이 두 부문 모두에서 우승할 확률이 제법 높다고 봤다.

스피겔의 팀이 토너먼트에 나갈 때마다 좋은 성적을 올렸던 이유 중의 하나는 농구 코치들이 말하는 "딥 벤치deep bench," 즉, 풍부한 대기(예비)선수들을 갖고 있었기 때문이다. 대부분의 사립학교나 특수공립학교에서는 아주 실력이 좋은 소수의 체스선수들, 부잣집 출신으로 아주 어릴 때부터 개별 코칭을 받아온 천재들을 볼 수 있다. IS 318은 그런 특권층 아이들이 들어오는 학교는 아니었지만, 체스가 이 학교의 생활이나 문화에 너무나도 필수적인 부분인지라 스피겔은 대신에 해마다 수십 명의 학생들을 체스클럽에 가입시킬 수 있었다. 체스에 대한 지식이라곤 전혀 (혹은 거의) 없지만, 열심히 배우려는 열정이 가득한 아이들이었다. 그녀는 이런 시스템을 활용하기 위해서 자신만의 프로그램을 고안했고, 거의 10년에 이르는 교직생활 덕택에 하나의 교습 시스템을 구축해서, 6학년 진급 후 첫째 주에 체스클럽을 찾은 20~30명의 초보자들이 8학년을 마칠 즈음에는 1500~1600점대로 (더러는 1800~1900점대로) 확실히 올라서도록 만들었다.

IS 318 학생이 2000점을 돌파하는 경우는 거의 없었다. 개인전에서는 좋은 성적을 내지 못했다는 뜻이다. 그러나 스피겔의 접근방식은 팀 챔피언십을 위해서는 완벽한 전략이었다. 팀 대항 토너먼트 때마다 IS 318이 우승을 거두었고, 이 학교 팀 최고 선수 4명의 성적을 합하면 최다 승리를 기록했던 것이다. 팀 대항에서 정말 중요한 것은 최고 선수 한 명의 실력이 아니라, 상위 4명의 실력이라는 사실을 스피겔은 잘 알고 있었다. 그리고 이 학교에서 상위 4명으로 뽑힐 수 있는 자원은 언제나 10명 이상으로 충분했던 것이다.

그런데 2009년 가을, 저스터스 윌리엄즈란 아이가 이 학교에 들어오면서, 팀 구성에 변화가 생기기 시작했다. 브롱크스에 사는 저스터스는 생각이 깊으면서도 단호하고, 큰 키에 까무잡잡한 피부를 가진 당당한 체격의 '쿨'한 아이였다. 말소리도 조용한 이 아이는 모르는 사람들 사이에선 부끄럼을 탔지만, 복도를 지나갈 때는 스무드한 자신감에 넘쳤다. 학생이 체스 챔피언이 되면 조롱을 당하는 게 아니라 존경을 받는 중학교는 미국에서도 몇 안 되는데, 이 학교가 그 중 하나다. 저스터스는 사우스 브롱크스에 있는 PS 70 초등학교 3학년 때 '체스 인 더 스쿨'을 통해 체스를 시작했다. 배우려는 열망도 강하고 대체로 집중하고 몰입하는 능력도 좋아서 대단히 유망한 선수라는 것을 교사들은 일찌감치 알아보았다. 교내 체스 프로그램에 따라 개인교습 비용도 지원되었고, 아들이 훌륭한 재목임을 믿었던 저스터스의 어머니는 그의 발전을 위해 노력을 아끼지 않았다. IS 318에서 6학년 과정을 시작한 저스터스의 등급은 2000점을 넘어서, 스피겔이 가르쳤던 그 어떤 학생들보다 수백 점이 높았을 뿐 아니라 그녀의 등급에까지 상당히 근접해 있었다. 그런데 저스터스가 분명히 6학년 학생 중 최고의 체스선수이긴 했지만, 그와 함께 전학 온 아이들 가운데 상당한 체스 경험을 지닌 학생이 두 명 더 있었다. 러시아 이민가족 출신으로 1500점 등급에서 6학년을 시작한 아이작 바라예프와, 브루클린 출신의 흑인 학생으로 동네 공립초등학교를 졸업할 때 이미 1700점이었던 제임스 블랙이 그들이었다.

스피겔은 특별히 제임스 블랙과 아주 살가운 관계를 유지했다. 그녀는 아이가 초등학교에 다닐 때 알게 되었는데, 지금은 그의 체스 실력이 그녀와 경쟁할 정도였지만, 그 역시 자신의 등급이 1700에서 2100점 이상으로 대폭 개선된 데에는 그녀의 도움이 컸다는 것을 알고 있었다. 제임스는 호리호리하고 잘생긴데다, 머리는 짧게 깎고 앞니 하나가 깨졌으며 두 눈은 커다랗고 표정이 풍부했다. 그리고 사교성도 엄청 좋아서 친구들과 농담 주고받기를 너무나 좋아했다. 내가 스피겔의 수업을 참관하러 갈 때면, 교실 뒤쪽에 앉아 한 가지 게임을 하면서 옆에서 벌어지고 있는 게임에 큰 소리로 훈수를 두는 제임스의 모습이 종종 눈에 띄었다. 다른 친구들에게 어떤 수를 두어야 하는지 말해주거나, 어떨 땐 아예 직접 가서 그 수를 두기도 하는 것이었다.

저스터스와 마찬가지로 제임스도 '체스 인 더 스쿨' 교사의 학교 방문을 계기로 3학년 때부터 체스를 배웠다. 집에서는 아빠와 함께 기량을 닦았다. 그의 아버지는 제임스가 체스에 관심을 보이자마자 케이마트에서 체스 세트를 사주었다. 그의 아버지는 정말 헌신적으로 아들을 키웠다. 그는 언젠가 나한테 이렇게 말했다. "아내가 아이를 갖기도 전부터 난 결심했어요. 첫째 아이가 태어나면 딸이든 아들이든 상관없이 제임스 블랙 주니어라는 이름을 붙이기로 말입니다."

브롱크스에서 자란 아버지 제임스 블랙은 고등학교 때 성적도 괜찮았지만, 대학은 2년만 마치고 중퇴했다. 해병대에 들어가 복무하는 것이 언제나 그의 꿈이었는데, 졸업하자마자 뉴욕시의 슈퍼마켓 체인인 다고스티노의 델리 카운터에 높은 급여의 일자리를 얻는 바람에 끝내 입대할 기회가 없었다. 그로부터 거의 25년이 지나고 제임스 블랙은 여전히 다고스티노의 델리에서 일하고 있었다. 30대에 접어든 후 그는 이미 세 아이의 엄마인 토냐 코울즈라는 여자와 사랑에 빠져 함께 가정을 꾸리고 제임스를 낳았다. 그는 이 의붓자식들이 제임스를 위해 훌륭한 모범을 보여주기를 바랐지만, 상황은 그렇게 풀리지를 않았다고 나한테 털어놓았다. 그 중 한 아이는 제임스가 갓난아기였을 때 마약판매 혐의로 기소되어 거의 3년을 감옥에서 보냈고, 다른 아이는 살인죄로 20년 징역형을 받아 지금도 수감되어 있다. 하지만 이런 문제들은 아버지가 아들 제임스에게 더욱 더 몰두하게 만들었고, 반드시 아들을 성공시키겠다는 결심을 한층 더 북돋워주었다. "난 아들한테 말해주지요, 형들이랑은 많은 이야기를 못한다고 말입니다. 하지만 너한테는 뭐든지 이야기할 수 있어, 아빠가 할 일은 너의 미래를 위해 널 인도하는 거니까, 라고요."

IS 318에서 제임스의 성과는 들쑥날쑥했다. 성적은 대체로 좋은 편이었지만, 6학년 때 주에서 실시하는 학력고사에서는 수학과 독해를 4점 만점에 2점밖에 받지 못했다. 그의 실력이 해당 학년 수준에 못 미치고, 시내 전체 학생의 하위 3분의 1에 해당된다는 의미였다. 또 학교에서는 말썽을 일으키는 학생으로 평이 나 있었고, 6학년에 들어와서는 수업시간에 빈둥거린다든지 같은 반 여학생들에게 적절하지 못한 언사를 내뱉는다고 종종 교장실로 불려가곤 했다. 하지만 가끔 문제가 있었음에도 불구하고 체스 실력은 탁월한 학생이었고, 하루에 여섯 시간씩이나 공부했으며, 침실 벽에는 전략에 대한 두툼한 책들을 가득 쌓아두고 있었다.

마셜체스클럽 그리고 라이벌

콜럼버스 토너먼트가 있기 6개월 전, 나는 제임스, 스피겔 그리고 IS 318의 예닐곱 학생들과 함께 마셜체스클럽에서 하루 종일을 보내게 되었다. 그리니치 빌리지의 가로수가 늘어선 길거리, 아름답고 고색창연한 타운하우스의 두 층을 차지하고 있는 클럽이었다. 많은 체스선수들이 미국에서 가장 권위 있는 장소로 간주하는 이 클럽은 1915년 당시 체스 챔피언이었던 프랭크 마셜에 의해서 설립되었다. 클럽 멤버들 중에는 가장 우수한 미국 선수들이 더러 섞여 있었다. 특히 젊은 체스 지망생들에겐 위압감을 주는 이 건물은 천장이 높고 벽난로는 웅장하며 나무 테이블은 반들반들 윤이 나게 닦여 있다. 벽에는 전설적인 체스선수들이 체스판 위로 몸을 굽히고 있는 흑백사진이며, 1930년대의 정식만찬회 모습을 담은 세피아 톤의 단체사진들이 나란히 걸려 있다.

듀크에서 컬럼비아로 옮긴 다음 10대 후반의 나이로 뉴욕에 발을

디딘 스피겔은 마셜클럽을 자주 드나들면서 주말 시합에 참가하는 등, 분위기를 만끽했다. 이제 마셜클럽은 해마다 IS 318의 몇몇 학생에게 무료 멤버십을 제공하고 있으며, 스피겔은 한 달에 한 번꼴로 아이들을 데려와 체스를 하게 한다. 그것은 학생들에게 상당히 색다른 체스 경험이 된다. 뉴욕 시내 학생들이 정기적으로 벌이는 주말 토너먼트는 선수와 학부모 수백 명이 학교를 가득 메우는 상당히 혼란스러운 행사로, 점심이면 어머니들이 구운 지티 파스타를 나눠주기도 한다. 이 시합은 한 시간이면 끝나는데, IS 318 학생들은 대체로 우승을 차지하거나 어쨌든 좋은 성적을 거둔다. 하지만 학생들이 마셜클럽을 찾을 때는 대개 네 시간에 걸쳐 자기보다 등급이 훨씬 높은 상대와 체스를 둔다. 학생들에게는 제법 위협적인 상황이겠지만, 스피겔은 그들에게 상기시킨다. 상대가 너희들을 완전히 찢어발기면 어때? 체스 실력을 높여주는 가장 좋은 방법은 바로 최고 실력자들과 붙어보는 것이잖아?

어느 가을날, 나는 마셜클럽에서 제임스가 플레이 하는 모습을 볼 수 있었다. 이날 그의 상대는 예나 지금이나 미국 내 최고 30~40위에 속하는 우크라이나 출신의 인터내셔널 마스터 유리 랍션이었다. 랍션은 2000년과 2001년 마셜클럽 챔피언이었고, 1917년 이후의 모든 챔피언들 이름을 망라하여 벽에 걸어놓은 커다란 나무 명판에는 그의 이름이 두 번씩이나 동판 위에 새겨져 있다.

체스 시합에서는 -특히 마셜클럽에서 벌어지는 시합에서는- 우스꽝스러운 대조를 이루는 두 사람이 맞붙기 일쑤다. 침울한 고딕풍의 10대 소녀와 턱수염을 기르고 안경 낀 괴짜 수학 천재, 트위드를 입은 빌리지의 괴팍스러운 늙은이와 왜소한 몸집의 중국인 소년. 하지만 제임스와 랍션은 더할 나위 없이 기이한 짝을 이루었다. 30대 후반인 랍션은 제임스에 비해 나이도 3배였을 뿐 아니라 몸무게도 최소한 50킬로는 더 나가 보였다. 네 시간에 걸친 시합 내내 랍션은 체스판을 노려보며 앉아 있거나, 의자 뒤로 몸을 젖히고 있거나, 넉넉한 뱃살 위에 크고 퉁퉁한 두 팔을 얹어놓고는 소비에트 복고풍의 빽빽한 콧수염을 쓰다듬거나 했다. 반면에 제임스는 몸을 앞으로 숙이고 손으로 턱을 괸 채, 여차하면 커다란 회색 후드 티와 큼직한 청바지 속으로 사라져 버릴 태세로, 간간이 방을 둘러봤다가 다시 판을 쳐다보면서 길고 검은 눈썹을 깜박거렸다. 그는 가만히 앉아 있질 못하고 시합 도중에 자주 일어서서 걸어 다닌다든지 다른 팀들의 체스판을 훔쳐보기도 하여 선생님들과 코치들을 깜짝 놀라게 만들었다. 랍션과의 시합 도중 한 번은 스피겔과 내가 이야기를 나누고 있던 2층까지 어슬렁어슬렁 걸어 오기까지 했다. 스피겔은 시합장으로 내려가라고 냅다 소리를 지르면서, 시합이 끝날 때까지 자리에 얌전히 앉아 있지 않았다가는 아버지한테 전화를 걸 테니 그런 줄 알라고 말했다.

그날 랍션의 등급은 2546이었고, 제임스는 2068이었다. 어느 모로 보나 제임스는 한 수 아래였지만, 이상하게도 게임 자체에서는 달랐다. 여섯 번째 수에서 이미 제임스는 꾀바른 전략으로 랍션을 경악하게 만들었고, 30번째 수에 이르자 게임을 지켜보던 전문가와 마스터들조차도 제임스가 압도적인 포지션에 있음을 명백히 알 수 있었다. 그는 판 한가운데에 숨 막히는 방어선을 구축하여 랍션의 수를 하나씩 차근차근 가로막고 불편한 정체상태에 가두어버림으로써, 랍션이 어떤 수를 두더라도 기물을 하나 잃거나 포지션의 우위를 상실하지 않을 수 없게 만들었다. 59번째 수에서 랍션은 마침내 두 손을 들고 말았다.

얼마 후 제임스는 위층에서 스피겔과 함께 시합 내용을 검토했고, 랍션은 친절하게도 그들과 함께 게임을 분석했다. 그는 종종 침울하고 숙명론적인 관전평까지 덧붙였는데, 그의 동유럽 억양 때문에 어쩐지 한층 더 침울하게 들렸다. "가망이 없군……." 판을 쳐다보며 그렇게 말하는가하면, 몇 수가 지난 다음엔 서글픈 듯이 머리를 절레절레 흔들며 "여기서 나는 완전히 끝장이 난 거죠."라고 덧붙였다. 제임스는 한 수 한 수 짚어가면서 자신이 쳐놓은 함정에서 랍션이 빠져나갈 수 있는 기회를 어떻게 일일이 봉쇄했는지를 보여주었다. 스피겔은 감명을 받았다. 이 학생은 단순히 인터내셔널 마스터를 상대로 승리한 정도가 아니라, 시작부터 끝날 때까지 게임 내용에서 그를 압도했던 것이다. 그것은 스피겔의 말마따나 "전례가 없을 정도의 심오한 체스"였다.

랍션을 누르고 승리한데다 그해 가을에 몇 차례의 강력한 게임을 선보이면서 제임스의 등급은 2150 이상으로 치솟았다. 그의 단기목표는 모든 체스선수에게 중요한 분기점인 2200점. 이 점수에 도달하면 미국체스연맹에서 내셔널 마스터로 인정해주기 때문이다. 저스터스는 제임스가 랍션에 승리를 거두기 한 달 전인 9월에 이미 내셔널 마스터가 되었다. 사실상 저스터스는 미국에서 가장 어린 나이에 마스터 자격을 획득한 흑인선수였다. 한동안은 저스터스보다 다섯 달 어린 제임스가 최연소 흑인 마스터 기록을 손쉽게 갱신할 것으로 보였다. 하지만 이때부터 제임스의 등급은 바닥을 친 것처럼 보였다. 1월에는 실제로 2100 정도로 뚝 떨어졌다가 그 다음 몇 달 동안은 2150 이하를 오락가락했으니 말이다. 결국 4월이 되어 콜럼버스 토너먼트로 향하는 버스에 올라탔을 즈음 그는 저스터스의 기록을 깰 수 있는 기회를 놓치고 말았으며, 그의 등급은 여전히 2156점을 맴돌고 있었다.

숙달

    콜럼버스 시합에 참여했을 때 제임스는 자신이 치렀던 게임을 스피겔과 함께 리뷰하지 않았다. 대신 마이애미 출신으로 당시 특수교육학 석사과정을 밟으면서 IS 318 팀을 위해 파트타임 코치로 일하고 있던 23세의 체스선수 마탄 프릴렐텐스키와 더불어 그것을 분석했다. 프릴렐텐스키는 어렸을 때 ADHD로 알려진 주의력결핍 과잉행동장애 진단을 받은 적이 있는데, 특수교육학에 대한 그의 흥미는 그 사건에 뿌리를 두고 있었다. 그는 학교에서나 숙제를 할 때에 몇 분 이상은 주의력을 유지하지 못해서 초·중등 과정을 힘겹게 투쟁하듯 보내야 했다. 그러다가 체스를 만나게 된 것이다. 어떤 일에든 주의를 집중할 수 있었던 것은 그때가 생전 처음이었다고 그는 나에게 털어놓았다. 몇 시간씩 참을성 있게 연구를 해야만 하는 체스는 주의력결핍증을 겪는 사람이 추구하기에는 썩 어울리지 않는 것처럼 보였지만,

프릴렌텐스키는 사실 체스와 주의력결핍이란 것이 얼핏 듣기처럼 그렇게 기이한 짝은 아니라고 했다. 그의 설명은 이랬다. "집중력에 문제가 있는 사람들도 강렬한 경험이나 심각한 자극을 갈망하는 경우가 아주 많습니다. 말하자면 모든 걸 아우르는 추구의 대상에 흠뻑 빠져들고 싶어 하는 것이죠." 그에게 체스란 ADHD에 대한 완벽한 해독제였다. 체스판 앞에 앉기만 하면 주의력결핍의 징후는 씻은 듯이 사라졌으니 말이다.

프릴렌텐스키는 고등학교에 다니면서 진지한 체스선수가 되었고, 18번째 생일 직후에 2000의 등급에 이르렀다. 대학에 진학한 다음에도 체스를 계속했던 그는 한두 차례 토너먼트를 석권하기까지 했지만 실력은 그다지 개선되지 못했으며, 2009년 졸업할 당시만 해도 그의 등급은 2100을 맴돌고 있었다. 본격적인 실력 향상을 원하긴 했지만, 그의 체스는 방향을 잃어버린 쪽배와 같았다. 그러던 중 2010년 1월, 그는 플로리다 펄래트커에서 열린 토너먼트에 나갔는데, 통합챔피언이 될 순간을 코앞에 두고 중요한 경기에서 실수를 저지른다. 이 패배로 그는 철저히 좌절을 맛봤고, 고등학생이었던 상대선수와 함께 나중에 게임을 분석하면서 상대가 특별히 잘했던 경기도 아니었음을 깨닫게 된다. 그러니까 프릴렌텐스키는 자기 스스로에게 패했던 것이다. 정말 끔찍한 기분이었다고 그는 나중에 털어놓았다. 자신이 특별한 점이라곤 없는 선수라는 사실이 정말 지겨웠다.

마이애미로 돌아오면서 프릴렌텐스키는 여러 그랜드 마스터와의 인터뷰 모음집을 읽었는데, 거기에 성공적인 체스를 위해서 감정과 심리가 얼마나 중요한지를 쓴 적이 있는 스코틀랜드 그랜드 마스터 조너선 로우슨과의 이메일 인터뷰가 들어 있었다. 로우슨의 이런저런 이야기는 프릴렐텐스키의 참담한 심정을 향해서 말을 거는 것만 같았다. 또한 동기와 의지가 어떻게 다른지에 관한 앤절러 덕워스의 이론도 거기에 반영되어 있었다. 로우슨은 이렇게 쓰고 있었다. "야망에 관해서 이야기하자면, 무언가를 '바라는' 것과 그것을 '선택하는' 것을 또렷이 구별하는 것이 중요하다." 세계챔피언이 되기를 **바란다고** 마음먹는다면, 어쩔 수 없이 그것에 필요한 노력을 기울이는 데 실패할 것이라고 로우슨은 설명했다. 그런 경우엔 세계챔피언이 되지 못할 뿐만 아니라, 바라던 목표에 미치지 못하는 불쾌한 경험 그리고 거기에 따르는 모든 실망과 회한까지도 얻게 될 것이다. 하지만 당신이 (어린 나이의 카스파로프가 그랬듯이) 세계챔피언이 되기로 **선택한다면**, 당신은 태도와 투지로써 그 선택을 드러내 보일 것이다. 하나하나의 행동이 이렇게 말하고 있기 때문이다. "난 바로 이런 사람이야."

이 말에 영감을 얻은 프릴렐텐스키는 2010년 1월 말, 때늦은 새해의 결의를 다졌다. 마魔의 2200점을 반드시 깨겠다는 것이었다. 이후 그는 거의 한 해를 바쳐 자신의 삶으로부터 (이해심이 깊은 여자 친구만 빼고는) 다른 모든 것을 없애고 체스 연구에만 몰두했다. 파티, 페이스북, ESPN, 쓸데없는 사교활동 등은 모두 중단되었다. 단지 체스만을 몇 시간씩이고 붙잡고 늘어졌다. ("이게 나의 진면목이야.") 그의 노력은 마침내 빛을 발했다. 2010년 10월, 그의 등급은 생전 처음으로 2200점을 넘었다. 이제 그는 내셔널 마스터였다.

나는 프릴렐텐스키가 목적을 달성한 직후에 그를 만났다. 그 일에 대한 그의 이야기를 들으면서 깜짝 놀랐던 점은 수도원이나 다름없던 그 몇 달의 경험을 그가 결과에 대한 자부심만으로 기억하는 게 아니라 그 과정조차도 즐거운 추억으로 되돌아보고 있더란 사실이다. 내가 물어봤다. 1년 내내 체스에만 죽어라고 빠져든 게 그렇게 재미있었어요? 그의 대답은 이랬다. "그게, 대개는 지성의 측면에서 생산적이라는 기분입니다. 대부분의 경우 나는 진짜로 자신에게 무슨 도전장을 던지거나 무언가를 위해 스스로를 밀어붙인다는 느낌은 없고, 그저 대충 뇌를 낭비하고 있다는 생각뿐이거든요. 하지만 체스를 공부하거나 실제로 두거나 가르치고 있을 땐 절대로 그렇게 느끼는 법이 없어요."

생산적이라. 나는 프릴렐텐스키가 사용한 이 말이 가슴 깊이 와 박혔다. 스피겔도 남편과의 가족적인 즐거움을 희생하고 밤을 지새우며 온라인 체스에 집착했을 때 자신이 잃어버린 것이 무엇이었는지를 (약간은 애석하다는 듯이) 설명하면서 바로 이 말을 골라 썼었다. "내가 예전에는 얼마나 생산적이었는지, 그게 그립네요."

이건 하나의 수수께끼였다. 체스에 통달하는 것이 어떤 매력을 갖는지는 나도 이해할 수 있었다. 유화, 재즈 트럼펫, 장대높이뛰기 등등, 나 자신이 잘 못하는 분야에서 마스터가 된다는 것의 매력을 왜 이해하지 못하겠는가? 그러나 체스가 가치 있고 도전의식을 북돋우는 지적인 일이라는 데는 쉽게 수긍하겠지만, 그걸 묘사하는 말로 **생산적**이라는 형용사를 쓰리라고는 상상도 못할 노릇이었다. 체스를 하는 사람들은 그야말로 아무것도 생산하지 않는 걸로 보이는데……. 공교롭게도 프릴렌텐스키로 하여금 2200점을 향한 여정을 시작하게 만든 로우슨의 인터뷰에서도 이 질문이 대두되었다. 기자가 물었다, 그처럼 천재적인 정신에너지를 사용해서 '뇌 전문 외과의나 뭐 그런 가치 있는 대가'가 되지 않고 체스 그랜드 마스터가 되었는데, 이에 대해서 혹시 쑥스러운 느낌은 없느냐고. "체스가 기본적으로 쓸모없는 활동이 아닐까 하는 이슈는 두고두고 나를 괴롭히고 있지요……. 가끔 그런 생각을 합니다. 체스에 투자했던 그 수천 시간이 아무리 나 개인을 개발시켜주었다 하더라도, 만약 그걸 딴 데다 썼더라면 훨씬 더 낫지 않았을까 하고요."

그러나 곧이어 로우슨은 자신과 다른 체스선수들을 변호하고 있는데, 여기서 그는 기본적으로 미학을 그 근거로 삼았다. "체스는 창의적이고 아름다운 활동으로서, 오직 인간만이 지닌 참으로 다양한 특성을 경험할 수 있게 합니다. 체스 게임은 실존적 자유를 찬미하는 일이죠. 우리 행위를 통해서 자아 창조의 기회를 축복으로 받았다는 의미에서 그렇습니다. 우리는 체스를 하겠다고 결심함으로써, 실용성보다 자유를 기리고 있는 것입니다." 로우슨이 보기에 체스보드를 가운데 두고 맞선 두 체스선수는 독특하고 협동적인 예술작품을 만들어내고 있는 것이며, 그들이 더 좋은 게임을 펼칠수록 그 결과도 한층 더 아름다운 것이었다.

맬컴 글래드웰은 2008년에 출간된 그의 책 〈아웃라이어〉에서 안더스 에릭슨 K. Anders Ericsson이라는 스웨덴 심리학자의 이론을 대중적인 관심의 대상으로 만든 바 있다. 바이올린 연주든, 컴퓨터 프로그래밍이든,

어떤 기술에든지 진정으로 통달의 경지에 이르려면 1만 시간의 신중한 연습이 필요하다는 이론이다. 에릭슨의 이 이론을 떠받치는 기반의 한 부분이 바로 체스의 숙달에 관한 연구였다. 그는 세상에 타고난 체스 챔피언이란 없다는 사실을 알아냈다. 요컨대 수천 시간을 바쳐 체스를 두면서 연구하지 않고서는 절대 그랜드 마스터가 될 수 없다는 것이다. 또한 에릭슨은 체스의 고수들이 어린 시절부터 체스를 시작했다는 사실을 알아냈다. 사실상 챔피언을 꿈꾸는 선수들이 체스의 최고 수준에 도달하기 위해서 체스를 시작하는 나이는 체스의 역사가 계속되면서 지속적으로 낮아졌다. 19세기의 경우에는 17세의 나이에 체스를 배우기 시작해도 그랜드 마스터가 되는 것이 여전히 가능했다. 하지만 20세기 들어 태어난 선수들 중에는 14세 이후에 체스를 시작해서 그랜드 마스터가 된 사람이 하나도 없었다. 20세기 말에 이르면 – 에릭슨이 조사한 바로는– 그랜드 마스터의 자리에 오른 선수들이 체스 두기를 시작했던 평균 연령은 10.5세였고, 대부분의 경우는 7세에 이미 체스를 시작했다.

 의도적인 조기早期 훈련이 체스에서의 성공에 미치는 막강한 영향력을 적나라하게 보여주는 가장 유명한 –혹은 가장 악명 높은– 연구는 1960년대에 〈천재 키우기〉라는 책을 냈던 헝가리 심리학자 라즐로 폴가 Laszlo Polgar였다. 이 책의 주장인즉, 부모가 열심히 노력하기만 한다면 어떤 아이라도 머리 좋은 영재로 만들 수 있다는 것이었다. 이 책을 썼을 때 폴가는 미혼에다 아이도 없어 자신의 이론을 테스트할 입장이 아니었지만, 그런 입장을 바꾸기로 마음먹고 클라라라는 이름의 외국어 교사의 마음을 얻었다. 헝가리어를 할 줄 아는 클라라는 당시 우크라이나에서 살고 있었다. 그녀는 폴가가 보낸 편지에 설득당해 부다페스트로 이주해왔는데, 그 편지에는 어떻게 두 사람이 함께 천재 가족을 만들 것인지가 아주 소상히 적혀 있었다.

놀랍게도 두 사람은 바로 그 편지의 내용을 현실로 만들었다. 라즐로와 클라라는 수잔, 소피아, 유디트라는 세 딸을 두었는데, 라즐로는 거의 전적으로 체스에 초점을 맞춘 학업 프로그램을 이용해서 딸들을 집에서 직접 가르쳤다. (아이들은 에스페란토를 비롯한 몇 개의 외국어도 배웠다.) 세 딸은 모두 다섯 살이 되기 전에 체스 공부를 시작했고, 오래지 않아 매일 8~10시간씩 체스를 했다. 큰딸 수잔은 네 살의 나이에 처음으로 시합에 나가 승리를 맛보았고, 열다섯 살 때 세계 최고 등급의 여성 체스선수가 되었으며, 21세였던 1991년에는 사상 최초의 여자 그랜드 마스터에 올랐다. 그녀의 승승장구는 천재란 태어나는 게 아니라 만들어지는 거라는 아버지의 주장에 대한 감동적인 확인이었다. 그렇지만 그런 수잔도 라즐로 가족 안에서는 최고의 체스선수가 아니었다. 이 집안의 고수는 막내 유디트로, 그녀는 불과 열다섯의 나이에 그랜드 마스터가 됨으로써 보비 피셔가 지니고 있던 최연소 그랜드 마스터 등극 기록을 깨기도 했다. 유디트의 전반적인 등급은 2005년에 2735점으로 절정을 이루면서 세계 랭킹 8위가 되었다. 현재 유디트는 인류 역사상 최고의 여성 체스 플레이어로 간주된다. (소피아도 상당히 실력이 좋아서 최고 2505점의 등급을 받으면서 한때는 세계 랭킹 6위까지 올랐는데, 이는 폴가를 제외한 어느 누구라도 깜짝 놀랄 만한 성과였다.)

폴가의 이야기가 좀 으스스했을지도 모르겠지만, 가타 캄스키Gata Kamsky의 스토리는 완전히 섬뜩할 것이다. 1974년 러시아에서 태어난 캄스키는 여덟 살 때 성질깨나 급한 권투선수 출신인 부친의 지도 아래 체스를 시작했다. (캄스키의 어머니는 아이가 어렸을 때 집을 나가버렸다.) 열두 살이 되었을 즈음 캄스키는 이미 그랜드 마스터와의 시합에서 승리를 거두고 있었고, 1989년에 아버지와 함께 미국으로 망명했다. 그들은 브라이튼 비치에 있는 아파트를 배정받아 살았으며, 캄스키가 세계 챔피언이 될 숙명이라는 사실을 믿어 의심치 않았던 베어 스턴즈의 대표로부터 연 35,000달러의 생활비를 받게 되었다. 캄스키는 열여섯에 그랜드 마스터에 올랐고, 이듬해에는 미국 체스계를 평정했다. 하지만 어린 시절의 그 모든 공로에도 불구하고 자라온 환경이 너무나 가혹했다는 사실 때문에 더 유명세를 탔다. 그는 브라이튼 비치의 아파트에 틀어박혀 아버지가 지도하는 가운데 매일 14시간씩 체스를 연구하고 연습했다. 학교에는 가본 적도 없고, 텔레비전은 구경도 못했으며, 운동도 전혀 하지 않았고, 친구도 없었다. 그의 아버지는 아들이 경기에 지거나 실수를 하면 무섭게 고함을 지르고 가구를 집어 던지는 등, 난폭한 성격으로 체스계에서 악명이 높았다. 어떤 시합에서는 아들의 상대선수에게 신체적인 위협을 했다는 얘기도 들린다.

1996년 22세의 캄스키는 체스에서 완전히 손을 뗐다. 결혼을 하고, 브루클린대학을 졸업한 뒤, 의과대학에서 한 해 공부한 다음, 롱아일런드에 있는 로스쿨에서 학위를 받았으나 사법고시에서 낙방했다. 그가 살아온 이야기는 조기 훈련과 공격적인 양육이 얼마나 역효과를 낳을 수 있는지를 보여주는 경고의 메시지로 들린다. 하지만 캄스키는 2004년 체스의 세계로 돌아온다. 그는 소규모 토너먼트부터 다시 시작하여, 몇 년 안에 어렸을 때 이룩했던 업적을 능가했다. 그런 다음 2010년에 전미 챔피언에 등극하면서 19년 전의 타이틀 획득을 고스란히 재현했고, 이듬해인 2011년에도 타이틀을 유지했다. 현재 그는 미국 내 최고 등급 플레이어인 동시에 세계 랭킹 10위에 올라 있다. 그 1만 시간의 효과는 너무나도 강력해서 18년이라는 공백에도 불구하고 사라지지 않았음이 명백히 드러났던 것이다. (물론 캄스키의 경우는 어린 시절 내내 하루에 14시간씩 연습했기 때문에 정확한 수치는 2만 5천 시간 이상이었을 터이지만.)

몰입

스피겔과 다른 체스선수들이 캄스키라든지 폴가 집안의 여자들 같은 선수들의 어린 시절을 이야기할 때면, 참으로 많은 감정들이 복잡하게 얽히기 일쑤다. 한편으로 그들은 집요하게 단 한 가지만을 추구하면서 이루어진 유년기가 −딱히 불안과 혼란은 아니라 하더라도− 균형을 잃었다는 사실만큼은 인정한다. 하지만 다른 한편으로는 약간의 질투를 느끼지 않을 수도 없다. **만약 우리 아버지가 하루에 10시간씩 체스를 시켰더라면, 지금 내가 얼마나 펄펄 날고 있을지 상상이 돼?** 내가 스피겔의 클래스를 처음으로 방문했을 때, 그녀는 일주일 동안 우수 청소년 선수들의 체스 캠프에서 도움을 주고 막 돌아왔던 참이었다. 미국에서 실력이 가장 좋다는 9~14세 아이들과 닷새를 두고 체스 문제를 분석했다고 했다. 그런데 그게 별로 재미없더라는 것이었다. 그녀의 설명은 이랬다. "내 자신이 너무나 멍청하게 느껴지더군요. 아이들이 나보다 훨씬 더 빠르기 때문에 그 자리에 있는 게 아주 고통스러웠습니다. 아홉 살짜리 아이더러 나한테 게임을 설명해보라고 시켜야 했지요." 한번은 실제로 슬그머니 화장실로 달아나 엉엉 울기까지 했다고 한다.

나는 이 글을 쓰는 동안 참고용으로 싸구려 체스 세트 하나를 커피 테이블 위에 얹어놓고 있었다. 당시 두 살이었던 내 아들 엘링턴이 때로 어슬렁거리며 들어와 체스 세트를 만지고 놀기 시작했다. 그럴 때면 난 글쓰기를 멈추고, 여러 가지 체스의 말이 어떤 이름으로 불리는지를 가르쳐주었다. 아이는 말들을 전부 쓰러뜨렸다가 멋진 패턴으로 판 위에 다시 늘어놓는 장난에 재미를 붙이기 시작했다. 녀석이 책상 서랍 속의 페이퍼클립에 흥미를 갖는 게 유별날 것도 없고 의미도 없는 것처럼, 체스보드에 느끼는 흥미 역시 이상할 것도 없고 뜻도 없다. 이론적으로는 그렇다는 것을 알고 있었다. 그런데도 나는 때때로 생각했다. 흠…… 겨우 두 살인데, 이 녀석이 성과 나이트를 구분할 줄 아네. 혹시 영재가 아닐까? 모든 말들이 어떻게 움직이는지를 지금 녀석에게 가르쳐준다면……. 그리고 매일 한 시간씩 체스를 하기 시작한다면, 세 살이 될 즈음엔 글쎄 혹시…….

마치 폴가 집안사람 같은 나의 몽상이 매력적이긴 했지만, 나는 그 유혹을 뿌리쳤다. 실제로 엘링턴이 체스의 어린 천재가 되는 것을 내 스스로 원하지 않는다는 사실을 깨달았던 것이다. 하지만 난 왜 그게 달갑지 않았을까? 이에 대한 정확한 답을 알아내려 했지만, 그걸 설명하거나 정당화하기란 무척 어려운 노릇이었다. 만약 엘링턴이 하루에 (열네 시간은 고사하고) 네 시간씩이나마 체스를 공부한다면, 그 아이는 무언가 중요한 것을 놓쳐버릴 거라는 느낌이 들었다. 그러나 그런 나의 생각이 옳은지 그른지는 자신이 없었다. 당신은 어떤가? 당신의 유년기를 -혹은 인생 전체를- 보내면서 (내가 대체로 그랬듯이) 여러 가지 일에 조금씩 관심을 갖는 편이 더 좋았던가? 아니면 한 가지 일에 죽으라고 관심을 쏟는 편이 더 좋았던가? 스피겔과 나는 이 질문으로 자주 논쟁을 벌였는데, 그녀는 외곬으로 한 가지에 헌신하는 게 유익하다는 것을 설득력 있게 주장했다. 사실 이 주장은 '그릿(뚝심)'이란 단어에 대한 앤절러 덕워스의 정의, 즉, 한 가지 목적에 대한 헌신적인 추구와 자기 훈련의 결합이란 정의를 생각나게 만든다.

"어떤 일에 뜨거운 열정을 갖는다는 게 어떤 것인지를 이해하면, 아이들은 자유롭게 훨훨 날 수 있을 것 같아요." 언젠가 토너먼트가 있던 날, 스피겔은 그렇게 말했다. "그들이 두고두고 기억할 순간의 경험을 하고 있는 것이죠. 어린 시절을 돌이켜봐도 교실에 앉아 있던 것, 지겹고 따분했던 기분, 집에 돌아와서도 텔레비전 앞에 앉아 있던 것 등만 희미하게 떠오른다면, 참으로 끔찍한 일이라고 생각합니다. 적어도 체스 팀에 속한 아이들이 회상할 때는 전국시합이라든지 정말 멋지게 치렀던 한 게임처럼 짜릿한 흥분을 느끼며 최선을 다했던 순간들을 기억할 거예요."

국외자들이 체스 마스터가 된다는 것의 매력을 충분히 이해하기란 어려울 수도 있다. 스피겔은 그것을 나한테 설명하려고 하면서 긍정심리학의 초기에 마틴 셀리그먼과 협력했던 심리학자 미하이 칙센트미하이_{Mihaly Csikszentmihalyi}의 작업을 자주 언급했다. 칙센트미하이는 자신이 최적의 경험_{optimal experiences}이라고 불렀던 것을 연구했다. 최적의 경험이란 인간이 살아가면서 경험하는 아주 희귀한 순간들, 즉, 세속의 모든 여흥에서 자유롭고 자신의 숙명을 스스로 통제하고 있으며, 순간에 완벽하게 몰입하고 있다는 느낌을 갖는 순간들을 가리킨다. 이처럼 강렬한 집중 상태를 표현하기 위해 그가 선택한 말이 몰입flow이었다. 몰입의 순간들은 '무언가 어려운 일, 해볼 만한 일을 성취하기 위해 자발적으로 노력하는 가운데 몸과 마음이 최대한으로 확대될 때'에 가장 잘 일어난다는 것이 그의 설명이다. 연구의 초반부에 그는 체스 전문가, 발레 무용수, 산악등반가 등을 인터뷰했다. 그리고 세 집단의 전문가들이 '몰입'의 순간들을 한결같이 비슷하게 ㅡ그러니까 강렬한 웰빙과 컨트롤의 느낌으로ㅡ 묘사하고 있음을 알아냈다. 최고절정의 상태를 맞고 있던 어느 체스선수는 칙센트미하이에게 이렇게 말했다. "집중은 숨 쉬는 것과도 같습니다. 그걸 의도적으로 생각하는 일은 결코 없습니다. 지붕이 무너져 내려 바로 내 옆에 떨어진다 해도 전혀 그걸 깨닫지 못하는 상태죠." (어느 연구에서 밝혀진 사실: 토너먼트에 임하는 체스선수들 사이에 감지되는 생리학적 변화는 경주에 나선 육상선수들의 그것과 닮아있다. 예컨대 근육의 경직, 혈압 상승, 보통의 3배나 빨라진 호흡 등등.)

어떤 일에 아주 능숙하지 않다면, 그냥 손쉽게 몰입을 경험하는 일은 없다. 그러니까 내가 체스를 하면서 그런 몰입을 느끼는 일은 절대 없을 것이다. 그러나 저스터스와 제임스는 시도 때도 없이 그걸 느낀다. 한번은 이야기를 나누면서 스피겔에게 물어봤다. 지도하는 학생들이 체스로 성공하기 위해 너무 많은 것을 희생한다고 느낀 적은 없냐고. 그랬더니 그녀는 마치 내가 정신이 나간 사람인 양 쳐다봤다. "그런 생각에서 빠져 있는 게 뭔지 아세요? 체스를 하는 게 그야말로 **원더풀**하다는 사실입니다. 거기엔 어마어마한 즐거움이 있어요. 가장 행복한 때가 바로 체스를 둘 때고, 내가 가장 나다운 때 혹은 내가 최고라는 느낌이 들 때가 바로 체스를 둘 때거든요. 기회비용이라는 측면에서 체스를 바라보기 쉽겠지만, 저스터스와 제임스한테 체스는 그보다 더 하고 싶은 일이란 하나도 없는 어떤 것입니다."

낙관주의 VS 비관주의

　체스에 숙달되기 위해서는 지능 이상의 무언가가 필요하지 않을까. 심리학자들은 오랫동안 그런 의심을 해왔다. 그리고 100년이 넘는 기간을 두고 도대체 어떤 재주가 중요한 것인지를 알아내기 위해서 땀흘려왔다. 순전히 IQ 때문에 챔피언과 낙오자가 갈리는 게 아니라면, 그럼 무엇이 그런 차이를 만들까? 이 질문을 처음으로 파고들었던 사람이 가장 초기의 지능테스트를 만드는 데 협력했던 프랑스 심리학자 알프레드 비네Alfred Binet였다. 1890년대 체스계와 주변 사람들은 블라인드폴드 체스라는 기이한 현상에 매료당해 있었다. 말 그대로 마스터급의 선수가 '눈을 가린 채' 다수의 상대와 동시에 대국을 하는 방식이었다. 비네는 이 비상한 재주 뒤에 숨은 인지능력을 이해하려고 많은 노력을 기울였다. 그리고 이런 눈가림 체스의 대가들은 아마도 사진을 찍는 수준의 정확한 기억력을 보유하고 있을 거라는 가설을 세웠다. 각 체스판이 어떤 상황인지를 시각적으로 정확히 포착해서 기억에 담아두는 능력을 가졌음에 틀림없다고 생각한 것이다. 하지만 눈가림 체스선수들을 한 명씩 인터뷰한 끝에, 자신의 가설이 완전히 틀렸다는 사실을 즉각 알게 되었다. 그들의 기억력은 특별히 시각적이지 않았던 것이다. 오히려 그들이 기억하는 것은 패턴, 벡터, 평정심 같은 것들, 그러니까 비네 자신의 표현을 빌리자면 '자극과 이미지와 움직임과 열정, 그리고 끊임없이 변하는 의식상태의 파노라마 등이 뒤섞인 세상' 이었다.

그로부터 50년쯤이 지난 1946년, 아드리안 드 그로트Adriaan de Groot 라는 이름의 네덜란드 심리학자가 비네의 연구를 이어받아 일련의 체스 마스터들이 지닌 정신능력을 테스트하기 시작했다. 그리고 그 결과는 체스 기술에 관해 오래 견지되어왔던 또 다른 믿음에 도전장을 던졌다. 그때까지의 정설은 체스 정복을 위해 가장 중요한 요소가 재빠른 계산이라는 것 그리고 한 수를 둘 때마다 고수들은 그 결과를 초보자보다도 훨씬 더 많이 고려할 수 있다는 것이었다. 그러나 그로트는 2500 등급의 전형적인 체스선수들이 고려하는 경우의 수가 2000 등급의 선수들과 다르지 않다는 사실을 발견했다. 최고 등급의 선수들이 누리는 경쟁우위는 어떤 이유에선지 그들이 숙고한 수가 옳았던 것으로 드러난다는 점이다. 그들의 축적된 경험 덕분에 가능한 여러 수 가운데 어떤 것을 심각하게 고려할지 직관적으로 알 수 있는 본능이 생겨서, 전망이 좋지 않은 옵션은 아예 고려의 대상으로조차 삼지 않았던 것이다.

그러나 최고 수준의 선수들이 비주얼한 기억력이 없거나 생길 수 있는 결과를 남들보다 재빨리 분석하는 것도 아니라면, 그들을 초보자와 차이 나게 만드는 것은 도대체 무엇이란 말인가? 이 질문에 대한 대답은 인지능력에 의존하는 것만큼이나 심리적 강점에 의존하는 하나의 특별한 정신적 과제를 수행하는 능력과 밀접한 관련이 있을지 모른다. 그것이 바로 **허위의 입증 혹은 반증**falsification이라고 알려진 과제다.

"본래 과학적 사고의 특성이란 게 그렇기 때문에, 우리는 결코 진정으로 과학이론을 증명할 수가 없다. 어떤 특정 이론의 유효성을 테스트하는 유일한 방법은 그것이 잘못(허위)임을 증명하는 것인데, 이것이 바로 반증이라는 이름의 프로세스다." 20세기 초 오스트리아 철학자인 칼 포퍼Karl Popper 경은 그렇게 썼다. 이런 아이디어가 인지과학 안으로 스며들면서, 아울러 과학 영역뿐만 아니라 일상생활에서조차 인간은 대체로 반증에 상당히 약하다는 관측까지 더해졌다. 크든 작든 어떤 이론을 시험할 때, 개인은 본능적으로 그 이론과 모순되는 증거를 찾으려들지 않고, 오히려 그 이론이 옳다는 것을 증명하는 자료부터 먼저 찾게 되는데, 이런 경향은 **확증편향**確證偏向 confirmation bias이라고 알려져 있다. 바로 이런 경향과 그것을 극복할 수 있는 능력이 체스에서 성공할 수 있는 결정적인 요소라는 것이 밝혀진 것이다.

공교롭게 체스의 열광적인 팬이기도 한 영국의 심리학자 피터 웨이슨Peter C. Wason은 1960년, 인간이 자신의 생각에 대해서 반증보다 확증을 먼저 하려는 자연스러운 경향을 보여주는 기발한 실험을 고안해냈다. 먼저 참여자들에게 3개의 숫자를 주면서 그 숫자들은 실험주체만이 알고 있는 어떤 규칙을 따른다고 알려준다. 그 규칙이 무엇인지를 알아내는 것이 참여자들에게 주어진 과제이며, 이를 수행하는 방법은 실험자에게 다른 여러 조합의 숫자 3개를 제시하면서 그 숫자들이 규칙을 만족시키는지 아닌지를 묻는 것이다.

우선 참여자들에게 제공한 숫자들은 아주 단순했다.

2-4-6

자, 한번 시도해보라. 이 숫자 배열이 있게 만드는 규칙에 대해서 당신이 맨 먼저 본능적으로 추측하는 것은 뭔가? 그리고 그 추측이 옳은지 알아내기 위해 실험자에게 무슨 숫자 3개를 줄 것인가?

당신이 보통 사람들처럼 생각한다면, 처음 본능적으로 추측하는 규칙은 '올라가는 짝수' 또는 '2씩 증가하는 숫자' 같은 것이리라. 따라서 당신은 이런 숫자 조합을 내놓는다.

8-10-12

그러면 실험자는 이렇게 답한다. "맞아요, 그 일련의 숫자들 역시 우리 규칙에 맞네요." 더불어 당신의 확신도 강해진다. 당신은 자신이 총명하다는 걸 확인하기 위해서 한 번 더 테스트를 해보는데, 적절한 주의를 기울여 이런 조합을 제시한다.

20-22-24

"맞았어요!" 실험자가 확인해준다. 다시 한 번 솟구치는 도파민. 그런 다음 당신은 자랑스럽게 추측한다. "규칙은 말이죠, 2씩 늘어나는 짝수입니다!"

하지만 실험자의 답은 놀랍다. "틀렸습니다!"

알고 보니 규칙은 "어떤 수라도 좋으니 증가하는 숫자들"이었다. 그래서 8-10-12도 그 규칙에 들어맞았고, 20-22-24도 마찬가지였다. 혹은 그 조합이 4-23-512였다고 하더라도 규칙에 들어맞을 것이다. 이 게임에서 이길 수 있는 유일한 방법은 당신의 그 친애하는 가설이 **틀렸음**을 증명할 일련의 숫자를 생각해내는 것이다. 하지만 그거야말로 우리 모두가 죽어라고 회피하게끔 만들어져 있는 일이다. 당신은 스스로에게 말할지 모른다. "흥, 나는 절대 그런 트릭에 넘어가지 않을 거야. 좀 더 신중할 거야." 뭐, 그럴 수도 있다. 하지만 당신이 정말 그렇다면, 당신은 소수 집단에 해당할 것이다. 웨이슨의 실험에서는 다섯 명 중 단지 한 명만이 규칙을 정확하게 추측해냈다. 그리고 우리가 이런 종류의 게임에 모두 약한 이유는 확증편향 쪽으로 가는 속성 때문이다. 말하자면 내가 옳다고 믿는 바가 틀렸다고 확인해주는 증거를 찾기보다는, 내가 옳다고 믿는 바가 과연 옳다고 확인해주는 증거를 찾는 편이 훨씬 기분 좋기 때문이다. 뭣 때문에 하필이면 실망을 찾아 나서겠는가?

확증편향은 체스선수들에게 하나의 커다란 골칫거리인 것으로 알려져 있다. 더블린대학교의 미셸 카울리와 루스 번은 웨이슨이 알아낸 것을 기반으로 하여 모두 아일랜드 체스연합 멤버로 구성된 두 그룹의 체스선수들을 인터뷰했다. 그 중 한 그룹은 등급이 1500 전후이면서 경험이 풍부한 초보자들이었고, 다른 그룹은 등급이 2000~2500 수준인 전문가들로 이루어졌다. 두 사람은 그들에게 대국이 진행 중인 체스 상황을 제시하고, 최선의 다음 수를 선택함과 동시에 녹음기에다 자신들의 사고 과정을 기록해달라고 부탁했다. 그들이 어떤 수를 고려하고 있는지, 가능한 각각의 수에 대해서 상대방은 어떻게 반응할 것으로 보는지, 그런 반응에 대해 자신은 또 어떻게 대응할 것인지……. 훌륭한 체스선수라면 누구나 대국에서 선택할 만한 바로 그 생각의 과정을 말이다. 그런 다음 카울리와 번은 '프리츠'라고 부르는 체스분석 프로그램을 이용해서 각 선수들의 분석이 얼마나 정확했는지를 살폈다.

놀랄 일도 아니지만 전문선수들이 신참보다는 자신의 입지를 훨씬 더 정확하게 분석했다. 그런데 놀라운 사실은 그들이 **어떤 식으로** 더 나았는가 하는 점이었다. 한 마디로 요약한다면, 전문선수들은 훨씬 더 비관적이었다. 초보자의 경우 자신의 마음에 꼭 드는 수를 찾기만 하면 확증편향의 희생양이 되는 경향이 뚜렷해서, 있을 수도 있는 함정은 무시한 채 성공으로 나아가는 길만 바라보았다. 이와는 대조적으로 늙은 당나귀 이요르를 닮은 전문선수들은 군데군데 잠복해 있는 끔찍한 결과를 더 잘 보는 것이었다. 그들은 자신이 세운 가설을 반증하는 능력이 있었고, 치명적인 함정을 피할 수도 있었다.

더블린의 이 연구를 스피겔한테 이야기해주자, 그녀는 체스선수가 어떤 수를 두든지 그 결과에 대해 약간 비관적이 되는 것은 좋은 생각이라고 동의했다. 하지만 체스 실력에 관해 전반적으로 말한다면, 그래도 **낙관적인 편**이 더 낫다고 토를 달았다. 그녀의 설명에 의하면 그것은 대중 앞에서의 연설과 비슷하단다. 마이크 앞에 서면서 살짝 자신만만하지 못하면, 난처하다는 얘기다. 체스는 고통스러운 것이라고 스피겔은 말했다. "아무리 실력이 좋아져도, 어리석기 짝이 없는 실수를 저지르는 통에 자기 팔을 잘라버리고 싶은 일은 절대로 사라지지 않거든요." 그러니까 체스 실력이 좋아지는 것의 일부분은 나의 내부에 이길 수 있는 힘이 있다는 자신감을 느끼는 거라고 하겠다.

스피겔과 학생들을 따라 마셜체스클럽을 방문했던 날, 나는 이 이론이 실제로 행동에 옮겨지는 것을 보게 되었다. 유리 랍션은 아침에 제임스 블랙한테 패하기 전에 숀 스윈델이라는 IS 318 학생과 대국을 했다. 8학년에 재학 중인 숀은 단추형 다이아몬드 귀걸이를 하고 몸집이 자그마한 흑인 소년으로, 그의 등급은 당시 1950 정도였다. 숀은 자기보다 등급이 무려 500점 이상 더 높은 선수와 짝을 이루어 대국을 하게 되었음을 알게 되자, 이제 꼼짝없이 죽었다고 느꼈다. 그는 백을 잡게 되어 먼저 수를 둘 수 있는 약간의 혜택을 얻긴 했지만, 그래도 맨 처음 드는 생각은 "내가 백을 잡다니, 이 무슨 낭비인가!"였다고 나중에 실토했다. 그와는 대조적으로 제임스 블랙은 인터내셔널 마스터인 상대를 무찌를 수 있다는 투철한 자신감으로 무장하고 대국에 임했으며, 그런 자신감은 어리석고 무모한 것으로 보일 수도 있었지만 결과적으로 철저히 옳았음이 드러났다.

일요일에 거둔 결실

콜럼버스에서는 각 선수들이 금요일에 두 번, 토요일에 세 번, 그리고 일요일에 마지막으로 두 번, 모두 일곱 번씩 대국을 했다. 일요일 아침 현재 IS 318 팀의 아이들은 대부분 토너먼트가 시작된 이후로 컨벤션 센터 밖을 단 한 번도 구경하지 못했다. 그들은 식당가와 대국이 진행되고 있던 볼룸, 자기 방, 팀 룸 사이만을 다람쥐 쳇바퀴 돌듯이 맴돌았을 뿐이다. 단 한 사람도 맑은 바깥공기를 그리워하는 것 같지 않았다. 채점판에 의하면 IS 318은 8학년 부문에서 느긋하게 선두를 유지하고 있었으며, 9학년 부문에서도 아주 느긋한 편은 아니지만 역시 앞서 있었다. 제임스 블랙은 처음 다섯 경기를 승리로 장식하고 일요일 아침의 여섯 번째 대국에서 무승부를 기록했다. 8학년 팀은 최종 라운드에 돌입하면서 단체 우승을 거의 확신하는 분위기였고, 제임스는 그때까지 종합성적에서 공동 1위에 오른 다섯 명 가운데 하나였다. 최종 대국만 승리하면 그는 개인우승까지 달성할 수 있었는데, 이는 전국단위 중등부 시합에서 어떤 IS 318 학생도 이루지 못했던 업적이었다.

한편 9학년 팀은 일요일 아침 실적이 상당히 저조했다. 우선 저스터스가 다소 충격적인 패배를 기록했고, 팀 내 최고득점자가 될 기회를 보고 있던 다른 네 명의 선수들 중에서 둘은 패배, 한 사람은 무승부, 그리고 단 한 명만이 승리를 거두었다. 최종 라운드에 임하는 그들은 여전히 1위를 달리고 있긴 했지만, 불안한 리드를 지키고 있었다. 이런 상황은 스피겔에게 그 전 해의 쓰라린 기억을 새롭게 해주었다. 그때 9학년 팀은 살얼음 같은 리드를 유지한 채 마지막 일곱 번째 대국에 들어갔으나 심각하게 좌절을 맛보았다. 최상위 선수들 여섯 명이 하나같이 마지막 게임을 놓치면서 IS 318은 1위의 자리에서 3위로 곤두박질치고 말았던 것이다. (당시 스피겔은 블로그에다 이렇게 썼다. "질식할 것만 같은 답답함의 정도는 참으로 믿기 어려웠다.")

결승전은 오후 두 시에 열렸는데, 제임스는 시작 20분 전까지 프릴렐텐스키와 마주앉아 작전을 논의했다. 제임스는 1번 보드에서 경기를 치르게 되었다. 천여 명에 이르는 다른 선수들과 동떨어진 높은 자리, 즉, 볼륨 앞쪽의 높은 무대 위 자리에 앉아 대국을 하게 된 것. 그는 흑을 잡고 워싱턴 D.C. 근교 출신의 브라이언 리라는 8학년생과 맞붙었는데, 어쩐지 상대가 '그랑프리 공격'을 시도할 것 같다는 느낌이 들었다. 그가 프릴렐텐스키와 나눈 대화는 −세 번째 수에서 d5 혹은 e5를 움직여야 할까? 어떤 기물로 d6를 공격하는 게 좋은가?− 기술적인 것이어서, 나는 거의 이해할 수 없었다. 그러나 제임스가 프릴렐텐스키에게 얻고 싶었던 것은 무엇보다 자신감의 보강이라는 사실이 오래지 않아 드러났다. 자신은 올바른 개시 방법을 알고 있으며, 더 중요하게는 전반적으로 대국의 상황을 잘 파악하고 있다는 확신이 필요했던 것이다.

시작 시간 2~3분 전, 두 사람은 볼룸으로 걸어 올라갔다. 검은색 후드 티와 짙은 청바지 차림의 제임스는 잔뜩 긴장한 모습이었다. 그들은 함께 에스컬레이터에 올랐다.

"기억해, 제임스, 침착하고 집중해야 돼. 자신감을 갖고. 알지?"

제임스는 머리 위 후드를 끌어내리고는 천장을 올려다보았다. "아, 긴장되는데……." 나지막하게 말했다.

"긴장된다고?" 프릴렐텐스키가 물었다. 그는 친구 바로 옆에 서서 시합에 임하는 권투선수를 다독이는 트레이너처럼 몸을 숙였다. "이봐, 지금 진짜로 긴장하고 있는 게 누군지 알지, 그치? 너랑 붙게 될 브라이언 리야. 왠지 알아? 왜냐면 말이야, 그 친구 20분쯤 전에 대진표를 가서 보고는 자기가 최종 라운드에서 다름 아닌 제임스 블랙을 상대로 1번 보드에서 한판 붙는다는 사실을 알게 되었거든. 들어보라고, 제임스. 그 친구 이번 대회에서, 아니 평생 동안에, 단 한 번도 이처럼 등골이 오싹한 대진표는 받아본 적이 없을 거야. 알아들어?"

제임스는 슬그머니 미소를 지었다.

제임스와 같은 팀 소속인 아이작 바라예프가 그들보다 몇 걸음 앞서 에스컬레이터를 타고 있었는데, 그 말을 듣고 돌아보았다. "헤이, 제임스, 네가 이번 대국에서 이긴다면, 넌 말이야……."

"아이작, 아이작, 이 친구야." 프릴렐텐스키가 그의 말을 잘랐다.

그는 제임스가 이 단계에서 1등이니, 우승 트로피니, 최종성적이니, 그런 것들을 생각하지 말고 오로지 체스만 머리에 가득 채우기를 바랐던 것이다. 그러고는 제임스를 향해 말했다. "그냥 네가 하고 싶은 대로 하는 거야, 제임스. 천천히 두고 여유를 가져, 자신감 잃지 말고. 이거, 너, 할 수 있는 거다, 오케이?"

결과는 어땠을까? 그렇다, 과연 제임스는 해냈다. 그와 브라이언 리는 3시간 10분에 걸친 혈투를 벌였다. 제임스는 어느 한순간 무승부로 만족해야 되는 것 아닌가 하는 생각까지 했지만, 상대방이 27번째 수에서 자신의 퀸을 희생시키면서 성과 비숍을 가져가는 유별난 교환을 시도했다. 그때 이후로는 자기가 게임을 주도하고 있다는 자신감이 생겼다. 마침내 48번째 수에서 그의 나이트가 대단히 중요한 졸을 잡게 되고, 패배를 피할 길이 없다고 느낀 브라이언이 두 손을 들고 말았다. 한걸음에 대기실로 달려간 제임스는 친구들과 얼싸안고 하이파이브를 나누었다. 그는 개인부문에서 우승을 차지했고, 이로써 8학년 팀도 함께 챔피언이 되었다. (한편 9학년 팀 역시 어렵사리 우승을 거머쥐었다.) 제임스는 핸드폰을 끄집어내어 아버지에게 전화를 걸었다.

스피겔은 제임스의 승리에 한껏 고조되었지만, 이 토너먼트 기간 중 그녀가 가장 벅찬 감동을 느낀 순간은 대니 펑이 대기실로 돌아와 자기도 이겼다고 알려주었을 때였다. 키가 후리후리하고 헐렁한 머리칼에다 말수가 적은 대니는 이로써 일곱 번의 대국 가운데 여섯 번을 승리로 장식한 셈이 되었다. 하지만 스피겔을 감동시킨 것은 그 결과라기보다, 그가 두었던 체스의 내용이었다. 대니가 6학년에 올라와서 체스의 각 기물이 어떻게 움직이는지조차 제대로 모르는 초보자였을 때부터, 그를 주로 가르쳐왔던 사람이 바로 그녀였다. 지금 그가 알고 있는 체스 지식은 문자 그대로 빠짐없이 그녀가 직접 가르친 것이었다.

대니는 체스판에 앉아서 자신의 승리를 되짚어 보여주었다. 싱긋 웃음이 날 수밖에 없는 승리였다. 첫 수에서부터 초보자답게 커다란 실수를 저지른 대니는 즉시 졸을 잃었지만, 느리지만 꾸준하게 반격을 가해 종반전에 접어들면서 결국 ─상대가 성 하나를 지키고 있는 데 비해 성과 졸 하나를 들고서─ 사소하지만 리드를 잡게 되었다. 그 정도로는 이기기가 몹시 어려워, 무승부로 끝나기가 십상인 상황이었다. 그러나 대니는 한 수씩 천천히 졸을 앞으로 진격시키면서 상대의 뒤로 돌아 그런 상황을 타개했다. 교사나 코치와 함께 지나간 대국을 평가하고 분석할 때, 대니는 보통 얌전하게 기물을 움직이곤 했지만, 이날만큼은 마치 손이나 제임스가 그러듯이 기물을 쾅쾅 내려놓음으로써 스스로 자랑스러움을 과시했다. 그것은 바로 자신이 가르쳤던 종반전의 모습이었다. 대니가 마지막 몇 수를 완벽하게 실행하는 모습을 지켜보면서 스피겔은 자신도 모르게 눈물을 흘리기 시작했다.

지켜보던 학생들은 믿을 수가 없었다. 나중에 호텔 엘리베이터 안에서 워런 장이 프릴렐텐스키에게 물었다. "스피겔 선생님이 정말로 대니의 시합 때문에 울고 있었던 거야?"

"그럼, 당연하지." 프릴렐텐스키가 대꾸했다. "너무나 아름다운 게임이었잖아."

테스트

한 달 후 IS 318은 그보다 더 탁월한 업적을 거의 수립할 뻔했다. 제임스, 저스터스, 아이작 그리고 대니까지 모두 아직 중학생이었지만 전국 고등학교 대항전에서 우승의 문턱에까지 다다랐다. 그들은 뉴욕의 브롱크스와 스타이비선트, 시카고의 휘트니 영, (빌 게이츠의 모교인) 시애틀의 레이크사이드 등, 국내의 몇몇 쟁쟁한 학교들을 물리쳤지만, 마지막 라운드에서 헌터 칼리지 고등학교 팀에 승리를 내주고 말았다.

콜럼버스에서 눈부신 승리를 거두었던 제임스 블랙은 중학교 부문 토너먼트에서 등급이 2149에서 2160으로 불과 11점 개선되는 데 그쳐서, 마스터 자리에 오르기까지는 아직 40점이 모자랐다. 봄이 가기 전까지 그의 등급은 오르락내리락을 반복하며 2200까지 다가갔다가 떨어지곤 했다. 그러다가 7월 17일 제임스는 마셜에서 커네티컷 출신의 마이클 피너런에 승리를 거두면서 마침내 2205 등급을 기록했다. 이제 그는 내셔널 마스터였다. 그리고 9월 초 그는 벳퍼드-스타이비선트 구역 중심에 있는 풀턴공원의 녹음수 아래서 이를 축하하는 파티를 열었다. 사람들은 접의자에 앉았고, 제임스는 축하 케이크를 받았다. 맨 꼭대기에는 자신과 체스판의 사진이 들어가고 하얀 설탕을 두른 과자가 꼽혀 있었다. 미국에서 최초이자 그때까지만 해도 유일한 흑인 그랜드 마스터였던 모리스 애슐리도 자리를 함께했었는데, 그는 제임스, 저스터스, 뉴욕 출신인 12세의 조슈어 콜러스 등을 새로이 설립된 영 블랙 마스터즈 클럽에 가입시켰다. 저스터스가 15세 이하로는 국내 최초로 흑인 마스터가 되었던 게 겨우 1년 전이었는데, 이제 13세 이하로도 세 명이나 되었다. 그건 그들 가족뿐만 아니라 흑인 체스 선수들, 그리고 전국의 팬들까지 자긍심을 가질 일이었다.

스피겔 선생이 나와서 한마디 했다. 제임스의 업적에도 물론 자긍심을 느끼지만, 그가 보여주었던 단호한 모습은 더욱 자랑스럽다고 했다. 그 전해에 제임스가 2200 언저리까지 갔다가 매번 다시 등급이 떨어지곤 했다는 이야기도 했다. 그녀는 손님들에게 물었다. "여러분, 상상이 갑니까, 그게 얼마나 절망적이었을지 말입니다? 게다가 모든 사람이 지켜보면서 어땠냐고 묻고, 빨리 성과가 나오기를 기대하고 있었잖아요? 좌절감만 해도 견디기 어려웠을 텐데."

스피겔은 계속 말을 이었다. "제임스는 1년 넘게 공부하면서 전략도 풀고, 실전도 치르고, 게임 분석도 하고, 자기 자신의 실수나 오해도 맞닥뜨리면서, 절대로 포기하지 않았습니다. 지난해엔 65차례나 토너먼트에 참가했고, 등급이 걸린 대국만도 301회였습니다. 시합에 나서면 밤 11시까지 경기를 치르고, 아침엔 일찍 일어나 학교 가기 전에 30분씩 작전 점검을 하지요. 아무튼 제임스는 너무나 오랫동안, 너무나 열심히, 너무나 참을성 있게, 노력해왔습니다. 바로 이 점 때문에 저는 제임스를 존경하는 것입니다."

중등부 토너먼트가 끝난 직후인 봄에 스피겔은 자진해서 새로운 미션을 떠맡았다. 오는 10월이면 뉴욕 시내 8학년 학생 수천 명이 특성화고등학교 입시로 알려진 시험을 치르게 되어 있었다. 여기서 성적이 좋은 학생들은 스타이비선트, 브루클린 기술고, 브롱크스 과학고 등의 권위 있는 몇몇 고등학교에 들어가게 되어 있었는데, 스피겔은 바로 이 시험에 대비하여 제임스를 훈련시키는 일을 자원하겠다고 마음먹었다. 존 갤빈 교감은 스피겔에게 불가능한 미션을 왜 스스로 걸머지느냐고 말렸다. 전국적인 표준시험에서도 줄곧 평균 이하의 성적을 낸 학생이 어떻게 특성화고교 입시에 합격하겠느냐는 것이었다. 그러나 제임스가 체스 지식을 놀랍도록 재빨리 흡수하는 것을 목격했던 스피겔은 자신의 지도 능력을 확신했다. 그녀가 4월에 나한테 보내온 이메일에는 이렇게 적혀 있었다. "이 친구가 제대로 몰입하고 필요한 공부만 해준다면, 머리가 있는 아이니까 여섯 달 정도면 뭐든지 가르칠 수 있다고 생각합니다. 안 그래요?"

하지만 7월 중순에 그녀는 자신이 의기소침해지기 시작했다는 이야기를 했다. 입시를 위해서 제임스와 눈물겨운 노력을 기울이고 있고 아이도 전념하고 있긴 하지만, 그가 모르는 것이 얼마나 많은지 기가 막힌다는 것이었다. 지도를 펴놓으면 아프리카나 아시아가 어딘지를 가리키지도 못하고, 유럽에 어떤 나라가 있느냐고 물으면 단 한 국가의 이름도 답하지 못했다. 독서와 이해 훈련을 할 때면, '유아'라든가 '공동체' 혹은 '혜택' 같은 말조차 알아듣지 못했다. 9월에 접어들면서 두 사람은 방과 후나 주말에도 한 자리에서 몇 시간씩 공부를 했건만, 스피겔은 절망하기 시작했다. 그래도 스스로는 사기가 뚝뚝 떨어지고 있었지만, 제임스의 사기는 북돋워주려고 안간힘을 썼다. 자기는 유추라든지 삼각함수 같은 걸 도대체 잘할 수가 없다면서 제임스가 풀이 죽어 있으면, 스피겔은 그래도 체스나 다름없다고 쾌활하게 대답해주곤 했다. "생각해봐, 넌 두어 해 전만 해도 체스에 전혀 능숙하지 않았어, 하지만 특별한 훈련을 받고 열심히 노력한 결과 체스를 정복했잖아, 그지? 이 시험을 위해서도 너에게 특별 트레이닝을 할 테니까 곧 좋아질 거야." 나중에 그는 나에게 말했다. "그랬더니 이 친구 기분이 좋아지는 거예요. '오케이, 문제없어요.' 그러면서. 하지만 아이한테는 그게 얼마나 어려운 노릇인지 진짜로 말해주지는 않죠."

제임스는 나에게 (그리고 추측건대 스피겔에게도) 의욕을 돋우는 하나의 퍼즐을 의미했다. 예리한 지성에 열광하고 있는 한 젊은이가 있었다. (지성이라는 단어를 어떻게 정의하든 그거야 상관없지만, 아무튼 그걸 풍족하게 지니고 있지 않다면 어떻게 우크라이나의 그랜드 마스터를 물리칠 수 있겠는가?) 그리고 이 젊은이는 '그릿', 즉, 뚝심에 대한 하나의 케이스 스터디인 것 같았다. 열정적으로 느끼고 있는 뚜렷한 목표가 있고, 그 목표를 향해서 지칠 줄도 모른 채 효과적으로 노력하고 있었기 때문이다. (나는 어떤 일에 대해서건 이 친구보다 더 열심히 노력하는 열두 살짜리는 본 적이 없다.) 그럼에도 제임스는 －학업의 성공을 예측하는 전형적인 방법을 따른다면－ 평균에도 못 미쳤고, 잘해봐야 그저 고만고만한 미래를 만날 운명이었다. 하지만 이런 제임스의 가망성을 머쉬나 로즐런드의 다른 젊은이들이 보였던 전망과 비교한다면, 그의 삶은 기막힌 성공 스토리처럼 보인다. 다른 한편으로 제임스의 경우에서 그다지 고무적이지 못한 이야기, 꽃피지 못하고 만 잠재력의 이야기를 읽는 것도 가능하다. 그해 가을, 스피겔과 내가 제임스와의 노력에 관해 이야기를 나누었을 때, 그녀는 제임스가 체스를 제외하고는 그 나이가 되도록 얼마나 아는 게 없는지에 대해 간간이 충격을 받은 모습이었다. 그녀는 이렇게 말했다. "그 아이를 대신해서 내가 분노를 느끼죠. 아주 간단한 분수 정도만 알고 있을 뿐, 기하도 전혀 모르고 등식을 쓴다는 개념조차 갖고 있지 않아요. 기껏 2학년이나 3학년 수준에 머무르고 있다고 할까요. 훨씬 더 많은 것을 배웠어야 하는 건데 말이죠."

특성화학교의 입시는 애당초 벼락치기 공부로 되게끔 고안되어 있질 않다. 이 시험은 SAT처럼 학생이 여러 해에 걸쳐서 축적한 지식과 기술을 반영하게 되어 있고, 그 대부분은 어릴 때부터 가족이나 주위의 문화에 의해 눈에 보이지 않게 흡수된다. 하지만 제임스가 만약 7학년이 아니라 3학년 때부터 특성화학교 입시를 위해서 공부해왔더라면 어땠을까? 체스에서처럼 수학공부나 독서나 일반 지식에 대해서도 똑같은 에너지를 쏟아 붓고 똑같은 도움을 받았더라면? 그리고 만약 그가 모든 과목을 스피겔이나 프릴렐텐스키처럼 창의적이면서도 헌신적인 교사들과 함께 배웠더라면? 그랬더라면 제임스는 체스에서 전국 중등부 대회를 석권했던 것처럼 특성화학교 입시에서도 막강한 실력을 뽐냈을 것이다. 나는 그렇게 믿어 의심치 않는다.

물론 제임스의 이야기를 과거형으로 주절댄다는 것은 그다지 의미가 없으리라. 그는 아직 열두 살밖에 되지 않았다. 그는 끝내 스타이비선트 같은 학교에 들어가지 못했지만, 앞으로 몇 해의 고등학교 생활이 그의 앞에 놓여 있다. 그리고 그 몇 해 동안 그는 스타이비선트 체스 팀의 모든 선수를 무찌를 것임에 틀림없다. 스피겔의 희망처럼 여섯 달 만에 그를 엘리트 학생으로 둔갑시키는 것은 불가능했을지 모른다. 그러나 4년이란 시간이 주어진다면? 제임스처럼 비범한 재능을 지닌 학생에게는 어떤 일이든 가능해보인다. 학교에서 성공하는 것을 마치 체스판에서 승리하는 것만큼이나 매력적으로 보이게 만드는 교사만 옆에 있어준다면 말이다.

"너희들은 예전 그 어느 때보다 훨씬 더 높은 수준에서
성장하고, 개선하고, 성취할 수 있다. 그러나 그러기 위해서는
엄청난 노력과 엄청난 인내와 엄청난 성격강점이 필요할 것이다."

Search
04

아이는 어떻게 성공하는가

대학교육: 난처한 수수께끼

20세기의 대부분에 걸쳐 미국은 고등교육 시스템의 질에 있어서 단연 독보적인 나라였다. 젊은이들 가운데 그 시스템을 성공적으로 통과한 비율에 있어서도 역시 발군拔群이었다. 가깝게는 1990년대 중반까지만 해도 미국의 대학졸업비율은 세계에서 가장 높았고, 선진국 평균치와 비교해서 2배 이상이었다. 그러나 지구촌 교육의 주도층은 이제 재빠르게 변하고 있다. 선진국과 개발도상국에 속하는 많은 국가들이 일찍이 볼 수 없었던 대학졸업의 붐을 경험하고 있다. 바로 지난 10여 년 사이에 미국은 25~34세 국민 가운데 4년제 대학을 졸업한 사람의 비율로 따져볼 때 1등에서부터 12등으로 추락했다. 영국, 호주, 폴란드, 노르웨이, 한국 등을 포함한 다양한 면면의 경쟁국들이 벌써 미국을 제친 것이다.

그렇다고 미국 내 대학교육 성취의 비율 자체가 하락했던 것은 아니다. 다른 나라들의 비율이 일취월장日就月將했던 반면, 미국의 경우는 그 증가가 상당히 둔화되었을 뿐이다. 1976년의 경우 20대 후반의 미국인 가운데 24퍼센트가 4년제 대학의 학위를 획득했다. 30년이 지난 2006년의 경우는 어땠을까? 미미한 증가를 보인 28퍼센트에 그쳤다. 그러나 누가 봐도 정체停滯를 의미하는 그 숫자의 배후에는 갈수록 심해지는 계층 간 격차라는 문제가 숨어있다. 1990년과 2000년 사이에 적어도 부모 중 한 사람이 대학졸업자인 부유층 학생들의 학사 학위 획득 비율은 61퍼센트에서 68퍼센트로 증가했던 반면, 부모가 대학을 다녀보지 못한 최하위 4분의 1의 저소득층 출신 학생들 경우는 그 비율이 실제로 11.1퍼센트에서 9.5퍼센트로 **하락했다는** 것이 어느 분석 자료에서 드러났다. 불평등이 점차 심화되고 있는 우리 시대에 어쩌면 그런 추세는 놀라운 일도 아닐 것이다. 그것은 미국에서 여러 계층이 어떻게 갈라지는지를 가리키는 또 하나의 지표였다. 하지만 지난 세기의 대부분은 상황이 전혀 달랐다는 사실을 기억해두는 것이 좋을 것이다.

하버드대학교 경제학교수인 클로디어 골딘Claudia Goldin과 로런스 카츠Lawrence Katz가 두루 영향을 미쳤던 그들의 2008년 저서 **〈교육과 기술의 달리기 시합〉**에서 정리했듯이, 19세기 미국 고등교육의 역사는 기본적으로 민주화의 역사에 다름 아니었다. 1900년에 출생한 미국 남성의 불과 5퍼센트만이 대학을 졸업했는데, 그 5퍼센트는 부유한 백인에다 연줄도 좋아서 어느 모로 보나 엘리트였다. 그러나 1925~1945년 사이 대학을 졸업한 미국 남성의 비율은 5퍼센트에서 10퍼센트로 곱절로 늘어났으며, 그 후 1945~1965년 사이에 또 다시 두 배로 늘어났는데, 여기엔 전쟁에서 돌아온 수백만 명의 미군들이 대학 과정을 거칠 수 있도록 도왔던 소위 '제대군인원호법GI Bill'의 영향이 적지 않았다. (여성의 경우 대학 졸업 비율의 증가는 1960년대 초까지 상당히 저조했다가, 그 후에는 남자의 증가율을 훨씬 웃돌았다.) 그 결과 미국의 대학 캠퍼스에는 엘리트 성향이 줄어들면서 다양성이 높아졌다. 공장 노동자의 자녀들이 공장 소유주의 아이들과 강의실이며 실험실에서 어깨를 나란히 하고 앉게 된 것이다. 이 기간 중 "교육에 있어서의 상향이동성上向移動性은 미국 사회의 한 특징이었다. 각 세대의 미국인들은 그 전 세대를 훨씬 뛰어넘는 교육 수준을 달성했다." 골딘과 카츠는 그렇게 쓰고 있다. 하지만 이제 그런 약진은 중단되었거나 적어도 정체 상태이며, 20세기의 대부분 동안 사회적 이동과 평등의 확대를 위한 도구였던 미국의 고등교육 시스템은 더 이상 그런 역할을 수행할 수 없다.

최근까지만 해도 미국의 고등교육이 지닌 문제에 관여했던 교육 정책자들은 대체로 대학교 입학에 초점을 맞추었다. 즉, 어떻게 하면 고등학교를 졸업하는 젊은이들을 (특히 사회적으로 혜택 받지 못하는 젊은이들을) 좀 더 많이 대학에 입학시킬 수 있을까를 고민했다. 그러나 지난 몇 년에 걸쳐 명백하게 드러난 것은 미국이 지닌 문제가 **대학교 입학**의 제약이나 불평등에 있는 게 아니라 **대학교 졸업**의 제약이나 불평등에 있다는 사실이었다. 경제협력개발기구OECD의 34개 회원국 가운데 미국은 대학입학비율에 있어서 여전히 남부럽지 않은 8위에 자리 잡고 있다. 그러나 신입생 가운데 끝까지 학업을 마치고 졸업하는 학생의 백분율인 대학졸업비율로 보면 미국은 최하위 이탈리아에 이어 꼴

찌에서 두 번째에 놓여있다. 미국이 세계에서 가장 많은 대학졸업자를 배출했던 것이 그리 오랜 옛날이야기가 아니건만, 지금은 세계 최고의 대학중퇴자를 양산하고 있는 것이다.

이런 현상을 생각할 때 가장 알 수 없는 수수께끼는 미국 대학교육의 가치가 그야말로 폭등하고 있던 바로 그 동일한 시기에 이런 현상이 벌어졌다는 점이다. 현재 학사학위를 가진 미국인은 고등학교 졸업장만 갖고 있는 미국인보다도 83퍼센트 더 많은 수입을 올릴 수 있다. 이 같은 대학졸업자들의 (경제학자들의 표현을 따라) '급여 프리미엄'은 선진국들 가운데 최고 수준이다. 그리고 대학졸업자들이 고등학교졸업자들보다 40퍼센트 정도만 더 벌 수 있었던 1980년 이래로 날카롭게 증가했다. 골딘과 카츠가 표현했듯이, 대학을 졸업할 수 있으면서도 그렇게 하지 않는 오늘날의 미국인은 "상당히 많은 금액의 돈을 길에다 그냥 버리고 있는" 거나 다름없다.

어쨌거나 우리에겐 하나의 골치 아픈 수수께끼가 주어졌다. 대학교 학위는 그토록 가치가 높아지고 있으며, 전 세계 다른 나라들의 젊은이들은 그토록 두드러진 숫자로 대학을 졸업하기 시작한 바로 이때에, 어째서 그렇게 많은 미국 학생들은 대학을 중도에 포기하고 있는 걸까?

결승선

앞의 질문에 대해 지금까지 나온 가장 훌륭한 대답은 2009년에 출간된 《결승선을 넘다: 미국 공립대학교 졸업하기Crossing the Finish Line》라는 책에 나온다. 1972년부터 1988년까지 프린스턴대학교 총장을 역임한 윌리엄 보원William Bowen과 거의 10년 동안 미네소타주 매캘리스터대학교 총장이었던 마이클 맥퍼슨Michael S. McPherson, 모두 경제학자요 전직 대학총장인 두 사람이 저술에 참여했던 책이다. 교육계에서 그들이 누리고 있는 위상 때문에, 보원과 맥퍼슨은 －제3의 공저자인 연구원 매튜 칭거스Matthew Chingos와 함께－ 68개 공립대학교뿐 아니라 칼리지 보드와 ACT 같은 평가기관을 설득해서 약 20만 명의 학생들에 대한 상세 자료를 얻을 수 있었다. 그리고 그 자료 안에서 어떤 학생들이 성공적으로 대학 과정을 마치며 어떤 학생들이 중도 탈락하는지 그리고 그 이유가 무엇인지 등에 관해 놀라운 사실들을 발견하게 되었다. 대학을 중퇴하는 현상을 두고, 일부 지역에서는 학생들이 (특히 저소득층 가정의 학생들이) 과도한 혹은 비현실적인 야망을 갖는 문제로 그것을 설명해 왔다. 보수 진영의 저자인 찰스 머리Charles Murray는 2008년 작 《진짜 교육Real Education》에서, 대학교육을 받는 미국의 젊은이들이 너무 적은 게 아니라 너무 많다는 점이 미국 고등교육의 진짜 위기라고 주장했다. '낭만주의적 교육' 쪽으로 기울기 십상인 미국 사람들의 성향 때문에 대학에 갈 정도로 머리가 좋지 않은 학생들까지 마구잡이로 대학에 밀어 넣는다고 그는 적었다. 고등학교의 진로상담 교사와 대학입학사정관들은 "희망사항일 뿐인 꿈, 완곡어법, 좋은 의도에서 나온 평등주의 따위의 안개" 속에 휩싸여, IQ도 낮고 가정형편도 나쁜 학생들까지 지적으로 너무 많은 부담을 주는 대학교에 진학하도록 독려한다. 자신이 주어진 학업에 필요한 지능을 보유하고 있지 않다는 사실을 알아차리게 되면, 그런 학생들은 중도에 탈락하는 것이다. 《벨 커브The Bell Curve》의 공동저자이기도 한 머리는 아마도 미국에서 가장 잘 알려진 인지적 결정론자일 터인데, 《진짜 교육》에 담겨 있는 그의 논지는 인지가설의 순수한 표현이다. 쉽게 말하자면 성공을 좌우하는 것은 IQ로서 그것은 인생의 초반부에 확정되며, 교육이란 기술을 제공해주는 것이라기보다 사람들을 잘 분류해서 가장 높은 IQ 보유자들에게 그들의 잠재력을 십분 발휘할 수 있는 기회를 주는 것이라는 요지다.

그러나 자료를 자세히 들여다본 세 사람은 저소득층 학생들이 학교를 선택할 때 대체로 자신의 능력을 넘어서는 대상을 고르지 않는다는 사실을 알게 되었다. 실제로 그들 중 많은 학생들은 자신의 GPA나

표준시험 점수로 당당히 들어갈 수 있는 수준 이하의 학교를 다니고 있었다. 저자들이 '언더매칭undermatching'이라는 이름을 붙여준 이 현상은 부유한 가정의 학생들에게서는 볼 수 없었다. 그러니까 그것은 거의 전적으로 불우한 환경의 10대들에게만 해당되는 문제였던 것이다. 저자들이 가장 완전한 자료를 수집할 수 있었던 노스캐롤라이나의 경우, 최상위 공립대학교 입학에 필요한 GPA 및 시험점수를 획득한 고소득층 학생 4명 가운데 3명은 그런 최상위 공립대학을 다니고 있었다. 그들에게는 시스템이 제대로 먹혔다는 얘기다. 그러나 그와 똑같이 높은 학력 자격이 있으면서도 부모가 대학을 나오지 못한 아이들 중에는 단지 3분의 1만이 최상위 공립대학 진학을 택했다. 게다가 자신의 능력에 비해 들어가기가 수월한 대학을 선택한다고 해서, 그게 그들의 무난한 졸업을 보장하는 것도 아니었다. 아니, 오히려 그 반대였다. 저자들이 알아낸 바로는 '언더매칭'은 거의 모두 커다란 실수로 판명되었다.

'언더매칭'은 물론 중요하지만, 그에 관한 정보보다도 더 놀라운 (혹은 의미심장한) 사실을 《결승선을 넘다》에서 찾아볼 수 있다. 즉, 저자들은 대학입시의 표준인 SAT 혹은 ACT 점수가 어느 학생이 대학 과정을 성공적으로 마칠 것인지를 가장 정확하게 예측하는 지표는 아니라는 사실도 밝혀낸 것이다. 실제로 몇몇 최상위 공립대학교를 제외한다면, ACT 점수만 봐서는 그 학생이 제대로 졸업할 것인지의 여부를 거의 알아볼 수 없다는 것이 드러났다. 대학 졸업 가능성을 훨씬 더 정확하게 예측해주는 것은 고등학교 GPA였다.

이런 연구결과는 대학 입학사정 과정에 관련된 사람들에게 충격으로 받아들여졌다. 그것은 20세기 말 미국의 실력주의-능력주의의 근간이 되는 교리 가운데 하나를 본질적으로 거부하는 것이기 때문이었다. 표준화된 대학 입학시험의 역사를 기술한 니컬러스 레먼Nicholas Lemann의 〈빅 테스트〉를 보면, 미국의 수능시험인 SAT는 2차 세계대전 직후 고등학교 성적의 예측 능력에 대해 점점 더 많은 사람들이 회의적으로 변했기 때문에 만들어졌다는 설명이 나온다. 예를 들어 캘리포니아의 어느 교외에 있는 고등학교에서 3.5점을 받은 학생과, 펜실베이니아 산골 마을이라든지 뉴욕 한복판에 있는 고등학교에서 3.5점 받은 학생을 대학입학사정관들이 어떻게 비교해야 되겠는가? SAT는 바로 그런 문제를 시정하기 위해서 고안된 것이며, 어느 학생이 대학에 들어가서 잠재력을 꽃피울 수 있는 능력을 가장 정밀하고 이론의 여지가 없도록 걸러줄 객관적인 도구로서 고안된 것이다. 그러나 보원, 칭거스, 맥퍼슨 등이 조사한 여러 대학교의 경우, 학생들이 고등학교에서 받았던 점수야말로 성공적인 대학 졸업을 예측하는 탁월한 지표라는 게 밝혀졌다. 그들이 다녔던 고등학교가 어디였든 전혀 상관이 없었다. 물론 똑같이 3.5점을 받았더라도 어떤 고등학교에서 공부를 했는가에 따라서 약간의 차이가 있는 것은 사실이다. 하지만 그 차이란 것은 놀라우리만치 근소했다. 세 저자의 표현을 빌리자면, "그다지 실력이 높지 않은 고등학교라 하더라도 거기서 받은 평점이 아주 좋은 학생들은 어떤 대학에 들어가든 대다수가 훌륭하게 졸업했다."

자제력과 뚝심의 권위자인 펜실베이니아대학교의 앤절러 덕워스

역시 중학교 및 고등학교 학생들의 GPA 및 표준시험 점수를 분석했는데, 여기서 그녀는 순전히 IQ를 보면 표준시험 점수를, 자제력 테스트 결과를 보면 GPA를 예측할 수 있다는 사실을 발견했다. 덕워스가 알아낸 사실에다 <결승선을 넘다>의 저자들이 발견한 것을 더해보면, 자, 우리는 놀라운 결론에 이르게 된다. 어떤 학생이 쓸 만한 미국 대학교를 제대로 졸업할 수 있느냐의 여부는, 그가 얼마나 똑똑하고 영리한가와는 그다지 깊은 관계가 없다는 결론이다. 오히려 그것은 중학교와 고등학교의 GPA에서 높은 점수를 받게 했던 바로 그 성격강점들과 연관되어 있기 때문이다. 보원, 칭거스 그리고 맥퍼슨은 이렇게 적고 있다. "우리가 보기에는 고등학교 성적이 학업내용을 마스터하는 것보다 훨씬 더 많은 것을 말해준다. 고등학교 성적이야말로 -훌륭한 공부습관 및 시간관리 기술과 함께- 동기와 인내의 질을 보여주고, 어느 학생이 대학 과정을 무난하게 끝낼 가능성에 관해 아주 많은 것을 이야기해주는 것이다."

물론 어떤 학생이 일단 사춘기를 맞게 되면, 그러한 기술이나 습관은 더 이상 가르칠 수 없을지도 모르겠다. 그 시점이 되면 그런 기술과 습관을 이미 갖고 있거나 그렇지 못하거나 둘 중의 하나이고, 만약 그걸 갖고 있다면 대학을 무난히 졸업할 가능성이 높고 갖고 있지 않다면 그렇지 못할 것이다. 그러나 자기가 가르치는 중학교 체스선수들의 사고력을 다시 구축했던 일리저베스 스피겔의 능력을 곰곰 생각해보자. 라니타 리드가 어떻게 키서 존즈를 도와서 그녀의 인생관 자체를 바꾸었는지를 -근본적으로 그녀를 도와 성격 자체를 새로이 구축했던가를- 찬찬히 생각해보자. 이 두 경우, 선생님이나 멘토는 제임스 헥먼이 비인지기술이라 불렀을 테고 데이빗 레빈은 성격강점이라 불렀을 법한 것을 이용해서, 학생으로 하여금 빠르고도 예기치 못했던 변환을 이룩하도록 도와주었다. 만약 다수의 10대들을 상대로 똑같은 일을 할 수 있다면 어떻게 될까? 그러니까 그들이 체스의 고수가 되도록 도와준다든지, 그들을 설득해서 학교에서의 싸움질을 그만두게 하는 정도가 아니라, 그들을 도와 대학을 성공적으로 마치는 데 꼭 필요한 바로 그 정신적인 기술과 성격강점을 발달시키도록 한다면 어떻게 될까?

Keyword 03

서른 가운데 단 한 명

'원골OneGoal'의 CEO인 제프 넬슨Jeff Nelson. 그를 처음 만나보면 무슨 혁명가 분위기는 아니다. 동안童顔에다 말쑥한 용모 그리고 중서부 특유의 예절까지 갖춘 그는 이마에 금발이 한 다발 삐져나와 약간은 만화책의 주인공처럼 보인다. 그는 단추로 꽉꽉 채운 셔츠를 입고 단추로 꽉꽉 채운 스케줄을 따라 움직인다. 한번은 내가 전화로 그와 이야기를 나누게 되어 있었는데 이 사람, 우리 전화 인터뷰의 어젠더를 하나하나 꼼꼼히 챙겨 미리 나한테 이메일로 보내왔다. 거기엔 세 가지의 '목적'이 담겨 있었고 '마무리'에 10분을 할애하는 내용이 포함되어 있었다. 그는 파워포인트 프레젠테이션, 경영 컨설턴트, 전략기획, 벤티 사이즈의 카페라테 등등, 근대교육 개혁의 전형적인 도구들이 주위에 빠짐없이 널려 있어야만 가장 편안한 것 같다. 하지만 교육 개혁에 관한 그의 비전은 심오하면서도 특이하며, 철두철미 인지가설을 향한 도전이다.

넬슨은 시카고 북부, 안락한 백인들의 교외 주거지역 가운데 하나인 윌메트라는 부유한 베드 타운에서 자랐다. 존 휴즈 감독이 「나 홀로 집에」라든가 「조찬 클럽」 같은 영화의 배경으로 택했던 곳이다. 윌메트는 대체로 민주당이 득세한 곳이며, 진보적인 명분과 사회정의라는 개념을 위한 안식처다. 비록 그러한 개념들이 국제사면위원회나 사랑의 집 짓기 운동 또는 다르푸르 난민지원운동 등의 기부를 통하여 추상적이고 좀 거리를 둔 채 표현되기는 하지만 말이다. 그렇지만 넬슨은 어려서부터 그가 사는 곳에 좀 더 밀착된 이슈, 즉, 그가 사는 데서 남쪽으로 24킬로미터 떨어진 대도시의 아이들은 어떤 어려움에 맞닥뜨리는가 하는 이슈에 더 마음이 끌렸다. 넬슨은 8학년 때 앨릭스 코틀로위츠의 **〈여긴 아이들 없어요** There Are No Children Here**〉**라는 책을 읽었다. 시카고 웨스트사이드의 음침하고 위험한 고층주택단지 헨리 호너 홈즈에 사는 두 흑인 소년들이 겪는 참혹한 이야기가 담긴 책이었다. 넬슨은 나한테 이렇게 말했다. "그 책은 세상을 바라보는 내 눈을 어느 정도 짓밟았지요. 전광석화처럼 내 안의 무언가에 불을 질렀답니다."

넬슨은 이어서 무성한 캠퍼스와 호화로운 시설로 인해 시카고 지역의 전설적인 존재가 된 뉴 트리어 타운십 고등학교에 진학했다. 그 시설들은 모두 윌메트와 그 주변 마을의 고대광실 같은 주택에 매겨진 재산세로 운영된다. 캠페인성 보도를 주로 쓰는 언론인 조너선 코졸 Jonathan Kozol은 1991년에 출간된 저서 **〈야만적인 불평등** Savage Inequalities**〉**에서 뉴 트리어를 특권적인 교외 고등학교의 전형典型으로 지목하면서, 학교에 있는 댄스 스튜디오와 펜싱 연습장 그리고 라틴어 수업 등을 일일이 열거하고, 이 학교 학생들이 누리는 "과분한 기회"를 사우스 사이드에 있는 뒤 사블 고등학교 학생들이 겪는 "기회 거부"와 대조시키기도 했다. 코졸은 사우스 사이드에 있는 뒤 사블이 만약 백인 중산층들을 위한 학교였다면, 사람들에게 도외시되었거나 아마도 문을 닫았을 것이라고 적었다. 넬슨은 미시건대학교 1학년 사회학 시간에 코졸의 책을 읽었는데, 이로 인해 그가 느낀 절박한 감정은 한층 더 강렬해졌고, 코졸이 묘사하고 있는 패턴을 뒤집을 길을 찾아야겠다는 결심, 즉, 뉴 트리어 학생들이 누리는 기회의 절반만이라도 뒤 사블 같은 학교의 학생들에게 부여하자는 생각은 한층 더 굳어졌다.

넬슨은 졸업 후 비영리 교육봉사단체인 '미국을 위한 교육'에 들어가 오키프라는 초등학교에서 6학년생들을 가르쳤다. 같은 사우스 사이드 지역이지만 뒤 사블에서 1.6킬로미터 떨어진 오키프는 극도의 빈곤 환경에서 생존을 위해 몸부림치는 공립학교였다. 그는 현장교육에 타고난 재능이 있어서, 해마다 평균적으로 학생들의 독서 및 수학 능력이 2년 치의 진척을 보일 정도로 만들어주었고, 시작한 지 2년째 되는 해에 이미 시카고 지역 내 TfA 선생님들 중에서 최고 교사로 인정받았다. 그는 또 학교 풋볼 팀의 코치였고 학생위원회의 발족을 도왔으며, 자신이 가르치는 학생들의 가정을 방문하고 부모들과 사귀는 등 많은 학생들과 친밀한 관계를 형성했다.

오키프에 부임한 첫날부터 넬슨은 대학교에 관해서 학생들과 끊임없이 대화를 나누었다. 그곳 학생들은 모두 저소득 가정 출신의 흑인 아동이었으며, 대학을 나온 부모 밑에서 자라는 아이는 거의 없었다. 하지만 넬슨은 학생들에게 그런 건 전혀 상관없다는 점을 강조하면서, 열심히 노력하기만 하면 대학에 들어가서 제대로 졸업할 수가 있으며 그렇게 될 것이라고 북돋워주었다. 그러다가 2006년 4월 어느 날 아침, 넬슨은 우연히 **시카고 트리뷴**의 1면 머리기사를 읽게 된다. 시카고 학교조사컨소시엄이란 기구의 보고서를 기반으로 한 이 기사는 넬슨이 자기 학생들에게 말해왔던 내용에 심각한 이의를 제기했다. 이 컨소시엄에 의하면, 시카고 공립학교 시스템에 속한 고등학교 졸업생 100명 가운데 단 8명만이 4년제 대학의 학위를 획득한다는 것이었다. 특히 흑인 남학생들의 경우 전망은 한층 더 나빠서, 시카고 내 고등학교의 1학년 흑인 남학생들 30명 가운데 25세 이전에 4년제 대학을 졸업할 확률은 1명도 되지 않는다고 했다. 이런 통계수치들은 넬슨을 극도로 불안하게 만들었다. '설사 내가 시카고에서 가장 효율적인 6학년 교육 모델을 만들 수 있다 해도, 이처럼 끔찍하게 불리한 확률을 우리 학생들이 극복하도록 충분히 도와줄 수 있을까?'

오키프 초등학교에서의 경험은 넬슨에게 두 가지 확신을 심어주었다. 첫째, 자신은 이제 평생토록 교육개혁 분야에서 헌신하리라는 것. 그리고 둘째, 학교현장에서의 성공에도 불구하고 자신은 교사가 될 그릇이 아니란 것. 넬슨이 오키프를 떠날 준비를 하고 있을 때, 전국의 TfA를 관장하는 본부가 그에게 시카고 지역 사무국장 자리를 맡아달라고 제안했다. 약관 24세의 그에게는 막중한 책임이었다. 오매불망 꿈에도 그리던 포지션처럼 보였다. 하지만 마지막 순간, 넬슨 자신도 말로 설명할 수 없을 뿐 아니라 이해조차 할 수 없는 어떤 이유로 이 제안을 거절하고 말았다. 그로서는 참 고통스러운 결정이었다. TfA에게 '노'라고 답하는 것은 '믿을 수 없으리만치 나를 좌절시켰다'고 그는 나한테 설명했다. "막대한 영향을 끼칠 수 있는 올바른 길이 손에 잡힐 듯 바로 눈앞에 있었지만, 무슨 이유에서인지 그것은 저한테 어울리는 일자리가 아니라는 느낌이었습니다."

넬슨은 **시카고 트리뷴**에서 읽은 이야기로부터 교육개혁이라는 큰 그림 속에 뭔가가 빠져있다는 확신을 얻었다. 오키프 학생들과 같은 아이들이 대학교에 들어가 졸업까지 할 수 있도록 도와줄 수 있는 어떤 프로그램, 어떤 시스템, 어떤 도구가 빠져있다는 확신 말이다. "저는 고등학교와 대학교의 간극을 메워줄 수 있는 어떤 조직을 찾아내거나 직접 만들고 싶었습니다. 정말 절박한 심정이었죠. TfA에 속한 선생님들은 하나같이 교실 내에서 너무나 열심히 노력해 결과를 창출해내고 있습니다. 하지만 우리 아이들이 더 나아가서 대학을 졸업하지 않는다면, 그 모든 게 무슨 소용이겠습니까?"

TfA의 제안을 거절했던 사건은 넬슨을 정신적인 위기상태에 빠뜨렸고, 내면의 심각한 혼란을 겪은 기간은 거의 여섯 달이나 계속되었다. 그는 언제나 눈코 뜰 새 없이 바쁜 사람이었고 고등학교 시절부터 이미 일 중독자였는데, 이제 갑자기 공식적인 직책조차 없어진 것이다. 자기 인생이 어디로 가고 있는지, 그게 무슨 의미를 지니고 있는지 등에 대해서 머리를 쥐어짜는 것 외엔 할 일이 없었다. 그해 가을, 그에게는 오키프에서 가르쳤던 학생의 부모들로부터 가끔 전화가 걸려왔다. 부모들은 아이가 이제 7학년에 올라가 있는데, 지난해에 거두었던 개선의 결과가 점차 사라지고 있다는 것이었다. 심란해진 그들은 어떻게 해야 아이들을 다시 궤도에 올릴 수 있겠느냐고 물었다. 그 중의 어떤 부모는 대화중에 울음을 터뜨리기까지 했다. 넬슨은 뭐라고 말해주어야 할지 알 수 없었다. 도와줄 방법이 없었다.

　넬슨은 해답을 찾고 점점 심각해지는 우울증을 조금이라도 덜기 위해서 정기적으로 기도를 올리기 시작했다. 그는 하나의 의식처럼 날마다 기도를 위한 다른 장소를 찾았다. 하루는 가톨릭 성당의 미사에 갔다가, 다음 날은 바하이교 예배당을 찾는 식이었다. 테라피를 받기도 했다. 여러 페이지에 걸친 시를 짓기도 했다. 넬슨에게는 기묘하고도 강렬한 감정의 기간이었는데, 지금 그 시절을 돌이켜 이야기할 때면, 그는 여전히 그때를 도대체 어떻게 생각해야 하는지 잘 모르겠다는 투다. 그렇지만 그때 자신이 찾고 있었다고 생각하는 것은, 바로 **소명**召命이었노라고 그는 말한다. 자신의 미션을 찾고 있었던 것이다.

Keyword 04

뜻밖의 전화

2007년 1월, 넬슨은 에디 루Eddie Lou라는 사람의 전화를 받는다. 시카고 출신의 젊은 벤처투자가인 루는 몇 년 전 두 친구와 함께 자그마한 비영리조직을 세운 바 있었다. 그 두 친구 가운데 하나가 사우스사이드에 있는 던바Dunbar 직업고등학교 교사 매트 킹Matt King이었다. 그들은 막 태동을 시작한 이 조직에 도시학생자율화재단이란 이름을 붙였다. 이 재단은 킹이 던바의 2~3학년생 몇 명을 모아서 운영했던 방과 후 프로그램을 관리하고 지원했다. 말하자면 일종의 대학입시를 위한 훈련소였다. 킹은 학생들을 지도하여 그들의 GPA를 높이고 ACT 점수를 개선시켰으며, 그들을 도와 어떤 대학에 지원하는 게 좋을지 찾아내도록 했다. 또 그들에게 학자금 지원 과정을 하나씩 차근차근 보여주는가 하면, 대학에서 어떻게 살아남을 수 있는지 그들과 대화하기도 했다. 규모는 작았지만 (킹의 첫 번째 클래스 일곱 학생은 이미 졸업하여 대학 신입생이었고, 두 번째 클래스는 턴바 3학년생 7명으로 구성되어 있었다) 이 프로그램은 몇 가지 인상 깊은 결과를 만들어내고 있었다. 학생들의 ACT는 2학년 과정 동안 평균적으로 15점에서 약 18점 정도로 올라갔고, 이로 인해 그들은 전국 기준 백분위수 15퍼센트에서 35퍼센트로 이동할 수 있었다. 그들의 GPA 역시 개선되었고, 이 프로그램을 이수한 학생들은 빠짐없이 모두 대학에 진학했다.

    몇 개의 기술 분야 신생기업에 계속적으로 관여했던 루는 한낱 일개 학교의 방과 후 수업 단계를 넘어서서 이 프로그램을 확장하고 싶었다. 하지만 그러던 중에 킹이 그 지역 차터 스쿨의 교감직을 맡으면서, 더 이상 프로그램을 운영할 수 없게 되었다. 그래서 두 사람과 그들의 세 번째 파트너(노스웨스턴에서 박사 과정을 이수하던 돈 판코니언이란 이름의 학생)는 새로운 사무국장을 물색하기 시작했다. 킹의 프로그램을 부활시킬 뿐 아니라 좀 더 야심찬 프로젝트로 확장시켜줄 누군가가 필요했던 것이다. 그들은 스무 명도 넘는 후보들을 인터뷰했지만, 어느 누구도 그 직책에 어울릴 것 같지 않았다. 그리하여 그들이 조직을 완전히 폐쇄할 수밖에 없는 지경에 이르렀을 때, TfA에서 일하는 지인의 소개로 넬슨을 알게 되었다.

    그해 겨울, 넬슨은 황야를 헤매던 오랜 시련의 때에서 마침내 벗어나고 있다는 느낌을 갖기 시작했었고, 그때 루가 그에게 전화를 한 것은 완벽한 타이밍이었다. 3명의 창립자에다 재무 담당 몇 명으로 구성된 이사회는 넬슨에게 사무국장직을 제안했고, 넬슨은 주저하지 않고 이를 수락했다. 그의 표현을 빌리자면, "상당한 주의 또는 조사조차 충분히 하지 않은 채" 그 직책을 맡은 것. 만약 그가 적절한 사전조사를 했더라면, 이 조직에는 직원도, 사무실도, 비즈니스 플랜도 일절 없었으며, 은행계좌에는 열흘간의 운영비밖에 안 되는 6천불만 달랑 들어 있다는 사실을 실제로 출근하기 전에 알았을 텐데 말이다. 일을 시작했던 첫날이 끝날 즈음에야 비로소 그는 깨닫기 시작했다. 자신이 미국에서 가장 크고 가장 기반이 튼튼한 교육개혁 기구의 일자리를 마다하고, 세상에서 더할 나위 없이 작고 위태위태한 조직에 자리를 잡았다는 사실을. 그런데 그것이 제대로 된 움직임처럼 느껴졌으니, 참으로 기이하지 않은가.

넬슨은 조직의 장래를 위한 청사진을 그리기 위해서 6주일이 필요하다고 이사회에 통보했다. 그리고 TfA 교사 두 명을 채용하여 여름방학 기간 동안 무보수로 자신을 보좌하도록 했다. 판코니언 역시 몇 달 동안 무보수로 일하겠노라고 발 벗고 나섰다. 마침 그녀는 상품거래소에서 트레이더로 일하는 친구네 집에 방을 세내서 살고 있었는데, 그 친구가 자신이 근무하는 주간에는 자기 아파트를 마음대로 사용해도 좋다고 했다. 그리하여 이 아파트가 그해 여름, 이 조직의 비공식 본부로 둔갑했다. 그리고 네 사람은 원자재 트레이더의 거실 소파에 앉아서 각자의 휴대전화와 랩톱으로 일을 했다. 그들이 지니고 있던 자산이라곤 프린터 한 대뿐이었다. 그로부터 5년이 지난 지금 도시학생자율화재단은 '원골 OneGoal'이란 이름으로 거듭났고, 행정요원 15명, 연간예산 170만 달러의 기구로 변했으며, 1,200명이 넘는 시카고 내 20개 고등학교 학생들이 킹의 프로그램을 본떠 훨씬 더 커지고 더 집중적으로 보강된 3년제 과정을 이수하고 있다.

넬슨의 신념은 이런 것이다. **성적이 부진한 고등학생들도 비교적 짧은 시간 내에 대단히 성공적인 대학생으로 변신할 수가 있지만, 그러한 변신은 대단히 효율적인 교사의 도움이 없이는 거의 불가능하다.** 그래서 넬슨과 그의 팀은 시카고를 샅샅이 뒤져 동기부여가 충분히 되어 있고 야심만만한 고등학교 교사들을 찾아내 '원골'에 가입시켰다. 그들 중엔 차터 스쿨 교사도 있었지만 대개는 저소득층이 사는 지역의 전통적인 고등학교에서 근무하고 있었다. (펜저도 그런 학교 가운데 하나였다.) '원골'은 시카고의 공립학교들과 아주 독특한 파트너십 관계를 맺고 있어서 교사 개개인과 직접 소통하며 그들이 '원골' 프로그램을 진행하도록 도와줄 수 있다. 이 교사들은 공립학교 시스템 안에서 여전히 정규 채용 교사로 남아 있으면서, 이 같은 가외의 일에 대해서는 봉급 외에 소정의 보조금을 받게 된다. 일단 '원골' 프로그램을 위해 채용된 교사들은 고등학교 2학년생 25명을 선발하여 한 클래스를 구성한다. 성적이 상위인 아이들이라든가 이미 대학 진학의 길을 찾을 수 있는 학생들이 아니라, 성적이 부진하면서도 어느 정도의 야심을 보이는 학생들을 뽑는다. (프로그램에 참여하는 학생들의 평균 GPA는 2.8이다.) 그런 다음 3년 동안 똑같은 학생들과 계속 공부를 하게 된다. 2학년 및 3학년의 경우 '원골'은 풀타임 강의이며, 커리큘럼은 넬슨과 그의 팀이 짠다. 수업은 보통 졸업 직전까지 매일 한 차례 이루어진다. 그리고 학생들이 대학교 1학년이 되면 교사는 전화나 이메일 혹은 페이스북 등의 방법으로 그들과 연락을 계속한다. 학생들의 질문에 답해주고 정기적인 온라인 회의를 열기도 하면서 그들을 지원하고 자문해 주는 것이다.

'원골'의 커리큘럼에는 3가지 주된 요소가 들어있다. 가장 단순하다고 할 수 있는 첫째 요소는 2학년에 이루어지는 ACT 대비 집중코스다. 이는 학생들에게 기초적인 콘텐트 지식과 최악의 수준에서 '썩 나쁘지 않은' 수준으로 성적을 끌어올리기 위한 수험전략을 제공하기 위해 고안되었다. 최근 들어 '원골'의 교사들은 매트 킹이 이룩했던 것과 같은 성과를 수시로 올릴 수 있어서, 학생들이 2학년 한 해 동안 ACT 점수를 약 3점 가까이 개선시키도록 도와주며 그들을 백분위수 15퍼센트에서 35퍼센트로 올려준다.

둘째 요소는 넬슨이 '대학진학의 로드맵'이라 부르는 것이다. 넬슨은 첫해 여름에 커리큘럼을 짤 때, 종종 뉴 트리어 시절의 과정을 회상하곤 했다. 그 학교의 대학진학 상담소는 8명의 풀타임 카운슬러를 두고 있어서, 2학년 과정 초기에 학생 당사자 및 학부모들과 진학 계획을 수립하기 시작한다. 넬슨은 웃으면서 이렇게 이야기했다. "그건 하나의 기계죠. 고등학교 중반부터 대학 캠퍼스에 발을 딛기까지의 믿기 힘들 정도로 또렷하고 체계적인 과정을 제공하니까요." 그는 뉴 트리어의 진학 준비 '기계'를 몽땅 사우스 사이드로 옮길 수는 없다는 사실을 깨달았다. "그렇지만 뉴 트리어에서 일어났던 일 중에는 저소득층 지역 학교에 적용되어서 어마어마한 변화를 가져올 수 있는 것들도 있다고 생각했습니다." 그리하여 '원골'의 학생들은 입학지원 과정뿐만 아니라 대학진학 전략 전반에 걸쳐 도움을 받고 있다. 학생의 능력보다 낮은 수준의 대학이 아니라 그에 어울리는 대학 선정, 집에서 가까운 대학과 멀리 떨어진 대학의 선택, 호소력이 강한 지원서 쓰기, 장학금 얻기 등이 그런 것이다. (나는 시카고의 한 고등학교에서 진행되는 '원골' 수업을 참관한 적이 있다. 이 학교의 대학진학 카운슬러 한 사람이 보면 볼수록 아리송해지는 장학금 리스트를 하나씩 훑고 있었다. 그러고는 학생들에게 물었다. "여기 그리스 출신 학생 있어요?" 스물다섯 명의 흑인 및 라틴계 학생들은 말도 안 된다는 듯 그를 쳐다보았다. "그럼, 다문화가정 학생은?" 카운슬러는 희망을 갖고 다시 물었다. "네, 있어요." 말쑥하게 차려입은 흑인 학생 하나가 능청스럽게 대꾸했다. "사우스 사이드 흑인과 웨스트 사이드 흑인이 섞여있지요.")

하지만 여전히 넬슨은 이렇게 말한다. "로드맵만으로는 충분하지 않다는 것이 빤히 보였어요. 대학에 어떻게 진학할 것인가 하는 또렷한 아이디어는 학생들에게 줄 수 있었죠. 하지만 대학에 들어가서 성공할 수 있도록 그들을 훈련시키는 것도 필요했거든요. 아이들이 고도로 효율적인 성인으로 자라도록 가르쳐야 했던 겁니다."

효율적인 사람을 만드는 교육, 그것이 바로 세 번째 요소다. 이 점에 있어서 넬슨은 시카고 학교조사컨소시엄이 수행했던 고등학교 조사에 —특히 이 컨소시엄에서 일하고 있던 멀리사 로더릭Melissa Roderick이란 연구원의 작업에— 많은 영향을 받았다. 로더릭은 2006년의 어느 보고서에서 공부 기술, 작업 습관, 시간관리, 타인의 도움을 얻는 태도, 그리고 사회적·학업상의 문제 해결 기술 등을 포함하는 "비인지 학업기술noncognitive academic skills"을 대학 과정에서의 성공을 위한 중대한 요소로 지적했다. 제임스 헥먼의 저서에서 '비인지'라는 용어를 빌려온 로더릭은 이러한 기술들이야말로 갈수록 심각해지는 미국 내 고등학교와 대학교 사이의 부조화를 해소하기 위한 핵심 요소라고 썼다. 또한 지금의 고등학교 시스템이 개발될 당시에 가장 주된 목표는 대학이 아니라 일할 직장을 위해서 학생들을 훈련시키는 것이었으며, 그때의 직장에서는 '비판적인 사고와 문제해결 능력에 그다지 높은 가치를 부여하지 않았다'고 쓰기도 했다. (성실성에 반기를 들었던 마르크스주의 경제학자 보울즈와 진티스 역시 이 시절에 관해 저술한 바 있다.) 그래서 미국의 고등학교들은 전통적으로 학생들에게 깊게 사고하는 법이나 내적인 동기를 북돋우는 방법, 또는 어려움에 처했을 때 인내하는 방법 등을 가르치는 장소가 된 적이 한 번도 없었다. 그런 것들이야말로 대학에서 지속적으로 공부하기 위해 꼭 필요한 기술인데도 말이다. 그 대신 미국 고등학교는 대체로 학생들이 그저 등교하여 잠만 자지 않더라도 보상을 받는 장소에 지나지 않았다.

로더릭의 글에 의하면, 한동안은 그러한 공식이 제대로 작동했다. 그녀의 설명은 이렇다. "고등학교 교사들은 대부분의 학생들이 거의 공부를 하지 않을 것으로 예상해서 상당히 과중한 업무량도 효율적으로 처리할 수 있었습니다. 대개의 학생들은 거의 노력을 하지 않아도 자신들과 부모들이 원했던 고등학교 졸업장을 얻을 수 있었죠. 고등학교 시절만 잘 견디고, 꼬박꼬박 때 맞춰 교실에 앉아서 얌전한 태도만 보여준다면, 모두 보상을 받게 될 거라는 암묵적인 계약 같은 게 학생들과 교사들 사이에 있었으니까요."

그렇지만 세상은 변하기 시작했고, 미국의 고등학교는 변하지 않았다. 대학 졸업자들에 대한 임금 프리미엄이 점점 커지자, 고등학생들은 대학을 졸업하고 싶다는 욕구를 점점 더 드러냈다. 1980년과 2002년 사이 미국의 10학년생들 가운데 최소한 학사 학위를 획득하고 싶다는 학생의 비율은 40퍼센트에서 80퍼센트로 두 배 늘었다. 그렇지만 그들 중의 대부분은 **대학에 진학해서 살아남기 위해 꼭 필요한 학업 이외 기술을** ―마틴 셀리그먼이라면 성격강점이라고 **표현했을 테지만**― 갖지 못했다. 그리고 미국의 전통적인 고등학교에는 그들이 이런 기술을 습득하도록 도와줄 메커니즘이 결여되어 있었다. 바로 이런 상황을 넬슨은 변화시키고자 하는 것이다. 그는 '원골' 전략의 이 세 번째 요소야말로 이 프로그램의 초기 성공을 위한 핵심이라 믿고 있다.

넬슨은 시작할 때부터, 학생들의 고등학교 경험 전체를 재창출하는 건 불가능하다는 사실을 잘 알고 있었다. 또 어쩌면 반드시 그래야 할 필요조차 없을지 모른다는 생각을 했다. 학생들이 대학생활의 성공과 가장 직결되는 특정의 비학업 기술을 계발하도록 도와줌으로써, 시카고 공립 고등학교의 평균 졸업생과 미국 대학교의 평균 신입생 사이에 존재하는 학업능력의 심각한 차이를 비교적 신속하게 줄일 수 있다는 것이 그의 믿음이었다. 넬슨은 연구가 아니라 직관을 이용하여 5가지의 그런 기술을 찾아냈고, 이를 리더십 원칙이라 부르면서 '원골' 교사들이 이를 강조해주길 바랐다. **풍부한 지략, 회복탄력성, 야망, 프로페셔널리즘 그리고 진실성** 등이 바로 그 다섯 가지다. 이제 그의 프로그램에는 이런 말들이 구석구석 스며들어 있어서, KIPP 인피니티에서 흔히 볼 수 있는 셀리그먼과 피터슨의 7대 성격강점보다도 훨씬 더 두드러지게 도처에 내걸려 있다.

"우리 아이들이 대학에 들어갈 때 즈음, 대부분은 또래보다도 학업 면에서 뒤져 있을 것임을 우리는 잘 압니다." 어느 날 아침 넬슨은 그렇게 설명했다. "우리는 그들이 ACT 점수를 상당히 개선시키도록 도와줄 수는 있지만, 그런 테스트에서의 격차를 완전히 해소시킬 것 같진 않거든요. 우리 학생들의 성장 환경인 유치원-초-중-고 시스템 그 이유입니다. 그러나 동시에 우리는 그런 격차를 상쇄시킬 방법이 있다는 사실을 잘 알고 우리 학생들한테도 그렇게 일러줍니다. 그리고 그 비결이 바로 다섯 가지의 리더십 능력이지요."

에이스 테크에서 일어난 일

    40년에 걸쳐 사우스 사이드를 굽어보고 있는 로버트 테일러 홈즈는 전후 시카고에서 이루어진 주택단지 가운데 가장 대규모다. 스테이트 스트리트와 댄 라이언 고속도로 사이를 달리는 3.2킬로미터가 넘는 좁고 긴 땅 위에 늘어서 있는 28개의 거대한 콘크리트 건물들. 1960년대 초 이 단지의 건축이 완료되자마자 아파트 건물들은 황폐와 폭력과 혼란 속으로 빠져들었다. 1970~1980년대의 로버트 테일러 홈즈는 시카고주택건설국의 말마따나, '미국 내 최악의 슬럼 지역'으로 간주되었다. 1980년의 경우 시카고에서 발생한 살인사건 9건 중 1건은 바로 이 11만여 평의 땅에서 일어났다. 이 단지가 절정에 이르렀을 때 (다시 말하면 바닥에 이르렀을 때) 2만 명 이상이 이 주택단지에 살고 있었고, 그 중 3분의 2 이상이 대체로 정부의 보조금에 의존하는 미혼모 아래 자라는 아이들이었다. 지금은 시카고 도시개발 계획의 일환으로 철거되고 없는데, 그 자리엔 여태 아무것도 지어지지 않은 채 남아있다. 지금 스테이트 스트리트를 차로 달려보면, 한때 고층건물들이 서 있던 자리에는 으스스한 공허감만 감돈다. 풀과 잡초와 콘크리트 사이로 낡고 적막한 교회 몇 개만이 철거용 크레인을 간신히 피해 여기저기 흩어져 있다.

54번가를 따라가 아무것도 없는 긴 공간의 끝에 이르면, 온전하게 남은 몇몇 구조물들이 자그마하게 드러난다. 대부분 판자로 문을 막은 주택이 몇 채, 주류 판매점, 피자 가게, 전당포 그리고 이젠 문을 닫은 점포 앞에 딸린 침례교회 하나. 그 교회의 바로 북쪽에 있는 2층짜리 푸른 벽돌 건물 안에 하필이면 학교가 자리 잡고 있다. 에이스 테크 차터 스쿨이다. 주변에 온통 스며들어 있는 황량한 기운을 감안하면, 이 건물에서 대단히 긍정적인 무언가가 나오리라고는 상상하기 어렵다. 사실 에이스 테크는 전혀 성적이 좋은 학교가 아니다. 2009년의 경우 이 학교의 2학년생 가운데 겨우 12퍼센트만이 주 전역에서 치러진 학력 검사에서 평균치를 넘었다. 또 2004년 설립된 이래 이 학교는 연방정부가 법으로 정한 벤치마크인 '연간 적정 향상도adequate yearly progress: ayp'를 단 한 번도 충족시킨 적이 없었다. 그러나 2007년 넬슨이 부임한 직후 '원골'은 바로 이 에이스 테크 학교에다 새로운 교육 방법을 도입했다. 먼저 매트 킹의 그것과 상당히 유사한 방과 후 프로그램이 2~3학년생들을 대상으로 매주 2시간씩 이루어졌다. 그리고 2009년에 넬슨은 교사 주도의 3년짜리 풀타임 실내 교육모델을 도입했고, 이것이 지금 '원골'의 표준이다. (조너선 코졸이 《야만적인 불평등》에서 넬슨의 모교인 뉴 트리어와 슬픈 대조를 이루는 상징으로서 제시한 뒤 사블 고등학교에서 불과 몇 블록 떨어진 데

에이스 테크가 자리 잡고 있으니, 우연치고는 적절한 우연이 아닐까.)

　에이스 테크에서 이처럼 '원골' 프로그램의 두 가지 새 버전을 개척한 사람은 시카고의 남서부 교외에서 자라나 2005년 이 학교에 부임했던 영어교사 미셸 스테플Michele Stefl이었다. 넬슨은 사무국장 직책을 맡은 직후 그녀를 '원골' 최초의 계약교사로 채용했다. 나는 스테플이 맡았던 어느 졸업반 클래스의 한 해를 추적하면서, 그녀가 대학 입학 과정 전반을 이끌어나가는 모습을 지켜보았다. 학생들에게는 어쩔 수 없이 정학, 예기치 않았던 임신, 대학에서의 거부 등 좌절의 순간들도 많았지만, 에이스 테크를 감싸고 있는 실패의 황량한 사막 가운데 스테플의 교실만큼은 대체로 희망과 가능성의 오아시스처럼 느껴졌다.

　스테플은 낭만적인 교육자가 아니었다. 꾸밈없는 어투에 실용주의적이며 학교의 부족한 현실이나 자기 학생들이 얼마나 뒤떨어져 있는지에 대해서 직설적이었다. 학생들이 2학년을 거의 마쳐갈 즈음 어느 날, 그녀는 자기소개서에 관한 이야기를 하면서 그것이 성공적인 대학 지원에 필수임을 알려주었다. "너희들이 어떤 아이들이랑 경쟁하고 있는지 기억해. 너희들은 ACT 점수가 30점이 넘는 친구들과 경쟁하는 거야. 너희들 대다수보다는 솔직히 말해서 훨씬 더 좋은 교육을 받은 학생들과 겨룬단 말이야. 우린 지금 바로 그 점을 보충하려고 애쓰고 있지만 차이는 여전히 많이 나거든. 그것은 불행하게도 공평하지 못한 일이야, 알지?" 그녀는 자기소개서 샘플을 하나 치켜들었다. "자, 그럼, 여기서 우린 교훈을 얻어야 하는 거다. 너희들이 오늘 여기에 오기까지 어떤 삶의 경험을 했는지 생각해봐!"

2009년 봄 당시 2학년이었던 이 학급 학생들을 뽑을 때, 스테플은 성적이 높은 학생이나 여유가 있는 가정의 학생을 선발하지 않기 위해 상당한 공을 들였다. 소위 '크리밍creaming'과는 정반대의 선발을 시도한 것. 그래서 어느 학생의 가족 가운데 대학졸업생이 있다는 사실이 드러나면, 그녀는 그 학생에게 이 프로그램은 좀 더 가정이 불우하고 더 많은 도움을 필요로 하는 친구들을 위한 것이라고 부드럽게 말해주었다. 그 결과, 그녀가 겪은 다른 무엇보다 가장 큰 어려움은 자신의 '원골' 학생들이 이웃이나 가족 안에서 눈으로 보는 것과는 상반되는 얘기지만 그들 각자에게 모두 성공하는 인생을 누릴 잠재력이 정말로 있다는 것을 확신시켜주는 일이었다.

스테플의 수업시간에 앉아있을 때면, 나는 성장의 마음가짐에 관해서 스탠퍼드대학의 심리학교수 캐럴 드웩이 실시했던 연구를 자주 떠올리곤 했다. 드웩교수가 발견한 것을 다시 한 번 간단히 설명해보자. 지능이 고정되어 있다고 믿는 학생들보다는 지능이 유연하다고 믿는 학생들이 훨씬 더 학업성과가 좋더라는 사실이다. 뉴욕시의 KIPP에서 데이빗 레빈이 시도했던 프로젝트는 기본적으로 이러한 드웩의 생각을 확대시켜서, 성격도 마찬가지로 유연하다는 메시지를 전해주었다. 그런데 스테플이 시도했던 일은 한걸음 더 나아가 학생들의 지능과 성격은 말할 것도 없고 그들의 운명까지도 유연하다는 사실, 과거의 성적이 미래의 결과를 말해주는 지표가 아니라는 사실을 확신시키려는 것이었다. 그녀는 공허한 자존감 따위의 복음이나 아련한 희망사항을 전하고 있었던 게 아니다. 학생들을 향한 그녀의 메시지는 이랬다. "너희들은 예전 그 어느 때보다 훨씬 더 높은 수준에서 성장하고, 개선하고, 성취할 수 있다. 그러나 그러기 위해서는 엄청난 노력과 엄청난 인내와 엄청난 성격강점이 필요할 것이다. 우리 교실 안의 상황에서 달리 표현하자면 엄청난 리더십 스킬이 필요할 것이다."

내가 '원골' 프로그램에 관해서 앤절러 덕워스와 이야기를 나누었을 때, 그녀는 내가 생각하지 못했던 점을 지적했다. 그 커리큘럼 중에서 ACT에 대비하는 요소는 실제로 두 가지 목적을 위해 유용할 수 있다는 것이었다. 첫째는 실용적인 단계에서 점수를 몇 점 개선시키면 학생들이 좀 더 질 높은 대학에 지원할 수 있게 된다는 점. 그러나 둘째 (아마도 더 중요한) 측면은 표면상으로 지능을 측정하는 시험에서 좀 더 나은 결과를 얻는 경험 자체가 "너는 더 똑똑해질 수 있다! 더 잘할 수 있다!"는 메시지, 즉, 성장의 마음가짐이 갖는 메시지를 튼튼하게 하고 잊을 수 없게 한다는 점이다.

스테플이 가르친 학생 중 몇몇은 이 메시지를 특별히 가슴에 소중히 간직했다. 졸업반이 되어서도 대학교육이란 자기랑 상관없는 거라고 믿는 아이들이 많았고, 그 가족들조차 선생님의 메시지를 이해시키는 데 굳이 도움을 주지도 않았다. 퍼듀대학에 진학한 어떤 남학생의 경우, 어머니가 집에서 너무 멀리 떨어진 곳으로 보내는 것을 싫어하여 바로 동네에 있는 2년제 전문대학에 가라고 종용하기도 했다. 그러나 정반대는 자신감에 넘치고 낙관적인 경우로, 우리는 키워너 러머의 예를 들 수 있다.

테스트 스코어 – 하나의 과정일 뿐

이 책의 들어가는 말에서 설명했지만, 나는 키워너가 2학년 과정을 반나마 마쳤을 즈음 그녀를 만났다. 나는 그녀가 자신의 삶에서 이룩한 놀라운 반전反轉에 깊은 감명을 받았다. 수없이 많은 위험요소와 엄청나게 불우한 경험으로 얼룩진 불우한 아동기부터, 중학교 시절의 험난하고 불량했던 기간을 거쳐, 모범적인 고등학교 졸업과 대학 과정 및 그 이후까지의 열정적인 결단력에 이르기까지. 우리가 서로 연락을 나눈 2년 동안도 그녀의 가정사는 전혀 수월한 게 아니었고, 집안의 재정상태 또한 언제나 아슬아슬했다. 어머니가 장애인 연금으로 월 500달러 정도를 받았고 그 위에 푸드 스탬프를 받는 것 외에는 소득이 하나도 없었다. 그렇지만 키워너는 하루도 변함없이 사우스 사이드의 빈곤 속에 살아가는 치욕스러운 삶을 어떻게든 무시하는 것 같았고, 좀 더 성공적인 미래를 향한 비전에 꿋꿋이 초점을 맞추고 살았다. 우리의 첫 대화에서 그녀는 이렇게 말했다. "머리가 텅 빈 바보 같은 계집애를 누가 좋아하겠어요? 어느 누구도 실패를 원하진 않아요. 저는 언제나 서류가방을 들고 거리를 활보하는 비즈니스 우먼이 되고, 모든 사람들이 '안녕하세요, 미스 러머!' 하고 인사해주는 사람이 되고 싶었어요." 그리고 키워너는 알고 있었다. 바로 그런 서류가방을 들기 위해서는 적어도 학사 학위를 따야 한다는 것을. 식구 중에 대학 문턱을 넘어본 사람이 하나도 없었지만, 그녀는 자신이 할 수 있고 하게 되리라는 것을 확신했다.

키워너가 3학년이던 해 가을, 그녀는 대학에 지원하는 과정에 빠져 정신이 하나도 없었다. 입시 시스템에 관해 완전 무지한 상태에서 (정말로 경희대학교도 있고 경의대학교도 있는 거예요?) 시작했던 그녀는 연초만 해도 약간 지나치게 흥분하는 경향이 있었다. 9월이 되자 그녀는 듀크라든지 시카고대학교처럼 대단히 경쟁이 심한 몇 군데를 포함해서 23개 대학에다 원서를 넣을 계획이라고 말했다. 하긴 어떤 점에서 본다면 듀크 정도는 키워너에게 완전히 무리한 목표는 아니었다. 그녀는 전 과목 A 학점으로 2학년 과정을 마친 터였다. 우등반 대수2, 우등반 국어, 사회, 생물 등을 비롯해 상당히 힘든 교과목이 있었지만 그녀의 최종 성적증명서에는 A 마이너스가 두어 개 있었을 뿐, B는 하나도 없었던 것이다. 그런데 문제는 ACT 학력고사에서 그다지 좋은 성적을 거두지 못했다는 점이었다.

2학년 초 ACT 테스트를 위한 첫 번째 실습에서 키워너는 대단히 낮은 점수인 11점을 얻었다. 미국 전체로 봤을 때 최하위 1퍼센트에

드는 (고등학생 전체의 99퍼센트보다 뒤떨어지는) 성적이었다. 그러나 1년 내내 ACT 훈련을 받으면서 '원골'과 계약을 맺고 있던 PrepMe 같은 온라인 서비스를 이용하여 매주 여러 시간씩 공부한 끝에, 4월에 치러진 정식 ACT 테스트에 임할 즈음에는 실습 때보다 훨씬 더 자신감이 넘쳐 있었다. 그럼에도 불구하고 그것은 좌절감에 휩싸이는 하루가 되고 말았다. 여전히 알 수 없는 문제가 많았고, 익숙한 내용이 담긴 부문에서조차 바랐던 것만큼 신속하게 문제를 풀 수가 없었기 때문이다. 그녀는 이렇게 말했다. "시험장을 나오면서 엉엉 울었어요. 스테플 선생님한테 그랬죠, 이제 난 대학 가기 글러먹은 것 같아요. 정말 나 자신한테 얼마나 화가 났는지 몰라요." 한 달 정도 후에 결과가 나왔는데, 그녀의 성적은 15점이었다. 인상 깊게도 무려 4점이나 성적이 좋아졌다는 뜻이었지만, 그래도 여전히 전국적으로 봤을 때 하위 15퍼센트라는 의미였다. 시카고 공립학교들의 평균은 17점이었고, ACT가 대학입학 준비 완료 상태로 공식 인정하는 수준이 20점이었으며, 듀크대학 신입생들의 평균은 무려 30점 이상이었다. (이 시험의 만점은 36점이다.)

대학 진학을 위한 키워너의 야망을 찰스 머리 교수가 알았더라면 거의 확실히 '고통스럽다'고 했을 것이다. 그는 저서 〈**진짜 교육**〉에서 이렇게 주장했었다. "인지능력을 측정하는 시험에서 상위 20퍼센트 내의 점수를 얻은 학생들만이 대학교에 진학해야 한다." 그가 이상적으로 생각하는 세계에선 아마 상위 10퍼센트만이 대학에 가야 할 것이다. 키워너처럼 하위 15퍼센트에 들어간 경우는 말할 것도 없거니와,

표준적인 학력고사에서 하위 50퍼센트 안에 든 학생이 대학 진학을 꿈꾼다는 생각 자체가 머리 교수에게는 순전히 미친 짓으로 비쳤을 터이다. 그는 또 이렇게 썼다. "대학이 대다수의 학생들에게 지적으로 지나치게 어렵다는 사실을 인정하는 것이 계속 금기禁忌로 여겨지는 한, 우리는 다음 세대들이 계속하여 어처구니없이 비현실적인 기대를 갖도록 만들 것이다." 나중에 그는 ACT와 같은 인지능력 테스트에서 하위 3분의 1 성적을 받은 학생들은 대학 진학에 적합하지 않으며, '학식 있는 사람이 되거나 아주 초보적인 의미 이상의 수리적 사고를 할 만큼 총명하지 않은' 거라고 쓰기도 했다.

제프 넬슨은 찰스 머리와는 전혀 다른 시각으로 ACT를 바라본다. 그는 나에게 이렇게 말한 적이 있다. "ACT는 우리의 교육이 얼마나 효율적이었나를 측정하는 아주 훌륭한 도구라고 생각합니다. 그러나 그것이 지능을 측정하는 데 좋은 거라고 생각하지는 않아요. 우리 학교 입학생들의 평균 점수는 14점 정도, 혹은 하위 10퍼센트를 오락가락합니다. 그러나 같은 또래 학생들의 90퍼센트가 우리 학교 학생들보다도 실제로 더 지능이 높다는 것은 도저히 믿을 수가 없어요. 저는 그런 주장을 완강하게 거부합니다. 내가 **진심으로 믿는** 것은 그 90퍼센트의 학생들이 우리 학생들보다도 훨씬 더 좋은 교육을 받고 있는 것뿐이라는 사실이지요!"

이러한 차이는 넬슨이 보기에 어떤 면에서 의미론적인 차이다. 우리가 원한다면 ACT가 측정하는 대상을 '지능'이라고 불러도 좋다. 하지만 그걸 무엇이라고 부르든, 그 테스트에서 높은 점수를 따는 능력이 대학교 진학이나 성공적인 대학 생활에 필수적인 요소는 아니라는 것이 그의 믿음이다. 그러한 넬슨의 확신은 어디에 기반을 둔 걸까? 그가 읽었던 멀리사 로더릭의 글과 〈결승선을 넘다〉라는 책, 그리고 ACT 점수로 보면 도저히 꿈도 꿀 수 없는 학교를 꾸준히 다녔고 ACT 점수로 보면 도무지 불가능한 수준에서 꾸준히 성공을 이룩한 '원골' 졸업생들의 생생한 삶의 경험들이 바로 그 기반이었다. "회복탄력성, 풍부한 지략, 뚝심 같은 비인지능력은 대학에서의 성공을 대단히 잘 예측해준다. 그리고 그런 것은 우리네 교육 시스템 안에서 그들이 맞닥뜨렸던 불평등을 어느 정도 상쇄시키도록 도와주기도 한다." 넬슨의 이야기다. 그리고 그는 이렇게 덧붙인다. "키워너 같은 학생들은 다른 친구들이 갖지 못한 소중한 성공의 도구들을 지니고 캠퍼스에 나타날 것이다. 그리고 학생들이 졸업하는 그날까지 버티어나가는 데에는, 보기 좋은 ACT 점수보다도 그런 기술들이 훨씬 더 유용할 것이다."

키워너의 야망

키워너의 어머니인 말러 맥코니코가 고등학교 2학년생이던 1980년대 말, 그녀는 반 친구들과 함께 ACT 시험을 봤다. 정확히 점수가 얼마였는지는 기억하지 못하지만 썩 좋은 점수는 아니었다. 내가 어느 가을날 키워너 모녀를 방문했을 때 이런 이야기를 들었다. "그때 점수를 받고서 나는 완전히 '루저'가 된 느낌이었어요. 이런 생각이 들었죠. 이런 성적으로 무슨 대학엘 가? 그러고는 아예 신경을 끊어버렸답니다."

키워너는 엄마와 가까운 관계를 유지하면서도 종종 문제가 많았다. 그녀의 인생전략은 엄마가 그 나이일 때 했던 일들과 완전히 반대인 것처럼 보일 때가 더러 있었다. 예컨대 엄마는 10대의 나이로 키워너의 아빠와 사랑에 빠졌고 그 결과 여러 번 근시안적인 결정을 내리곤 했다. 하지만 키워너는 남자친구와 어느 정도 거리를 두고 자신의 대학 진학 결정을 그의 계획에 맞추지 않겠다고 다짐했다. 또 엄마는 학업 측면의 목적은 아예 안중에도 없었지만, 키워너는 자신의 학업에 전적으로 초점을 맞추었다. 그리고 엄마는 형편없는 ACT 점수 때문에 인생 여정이 어긋나버렸지만, 키워너는 나쁜 점수를 극복하겠다는 의지를 불태웠다.

그렇지만 2학년 가을을 거치면서 키워너의 기분은 납덩이처럼 무거워졌다. 10월 중순인가, 나와 이야기를 나눌 때는 자신의 미래에 관해 그녀답지 않게 비관적인 말투였다. 알고 보니 그사이 장학금을 얻으려고 몇 군데 신청했었는데 모두 다 거절당했으며, 자기가 생각할 땐 ACT 점수가 낮아서 그런 것 같다는 얘기였다. "모든 상황이 이래서 제가 좀 우울해져 있는 모양이네요. 그거 전부 신청하느라고 엄청 애를 많이 썼는데……. 그리고 대학 가서 공부하려면 정말로 그 돈이 필요하거든요."

그날 우리는 그녀가 미네소타에 살 때 다녔던 플리머스 중학교 시절에 관해서 많은 이야기를 나누었다. 6학년에 다니다가 성적도 부진하고 태도도 나빠서 '윙즈WINGS'라고 부르는 보충반에 편입된 적이 있었는데, 키워너는 지금 겪고 있는 학업 상 어려움의 뿌리가 바로 그 시절에 있을 거라고 되짚었다. 공식적으로 '윙즈'란 이름은 '성공적인 졸업을 위해 지금 혁신하자'는 말의 첫 글자를 모은 것이지만, 키워너의 말을 빌리자면 아이들이 하루 종일 교실에 앉아서 치킨 윙을 먹고 있었기 때문에 '윙즈'라고 부른다는 우스갯소리가 유행했단다. 그건 물론 과장이지만, 사실과 크게 다르지도 않았다고 키워너는 설명했다. "그 클래스에서는 정말이지 아무것도 안 했거든요. 분명히 도움이 필요한 아이들을 위한 교실이었지만, 그들은 아무런 도움도 주지 않았어요. 우리는 책도 안 읽고, 공부도 안 했죠. 그냥 비디오 게임을 하고 영화를 보고 팝콘만 먹었어요. 재미있었지만, 그 덕택에 지금 ACT 때문에 애를 먹고 있는 거죠, 뭐. 그 때문에 장학금도 못 타는 것이고. 그 2년 동안 우리는 쉼표 같은 구두점이랑 은유법이랑 뭐 그런 것들을 다 배웠어야 하는 건데……. 지금 와서 그런 이야기를 하면 사람들이 그러잖아요. '이거 처음 배웠을 때 기억나니?' 그러면 전 그러죠, '아니, 생각 안 나요. 그런 것 하나도 안 배웠거든요.'"

키워너의 머리를 떠나지 않는 후회가 또 한 가지 있다. 에이스 테크 고등학교 1학년 때 다시 한 번 시작해볼 기회가 있었는데도, 수업 빼먹고 이리저리 빈둥대며 공부는 제쳐놓고 친구들과 몰려다니면서 그 기회를 날려버린 것이다. 그해 키워너는 모든 과목이 C 아니면 D였다. 체육과목조차도 엉망이었다. "미래 따위는 생각도 안 하고 있었죠. 그땐 그냥 신 나게 놀기만 좋아했으니까." 당시 그녀는 겨우 열넷이었고, 아무것도 중요한 거라곤 없다고 생각했다. 그러다가 2학년이 되고 좀 더 진지한 노력을 기울이기 시작했을 때에야 비로소, 평점$_{GPA}$이란 것이 고등학교 시절 내내 누적된다는 사실(다시 말해서 1학년 때의 성적이 대학진학 가능성에 직접적인 영향을 미친다는 사실)을 알게 되었다. 그래서 그녀는 2학년과 3학년 때에 가산점을 따기 위한 특별수업을 받는다든지, 방과 후에 남아 선생님들의 도움을 구하는 등, 완벽에 가까운 GPA를 유지하겠다는 생각에 사로잡혀 있었다. 그럼에도 불구하고 키워너는 학창 시절이 자신의 이력에 무슨 영원히 지울 수 없는 오점이라도 되는 것처럼 이야기할 때가 있다.

키워너가 가장 열심히 눈독을 들이고 있었던 대학은 일리노이대학교. 일리노이주 대학 시스템이 가장 내세우는 곳이며, 유에스 뉴스 앤 월드 리포트가 선정한 미국 최우수 공립대학교 가운데 13위에 올랐던 학교다. 이 학교가 위치한 어배너는 시카고에서 남쪽으로 2시간 반 정도 떨어져 있다. 그것이 키워너에게는 향수병이 생길 정도로 멀지도 않고 독립심을 만끽할 정도로 적당히 먼 거리처럼 느껴졌다. 2학년 때 '윈골' 프로그램의 견학 여행 차 방문한 적이 있었는데, 사각형의 안뜰, 학생회관, 강당, 애플비즈 식당 등, 학교가 너무 마음에 들었다. "내가 꿈꾸던 학교고, 넘버 원이고, '날 꼭 넣어주세요'라고 외치고 싶은 학교였어요. 만약 그 학교에 들어가지 못한다면 일주일을 두고 엉엉 울 것만 같더라고요."

하지만 2월 초가 되자 키워너는 대학진학의 야망을 슬쩍 줄였다. 그녀는 일리노이주에서 단연 최고인 시카고대학교에도 원서를 내놓은 상태였지만, 이제는 설사 합격이 된다 하더라도 그 학교에는 더 이상 다니고 싶지 않다고 했다. 한편 그녀는 합격 안정권 안에 드는 몇몇 대학으로부터 합격 통지를 받았지만, 좀 더 나은 대안을 바라고 있었다. 여전히 그녀의 첫 번째 희망인 어배너의 일리노이대학에 대해서 희망의 끈을 놓진 않았지만, 이제 두 번째로 선호하는 학교도 또렷이 드러났다. 매콤에 있는 웨스턴 일리노이대학이었는데, 어배너보다 경쟁은 약간 덜하지만 입학생들의 평균 ACT가 자신의 점수보다는 훨씬 높은 21점이나 되었다. 그녀는 전해에 웨스턴 일리노이를 방문해서 푸근한 기억을 갖고 돌아왔다. "그 학교가 너무나 좋아졌어요. 거기선 정말로 맘이 편안했거든요. 사람들도 아주 친절했고. 기숙사 방이라든가……. 모든 게 완벽했지요."

그해 겨울, 키워너는 미래의 대학생활에 대해서, 나와 처음 만났을 때보다는 좀 더 금욕적이고 미래지향적인 견해 같은 것을 지니고 있었다. "만약 제가 최고로 꼽는 학교에 들어갈 수 없다면, 아마도 거기서 공부할 운명이 아니란 뜻이겠지요. 물론 실망은 되겠지만, 어느 학교로 가든 열심히 공부할 것이고, 그러다보면 또 누가 알겠어요, 1~2년 뒤에 넘버 원 학교로 전학하게 될지?" 그리고 그녀는 1학년 때 저지른 실수에 대해서도 자신을 책망하지 않기로 다짐했다. "계속해서 '어이구, 맙소사, 1학년 한 해를 완전히 망쳐버렸잖아'라고 되씹을 수는 없는 노릇이잖아요. 이미 지난 일인데. 저지른 짓은 이미 끝난 거죠. 저에겐 교훈이 되었어요. 이제 대학에 들어가게 되면 첫해에 똑같은 실수를 범하지 않도록 할 거예요. 주어진 과제에 충실할 겁니다. 모든 걸 미리 계획하고요. 스케줄도 짜고 정말 정리 정돈된 삶을 살고, 초점을 잃지 않으며, 좋은 사람들을 만날 겁니다."

2월은 초조한 기다림의 한 달이었다. 키워너는 줄곧 이메일을 체크하고, 입학사정 담당관에게 전화를 해서 더 이상 제출하거나 제공해야 할 것은 없는지 확인했다. 마침내 그 달이 끝날 무렵 희소식이 날아들었다. 웨스턴 일리노이로부터 합격 통보를 받은 것이다. 그녀는 ACT 점수가 낮았기 때문에 처음 1년 동안 보충교육과 카운슬링을 제공하는 특별 신입생지원 프로그램에 등록하게 되었다. 에이스 테크에서 가깝게 지냈던 친구 세 명도 웨스턴 일리노이에 합격하여, 그들은 함께 매콤으로 옮길 계획을 세우느라 바빴다.

격차를 극복하려면

캘리포니아대학의 노동경제학 교수인 필립 뱁콕Philip Babcock과 민디 막스Mindy Marks는 1920년대부터 현재에 이르기까지 대학생들의 시간 활용에 관한 조사결과를 분석했다. 두 사람은 1961년의 경우 풀타임 대학생들이 수업시간 외에 공부하는 데 평균 주당 24시간을 쓰고 있다는 사실을 알아냈다. 그런데 1981년에 이르면 이 수치는 주당 20시간으로 줄어들고 2003년엔 주당 14시간으로 떨어져, 40년 전에 비해 절반이 조금 넘는 정도에 불과했다. 이는 모든 경계선을 뛰어넘는 보편적인 현상이었다. 뱁콕과 막스 교수는 이렇게 썼다. "공부 시간의 감소는 모든 하위 집단의 학생들에게 해당되었다. 일을 하는 학생이나 그렇지 않은 학생이 똑같았고, 전공에 상관없이 마찬가지였으며, 형태나 학위 구조나 선정 수준에 관계없이 모든 4년제 대학에서 그러했다." 그렇다면 그 시간들은 어디에 소모된 걸까? 대개는 사교활동이나 레크리에이션에 할애

되었다. 캘리포니아대학의 학부 학생 6,300명을 상대로 실시한 별도의 조사 결과에 의하면, 오늘날 대학생들은 공부에 주당 13시간도 채 투자하지 않고 있는 반면, 친구들과 놀러 다니는 데 12시간, 엔터테인먼트를 추구하거나 취미활동 하는 데 14시간, '재미로' 컴퓨터를 만지는 데 11시간, 그리고 운동하는 데 6시간을 쓰고 있다.

이를 지켜보는 많은 사람들에게 이러한 통계수치는 우려할 만한 이유가 될 것이다. 그러나 제프 넬슨은 이런 상황을 자기가 가르치는 학생들의 기회로 간주한다. 그는 자신도 미시건대학교 1학년 시절에는 상위 중산층의 아이들과 똑같이 공부는 늘 뒷전으로 밀쳐두었다면서 그때의 일을 회상했다. 돈깨나 있는 집안 자식들 중엔 1학년을 술이나 마시며 보내는 해로 생각하는 학생도 있었고, 반대로 동아리 활동을 하거나 학교신문에 글을 쓰려고 안달인 학생들도 있었다. 물론 그런 시간들이 반드시 낭비라는 건 아니지만, 학생들의 학업에는 대체로 큰 도움이 되지 않는다. 그래서 넬슨은 대학 시절의 첫 해가 '원골' 학생들에게는 '성적의 격차를 획기적으로 메울 수 있는 마법의 한 때'라고 생각한다. 나와 처음으로 대화를 나누기 시작하던 무렵 그는 자신의 이론을 이렇게 설명했다. "신입생들에게 이 첫해는 참으로 독특한 때지요. 고교 시절에 그다지 끈질기게 공부할 필요가 없었던 학생들은 입학 후에 설렁설렁 지냅니다. 혹은 열심히 놀러 다니기도 하지요. 이럴 때 우리 아이들이 열심히 공부하고 교수들과의 관계도 다지고 우리가 가르쳤던 모든 기술을 활용한다면, 이전의 격차를 메울 수 있습니다. 고등학교 다닐 땐 3~4등급씩 뒤져 있었던 아이가 2학년에 올라갈 즈음에는 느닷없이 친구들을 정말로 의미심장하게 제치고 올라오는 경우를 우리는 수도 없이 목격했었거든요."

키워너는 웨스턴 일리노이에 입학한 후 첫 가을학기에 영어, 수학, 사회학 등 초급 코스에 등록했다. 쉬운 과목은 하나도 없었지만, 그 중에서도 가장 무겁게 느껴진 것은 의료부문 입문 과목인 생물학170이었다. 담당교수가 인기 만점이어서 강의 때마다 거의 만원이었고, 대부분은 상급생들이었다. 첫 강의가 있던 날 키워너는 스테플 선생님이 권했던 대로 수업 시작 전에 교수한테 공손하게 자신을 소개한 다음, 그때까지만 해도 백인 여학생들만 앉아 있던 맨 앞줄에 가 앉았다. 다른 흑인 학생들은 모두 뒷자리에 앉는 경향이 있었는데, 키워너는 그 점이 실망스러웠다. ("우리가 뒤쪽에 앉으라고 사람들이 **기대하는** 거잖아요." 그해 가을 나랑 전화로 이야기를 나누었을 때 그녀는 그렇게 말했다. "예전에 인권운동이 한창이었을 때 같으면, 사람들이 우리더러 뒤에 가서 앉으라고 해도 듣지 않았을 텐데 말이죠.")

생물학 교수는 강의시간 중에 키워너가 잘 모르는 과학용어를 많이 사용했다. 그래서 그녀는 하나의 작전을 생각해냈다. 자신이 모르는 용어를 교수가 사용할 때마다 그걸 재빨리 종이에 적고 그 옆에다 빨간 별표를 해두는 것이었다. 그리고 강의가 끝나면 교수와 대화를 원하는 다른 학생들이 차례대로 모두 질문을 마치기를 기다렸다가, 교수에게 빨간 별 표시가 된 용어를 하나씩 설명해달라고 부탁했다.

사실 키워너는 모든 교수들과의 소통에 엄청난 시간을 투자했다. 근무시간에 시도 때도 없이 교수실에 나타났고, 주어진 과제에 분명치 않은 점이 있을 때면 어김없이 이메일을 보냈다. 그리고 숙제를 하는 데 도움이 필요한데도 교수와 연락이 되지 않는 경우 도움을 얻기 위해서, 자신이 듣는 강의마다 친구를 한두 명씩 만들려고 애를 쓰기도 했다. 또한 신입생 지원 프로그램을 통해서 글쓰기 지도교사를 구한 그녀는 과제물을 제출할 때마다 사전에 자신이 쓴 것을 지도교사와 함께 검토하는 습관도 들였다. 그리하여 학기말이 되었을 즈음, 그녀는 쉼표의 오용이라든가 종속절 사용 같은 것을 완전히 자기 것으로 만들었다는 자신감이 들었고 마지막 영어 과제물은 지도교사와 검토하지 않고서 직접 제출했다. 그러고는 A 학점을 받았다.

그럼에도 불구하고 키워너에게는 어려운 학기였다. 무엇보다 항상 돈이 모자라서, 가능한 한 어디서든 내핍생활을 해야 했다. 심지어 식권食券조차 살 수 없을 정도로 돈이 뚝 떨어져 이틀을 굶어야 했던 적도 있었다. 돌이켜보면 만날 공부만 하고 살았던 느낌이었다. 과제물 하나하나가 난제였고 학기말에는 기말고사에 대비하느라 사흘씩 그야말로 뜬 눈으로 밤을 지새웠다. 그렇지만 이 엄청난 노력은 그 학기 최종 성적에 고스란히 반영되었다. B 플러스가 둘, A가 하나 그리고 A 플러스가 하나. 크리스마스를 며칠 앞두고 그녀와 이야기를 나누었는데 목소리는 약간 탈진한 것 같으면서도 자랑스럽게 들렸다. "아무리 제가 압도당할 정도로 어려워도, 아무리 절 지쳐빠지게 만들어도, 전 포기하지 않아요. 전 포기하는 타입이 아니거든요. 어린 시절 숨바꼭질을 할 때도 친구들을 다 찾아내기 전에는 주위가 깜깜해져도 집에 돌아가지 않았다고요. 아무리 어려워도 전 포기 안 해요."

2학기 동안 키워너의 점수는 실제로 더 개선되었고, 1학년이 끝날 때 그녀의 누적 GPA는 3.8에 이르렀다. 앞으로 3년이 더 남았고, 그사이에 여러 가지 일이 어그러질 수도 있고 좌절과 실수와 위기가 닥칠 수도 있었다. 그러나 키워너는 자신이 어디로 가고 있으며, 왜 그리로 가고 있는지를 확신하고 있는 듯했다. 거의 무서울 정도로 그랬다. 키워너를 생각할 때 가장 탁월하다고 생각되는 점이 무언지 아는가? 그녀에게는 거의 전적으로 이론에 불과한 (아득히 먼) 보상을 위해서 자신의 놀랍게도 엄청난 비인지적 능력을 동원할 수 있었다는 점이었다. 사실을 말하자면 그녀는 서류가방을 들고 활보하는 비즈니스 우먼을 **한 사람도 알지** 못했고, 선생님들을 빼면 알고 있는 대학 졸업생도 없었다. 그건 마치 그녀가 월터 미셸의 마시멜로 실험 중에서도 더 규모가 크고 더 좋은 상이 걸려있는 실험에 참여하고 있는 것 같았다. 다만 이 경우에 주어진 선택은 ❶ 지금 마시멜로 한 개를 덜렁 먹어버릴 것인가, 아니면 ❷ 4년 동안 먹을 것 못 먹고 입을 것 못 입으며 저축하고, 밤잠도 없이 노력하고 희생하면서 죽어라고 공부한 다음, 마시멜로 2개 정도가 아니라 어렴풋이 이름만 들었던 나폴레옹 같은 우아한 프렌치 페이스트리를 얻을 것인가. 그런데 기적과도 같이 키워너는 나폴레옹 쪽을 택한 것이다. 일찍이 나폴레옹을 맛본 적도 없고, 그걸 갖고 있는 사람을 만난 적도 없지만 말이다. 그저 나폴레옹은 굉장히 맛있을 거라는 신념만 가지고서 말이다.

'윈골' 프로그램으로 공부했던 키워너의 모든 친구들이 그와 꼭 같은 확신을 갖고 대학생활에 임하지는 않을 것이다. 그리고 키워너와 친구들이 배웠던 리더십 스킬들이 대학생활 4년을 이끌어갈 정도로 강력한 것인지의 여부도 한두 해 더 지나봐야 뚜렷해질 것이다. 그러나 지금까지를 보면 '원골'의 전반적인 대학진학률 수준은 상당히 좋다. 키워너를 포함, 2009년 시카고 내 10개 고등학교 2학년생으로 '원골' 수업을 시작했던 총 129명 가운데, 2012년 5월 현재 4년제 대학에서 교육을 받고 있는 인원은 94명이었다. 추가로 14명은 2년제 전문대에 등록되어 있어서 전체 대학진학률은 84퍼센트에 이른다. 결국 대학 학위에 이르는 길에서 탈락한 학생은 21명이었는데, 그 중 12명은 고등학교 졸업 이전에 '원골'을 탈퇴한 경우였고, 2명은 고등학교 졸업과 동시에 군에 입대했으며, 2명은 졸업 후 대학에 진학하지 않았고, 남은 5명은 대학에 들어갔으나 1학년 과정 중에 자퇴했던 학생들이었다. 이런 수치가 밤하늘의 별처럼 찬란하진 않지만, 그래도 주 단위 방과 후 클래스였던 파일럿 프로그램의 집단이었음을 감안하면, 상당히 인상 깊은 숫자다. 고등학교 2학년생으로 프로그램에 가입했던 학생들의 66퍼센트가 지금도 대학에서 공부하고 있다는 얘기니까. 게다가 '원골'의 교사들이 의도적으로 대학 진학 가능성이 가장 적어 보이는 불우한 학생들만 골라서 뽑았다는 사실을 상기할 때, 그 숫자는 한층 더 의미 깊게 느껴진다.

제프 넬슨이 만든 것은 이 나라에 폭넓게 퍼진 인재人才 파이프라인의 기능상실에 대한 완벽한 해법은 전혀 아니다. 그 점은 다른 누구보다도 넬슨 자신이 먼저 인정할 것이다. 이상적으로 말하자면, 우리는 평점 수준에 비해 언제나 2~4년씩 **뒤떨어지지 않는** 사우스 사이드의 10대들을 양산해낼 수 있는 교육과 사회지원 시스템을 갖추어야 한다. 그렇지만 당장은 '원골'과 그것을 지탱하는 이론들이야말로 상당히 소중한 교육방식인 것 같으며, 성적이 부진하고 동기부여가 부족한 저소득층 청소년들을 1인당 매년 1,400달러 정도의 비용에 성공적인 대학생으로 탈바꿈시켜주는 프로그램인 것 같다.

실패 혹은 적어도 실패할 수 있는 진짜 리스크는 종종 성공에 이르는 길을 찾는 극히 중요한 단계일 수 있다. 아이에게 필요한 것은 걸맞는 역경, 즉, 넘어졌다가 다시 누구의 도움도 없이 혼자 힘으로 일어설 수 있는 기회였다. 지금 그들이 거기에 있는 것은 첫 발걸음을 뗄 수 있도록 누군가가 도와주었기 때문이잖은가?

Search 05

좀 더 나은 길

중도 탈락 혹은 터닝 포인트

1985년 가을, 컬럼비아대학교 1학년생이었던 나는 2011년 가을의 키워너 러머와 똑같이 인생의 위태로운 한 단계를 지나고 있었다. 그때 난 키워너가 절대 하지 않으리라고 결심했던 일을 했다. 스스로 학교를 그만둔 것이었다. 당시 그것은 중요하고도 숙명적인 선택인 것처럼 느껴졌고, 지금도 그렇다. 사실 나는 지난 25년 동안 여러 번 ―종종 후회하는 마음으로― 그때의 결정을 되씹어보곤 했다. 이 책을 쓰면서도 물론 그것에 대해 많은 생각을 했다. 키워너를 비롯한 미셸 스테플의 '원골' 클래스 학생들과 함께 에이스 테크 차터 스쿨의 104호실에 앉아 있을 때면, 나는 솔직히 말해서 약간 부끄러웠다. 그 학생들에게 대학을 무사히 마친다는 것은 너무나도 온 마음을 사로잡는 목표였다. 내가 그들과 같은 나이였을 때 대학생활의 경험으로부터 무엇을 원하는지를 그들만큼 신중하고 책임감 있게 생각했더라면 얼마나 좋았을까? 나는 자주 안타까웠다.

내가 이 책에서 언급한 많은 학자들이나 연구가들은 —제임스 헥먼에서부터 앤절러 덕워스나 멀리사 로더릭, 그리고 〈**결승선을 넘다**〉의 저자들에 이르기까지— 고등학교나 대학교 중퇴가 기준 이하의 비인지능력에서 비롯된 징후라는 점을 지적했었다. 뚝심의 부족, 인내심 결핍, 보잘것없는 계획의 기술 등이 그런 비인지능력이다. 그리고 내가 학교를 그만두겠다고 결정했을 때, 나에겐 그런 중요한 기술의 일부가 결여되어 있었다는 게 사실이라고 생각한다. 그러나 내가 이 책에서 전한 내용은 그 결정을 좀 더 너그럽게 해석할 방법을 나에게 제공하기도 했다. 그것은 리버데일 컨트리 스쿨의 도미닉 랜돌프 교장선생님과 대화하는 과정에서 드러난다. **실패는 —혹은 적어도 실패할 수 있는 진짜 리스크는— 종종 성공에 이르는 길을 찾는 극히 중요한 단계일 수 있다고** 자못 설득력 있게 주장했던 장본인이다. 독자 여러분도 기억하겠지만, 랜돌프는 '대체로 부유층 출신인 자기 학생들이 사립학교, 개인교수, 아이비 리그 학교, 안전한 커리어 등으로 상징되는 성적 위주의 미국식 시스템 속에 갇혀 있어서, 그들의 가족이나 학교나 심지어 문화조차도 그들에게 역경을 극복할 수 있는 기회, 성격을 개발할 수 있는 기회를 충분히 주지 않음으로써, 그들을 부당하게 대우하고 있는 게 아닐까' 걱정하고 있었다. 그는 이렇게 말했다. "**뚝심이라든지 자제력으로 말하자면, 그런 것들은 실패를 통해서 얻어집니다.** 그런데 극도로 아카데믹한 미국의 환경에서는 어느 누구도 실패란 것을 하지 않거든요."

이 책을 위해 실시한 조사를 바탕으로 하여 나는 KIPP과 리버데일 및 성격 등에 관한 기사를 썼고, 이 글은 2011년 9월 뉴욕 타임즈 매거진에 실렸다. 독자들은 뜻밖에도 이 기사에 대해 홍수 같은 반응을 쏟아냈는데, 특히 실패와 성공에 관한 랜돌프의 생각을 두고 갑론을박이 이어졌다. 더러는 이 매거진의 웹사이트에다 자신들의 경험을 올리기도 했다. 예컨대 "데이브"라는 ID를 쓰는 독자는 자기 자신이 바로 랜돌프가 말하는 그런 아이들 가운데 하나여서, 시험 성적도 좋았고 주위의 칭찬도 많이 들었지만 현실의 험난한 도전에서 얻어지는 뚝심 같은 건 전혀 개발하지 못했다고 썼다. 그러고는 이렇게 덧붙였다. "지금 나는 30대의 나이에도 종종 스스로에게 묻는다. 내가 만약 실패에 대해서 그처럼 두려워하지 않고 성공이 보장되지 않은 일들을 회피하는 경향이 아니었더라면, 얼마나 더 많은 것들을 성취할 수 있었을까 하고."

　　위의 기사가 실린 후 오래지 않아서 나는 대학을 스스로 그만두었던 결정을 새로이 생각하고 있는 자신을 발견했다. 일관성 있고 지속적인 대학생활에 대한 연구에 푹 빠져 있던 때였다. 왜 그랬을까? 왜 자퇴할 마음을 먹었을까? 난 그 당시의 낡은 서류들을 뒤지면서 단서를 찾아보려고 애썼다. 그러다가 오래 잊고 있었던 편지 한 통을 발견했다. 1학년 가을 추수감사절 주말 동안 기숙사에서 쓴 것으로, 학교를 그만두겠다는 결정에 관한 장황한 설명서였다. 행간 여백도 없이 ―당시의 기술 수준이 어느 정도였는지를 말하자면― 직접 손으로, 그것도 필기체 형식으로 써서 무려 여덟 장에 이르는 편지였다. 커피 흘린 자국이 좀 있었지만 여전히 읽을 수 있는 그 편지를 꺼내서 사무실에 앉아 심호흡을 하고 다시 찬찬히 읽었다. 독자 여러분도 상상할 수 있겠지만, 상당히 얼굴이 붉어지는 글이었다. 일생일대의 결단을 내리려고 하는 18세 소년의 영혼보다 더 초조하고 긴장된 영혼이 어디에 있겠는가? 하지만 나는 그 편지를 다시 보게 되어서 즐거웠다. 이것저것 참지 못하는 사춘기의 순간들에도 불구하고, 나는 갈등과 고뇌에 찬 젊은 시절의 자아에 대해 깊은 공감을 느꼈다.

고등학교 시절의 나는 평균 성적도 좋고 표준시험에서도 좋은 점수를 받는 등, 성과가 탁월한 학생이었다. 대학에 들어가서는 들떠 있으면서도 혼란스러웠고, 아는 사람이라곤 하나도 없는 도시와 캠퍼스에서 홀로 내버려진 기분이었다. 뉴욕에 살게 된 건 기뻤지만, 강의실에 앉아 있는 건 썩 그렇지 못했다. 너무나도 책임감이 투철했던 고등학교 시절에도 나는 공교육이란 것을 어떻게 받아들여야 할지 심각한 회의를 느끼고 있었다. 내겐 반항아적인 기질이 좀 있었고 −10대에 이미 케루악을 읽고 있었으니까− 내 이전의 수백만 반항아들과 마찬가지로 이렇게 생각하고 있었다. **교실에서 배우는 건 별로 중요하지 않아, 친구!** 어쨌거나 그 11월의 어느 날 컬럼비아대학에서 나는 스스로에게 다짐했다. 됐어, 이제 그만! 이걸로 충분해! "이제껏 난 15년하고도 3개월 동안 교육을 받았다. 내 인생의 84퍼센트에 해당하는 시간이다." 나는 내 성격에 걸맞은 정밀도를 자랑하며 그렇게 썼다. (참고로, 유치원 첫날부터 계산한 것이다.) "내가 아는 거라곤 학교 가는 것뿐이다. 교육이란 하나의 게임이고, 그래, 있는 그대로 받아들여야겠지만 나는 그 게임에 능숙하다. 난 규칙을 안다. 나에게 요구되는 모든 과제를 수행할 줄 안다. 심지어 이기는 방법도 안다. 하지만 난 이 게임이 지겹다. 게임 그만 하고 칩을 현금으로 바꾸고 싶다."

18살의 나는 그렇게 썼다. 다들 주위에서 잘한다고 하는 일을 그만두고, 한 번도 시도해본 적이 없는 일을 하려는 것은 언제나 어려운 노릇이라고. 그러나 바로 그게 내가 하고 싶은 것이었다. 무언가 불확실하고 위험한 일, 제대로 해낼지 알 수 없는 일. 그리하여 내가 스스로에게 부과한 과제는 오랜 여행이었다. 다음 학기의 수업료로 쓸 돈을 모두 찾아 장거리 여행용 자전거와 텐트를 사서, 애틀랜타에서부터 핼리팩스까지 공원이나 생판 모르는 사람의 집 뒤뜰에서 자고, 혼자서 페달을 밟는 것. 참으로 기묘한 생각이었다. 장거리 자전거 여행은 한 번도 해본 적이 없었고, 심지어 짧은 거리조차 혼자서 다녀본 적도 없었잖은가? 미국의 남쪽이라곤 가볼 생각도 없었잖은가? 모르는 사람들과 이야기를 나누는 재주도 별로 없잖은가? 그러나 웬일인지 나는 이 미션을 꼭 수행해야겠다고 강렬하게 느꼈다. 캠퍼스에서보다 길 위에서 훨씬 더 많은 걸 배울 수 있으리라는 생각이 들었다. 나는 이렇게 썼다. "이거, 완전히 실패로 끝날지 몰라. 형편없는 꽝, 어마어마한 재앙이 될 수도 있어. 태어나서 가장 무책임한 일을 하는 꼴이 될 수도 있다. 하지만 가장 책임 있는 일이 될 수도 있고."

KIPP과 리버데일에 관한 내 글이 뉴욕 타임즈 매거진에 실린 지 며칠 후 어느 독자가 이메일을 보내왔다. 날더러 2005년 스티브 잡스가 스탠퍼드대학 졸업식에서 행했던 연설을 봐야 한다는 것이었다. 그는 실패와 성공에 대한 잡스의 생각과 내가 그 기사에서 강조하려고 했던 논쟁 사이에 유사점이 아주 많다고 했다. 잡스의 때 아닌 죽음으로 스탠퍼드 연설은 엄청난 관심을 끌게 되었지만, 그 이메일을 받은 것은 그가 죽기 몇 주 전이었고, 나는 그 연설을 보거나 들을 기회가 없었다. 나는 독자가 보내준 유튜브 링크를 클릭했다. 그의 연설을 보자마자 그의 인생 역정에 대해 내가 전혀 모르고 있었다는 사실을 깨달았다. 그 동영상을 보고서야 그가 대학 1학년 때 중퇴했다는 걸 알게 되었다. 오리건주에 있는 리드대학교였다. 대학을 자퇴한 지 수십 년이 지나고서도 여전히 그 결심을 정당화하고 싶다면, 우리 시대 최고의 성공과 창의성을 누린 비즈니스맨이 나와 꼭 같은 짓을 했다는 것보다 더 든든한 위안이 또 어디에 있겠는가? 그뿐인가, 그는 조금도 후회하지 않고 있었다! 잡스는 연설에서 대학 중퇴가 "내가 내린 모든 결정 중 가장 훌륭했다."고 설명하고 있었다. 그것은 심지어 그에게, 또 애플에게, 특별한 방식으로 득이 되기까지 했다. 즉, 대학졸업을 위한 필수 활동에서 자유로워진 잡스는 배당받은 학과보다도 훨씬 더 그의 흥미를 끌었던 서예書藝나 타이포그래피(글씨체 혹은 조판술) 등을 공부할 수 있었던 것. 그의 이야기를 들어보자. "나는 세리프가 있는 서체와 없는 서체를 배웠고, 여러 서체에 따른 다양한 자간 여백을 배웠으며, 어떻게 해야 훌륭한 타이포그래피를 만들 수 있는지 등을 배웠다. 이 모든 것은 내가 살아가면서 실용적으로 응용할 수 있는 가능성이 눈곱만치도 없었다." 물론 그로부터 10년 후 그가 스티브 워즈니악과 함께 매킨토시를 디자인하면서 최초로 퍼스널 컴퓨터에 창의적인 타이포그러피를 도입하기로 결심하게 되자, 이야기는 달라진다. 그 화려한 서체 덕분에 그들의 맥은 그 이전의 모든 컴퓨터와 뚜렷이 구별되었다.

하지만 잡스의 연설에서 가장 깊은 인상을 남긴 부분은 그의 가장 커다란 실패담이었다. 서른 번째 생일 직후 자신이 설립했던 애플에서 해고당한 일이었다. "성인이 된 후 내 삶 전체의 초점이 없어졌다. 하늘이 무너지는 느낌이었다. 나는 온 세상이 다 아는 실패의 주인공이었다." 그러나 그 당시에는 볼 수 없었지만 나중에 명백히 밝혀진 것은 그처럼 극적인 실패의 경험으로 인해 그는 자신의 삶과 일에 새로운 방향을 설정하여 결국 최고의 성공을 이룩했다는 사실이다. 그는 픽사를 인수하고 탈바꿈시켰으며, 결혼을 하고 활기를 되찾아 애플로 귀환했던 것이다. 연설에서 잡스는 이렇게 표현한다. "성공을 이루었다는 무거움은 없어지고, 다시 초보자로 돌아가 모든 게 불확실해졌다는 홀가분함으로 가득했다." 내가 생각하기에, 그 느낌이야말로 나 자신이 컬럼비아의 기숙사에서 애써 찾으려 했던 바로 그것이었다. 새로 시작한다는 홀가분함.

자퇴의 편지를 쓴 지 약 한 달 후, 나는 정말 학교를 그만두었다. 그리고 자전거 한 대, 텐트, 코울먼 스토브, 애틀랜타 행 편도 티킷을 구매했다. 애틀랜타에서부터 나는 허다한 폭풍우, 펑크 난 타이어, 기이한 만남 따위를 경험하면서 핼리팩스를 향해 페달을 밟았다. 딱 두 달이 걸렸는데, 그 여정을 끝내면서 이게 여태껏 한 일 중에서 최고였다는 기분이 들었다. 몇 달 뒤, 나는 고향인 캐나다에서 다시 한 번 대학과정에 도전했다. 이번엔 맥길대학교, 10여 년 뒤에 마이클 미니가 새끼 쥐를 이용해서 놀라운 발견을 하게 되는 그 학교였다. 그러고는 세 학기를 공부한 다음, 나는 다시 자퇴를 하고 하퍼즈 매거진의 인턴 기자가 되었다. 이번에는 중퇴 상황이 계속되어, 난 대학으로 돌아가지 않았고 학사 학위도 받지 못했다. 그러면서 조금씩 주저하듯 잡지 편집자와 저널리스트의 커리어를 쌓기 시작했다. 이후 나는 잡스처럼 애플을 설립하지도 않았고, 넥스트NeXT같이 실패로 끝난 회사도 세우지 않았다. 아니, 사실을 말하자면 대학 기숙사에서 씨름하고 있었던 질문을 이후 20년 동안에도 줄곧 고민하고 있었다. **내가 잘하는 일을 해야 하나, 아니면 내가 좋아하는 일을 해야 하나? 위험을 무릅쓸까, 아니면 안전하게 갈까?** 그러다가 컬럼비아를 중퇴한 지 24년 후 어느 가을날 아침, 나는 뉴욕시에서 또 하나의 유서 깊은 회사인 뉴욕 타임즈를 그만두게 된다. 역시 뚜렷한 안전망이 없는 채로 말이다. 그리고 이번에 내가 시작하려는 기이한 모험은 아메리카의 절반을 자전거로 도는 여행이 아니었다. 그것은 책을 쓰려는 것이었다. 바로 이 책을.

Keyword 02

"High LG" 부모 되기

　　요즘 나는 성공과 실패에 대해 심사숙고를 할 때마다, 내 자신의 전망보다는 내 아들 엘링턴의 장래를 훨씬 더 자주 생각한다. 내 인생의 역정이야 이미 대체로 정해진 수순대로 이루어졌겠지만, 엘링턴은 어떤가? 무슨 일이 생길지는 아무도 모른다. 아들이 태어날 즈음해서 이 책을 쓰기 시작했고 아이의 세 번째 생일 직후에 책이 출간될 테니, 내가 저술에 소모한 시간은 신경과학자들이 아이의 성장에서 가장 중요하다고 말하는 그 기간과 정확하게 일치한다. 이 책을 쓴 경험은 -특히 Search 01에서 설명했던 두뇌 연구를 알게 된 것은- 부모라는 것이 무엇을 뜻하는가에 대한 내 생각에 심오한 영향을 끼쳤다.

　　엘링턴이 태어났을 때 나는 인지가설의 영향을 받아 불안하고 초조한 대부분의 부모들이나 다름없었다. 두뇌를 키워주는 플래시 카드나 모차르트 CD 따위를 분만실에 갖다 두지 않으면 아이가 살아가면서 성공하지 못할까 걱정했으며, 나중에 아이가 유치원 입학시험에서 만점을 딸 때까지 그런 것들을 아이에게 무수히 안겨주었다. 그러나 내가 읽기 시작한 뇌 학자들의 글은 전혀 다른 방향을 알려주었다. 그들은 이렇게 말한다. 그래, 그 **최초의 몇 년**은 아이의 뇌 발달에 너무나도 중요하다. 그러나 그 시기에 아이들이 습득하는 가장 의미 있는 기술은 플래시 카드로 가르칠 수 있는 것이 아니다.

엘링턴이 읽고 쓰고 덧셈과 뺄셈을 하는 능력에 관해 내가 갑자기 신경을 쓰지 않게 되었다는 얘기가 아니다. 그렇지만 그런 능력이야 내가 무엇을 하든 상관없이 조만간 아이가 습득할 능력이라는 확신을 가지게 되었다. 아들이 책에 둘러싸여 자라고 있으며, 책읽기를 좋아하고 숫자를 다루는 게 편안한 부모들 아래 크고 있기 때문이었다. 그러나 그보다 자신이 없는 것은 바로 아이의 성격상의 재능이었다.

그래, 하긴 갓난아기를 두고 이야기하면서 **성격이란** 말을 쓴다는 게 좀 우스꽝스럽긴 하다. 그리고 한 개인의 성격 발전이 문화와 가족과 유전자와 자유의지와 숙명 등등의 온갖 신비한 상호작용에 달려 있다는 것도 사실이다. 그렇지만 내가 보기에 이 신경과학계의 신세대가 이룩한 가장 심오한 발견은 유아의 뇌 화학반응과 성인의 심리 사이에 존재하는 강력한 관계다. 우리가 성격 또는 인격이라 부르는 그 고상하고 복잡한 인간의 특질 저 아래 숨어있는 것은 자라나는 아이의 두뇌와 신체 속에 있는 몇몇 화학요소들의 따분하고도 기계적인 상호작용이다. 과학자들이 찾아낸 사실이 바로 그거다. 말할 것도 없이 화학반응은 숙명이 아니다. 그러나 용감하고 호기심 많고 친절하고 신중한 어른으로 키워내는 가장 믿을 만한 길은 어릴 때 그의 **시상하부−뇌하수체−부신 중심축이 기능을 잘 발휘하도록** 해주는 것이란 사실을 이 과학자들은 보여주었다. 그럼, 어떻게 해야 그것이 가능한가? 그건 무슨 마술이 아니다. 우선, 아이를 가능한 한 충격적인 경험이나 만성적 스트레스로부터 보호해줘야 한다. 그 다음은 **부모와의** (혹은 적어도 부모 중 한 명과의) **안전한 관계, 북돋워주는 관계**를 제공해주는 것이 더욱 중요하다. 물론 그것이 성공하는 비결의 모든 것은 아니지만, 대단히 커다란 일부분이긴 하다.

엘링턴이 갓난아기였을 때, 나는 마이클 미니의 연구 결과에 가장 깊은 인상을 받았다. 인정하기에 약간 쑥스럽긴 하지만, 갓 태어난 아들과 놀 때면 나는 종종 새끼 쥐들이 생각났다. 사실 나는 High LG 부모, 즉, "많이 핥아주고 쓰다듬어주는high-licking-and-grooming 부모"가 된다는 게 어떤 뜻일까를 생각하면서 많은 시간을 보냈다. 그러고는 깨달았다. 그런 High LG 어미 쥐들은 소위 헬리콥터 부모가 아님을. 그들은 불안한 마음으로 아이 주위를 맴돌지 않는다. 끊임없이 핥고 쓰다듬지도 않는다. 그들은 대개 아주 특별한 한 가지 상황, 즉, 아이들이 스트레스로 지쳤을 때만 핥아주고 쓰다듬어준다. 그건 마치 어미 쥐들이 새끼들에게 반복 교육을 통해 하나의 소중한 기술을 −흥분된 스트레스 체계를 조절하여 다시 평온한 상태로 돌려놓는 기술을− 가르치려고 애쓰는 것으로 보였다. 인간의 경우 이와 비견될 만한 기술은 짜증을 부리거나 극도로 겁을 먹은 다음 다시 냉정을 되찾을 줄 아는 능력이 아닐까. 난 그렇게 생각한다. 내가 엘링턴에게 가르치려고 신경을 썼던 게 바로 그런 능력이었다. 여기서 밝혀두자, 난 아들을 핥아주진 않았다. 심지어 솔직히 말해서 쓰다듬기조차 그다지 많이 해주지 않았다. 그러나 인간에게 'High LG'에 해당하는 것이 있다면, 그건 위로해주고 껴안아주고 대화하고 안심시켜주는 일이 아니겠는가. 그래서 엘링턴이 어릴 땐 아내와 내가 모두 그런 것을 많이 해주었다. 엘링턴이 어릴 때 우리가 그렇게 해준 것이 −우리가 해준 다른 어떤 것보다도− 성장한 후 그의 성격과 행복과 성공에 커다란 영향을 준 것으로 드러날 것이다. 난 그렇게 추측한다.

하지만 아들이 점점 커가면서 나는 (내 앞의 수많은 부모들이 그랬듯이) 사랑과 포옹 이상의 무언가가 그에게 필요하다는 것을 깨닫게 되었다. 그에게는 기강과 규칙과 제약도 필요했다. "노!"라고 말해줄 사람 말이다. 하지만 다른 어떤 것보다도 아이가 필요로 한 것은 아이에게 걸맞은 역경, 즉, 넘어졌다가 다시 누구의 도움도 없이 혼자 힘으로 일어설 수 있는 기회였다. 이것은 나와 아내에게 훨씬 더 어려운 노릇이었다. 껴안아주고 위로해주는 것보다는 그것이 훨씬 부자연스러웠으니까. 게다가 이건 모든 부모들처럼 우리가 앞으로 맞닥뜨릴 긴 투쟁의 시작에 불과하다는 것을 나는 알고 있다. 아이들에게 뭐든지 다 해주고 싶고, 모든 위험으로부터 보호해주고 싶은 우리의 욕구. 하지만 아이가 성공하기를 진정으로 원한다면 우선 그가 실패할 수 있도록 내버려두어야 한다는 (혹은 좀 더 정확하게 말해서 그가 실패를 **관리하는 법**을 배우도록 도와주어야 한다는) 우리의 상식. 그 둘 사이에 벌어질 기나긴 싸움. 실패에 대처하고 실패에서 배우는 법을 터득하는 게 중요하다는 이 생각은 이 책의 곳곳에 드러나는 일반적인 맥락이다. 체스 코치인 일리저베스 스피겔이 바로 이런 데 전문가다. 그녀는 학생들이 빈번하게 실패하는 것을 당연하게 받아들였다. 체스선수라면 누구나 그렇다. 그녀가 보기에 아이들을 실패하지 않게 만드는 것은 자신의 임무가 아니었다. 실패할 때마다 거기서 교훈을 얻고, 흔들리지 않고 정직하게 실패를 직시하며, 어째서 엉망이 되었는지 그 이유를 똑바로 알도록 가르치는 것이 자신의 임무였다. 학생들이 그렇게만 할 수 있다면 다음번엔 잘 하리라는 게 스피겔의 믿음이었다. 스티브 잡스가 두 번째 애플에서 그랬던 것처럼.

　리버데일 스쿨의 교사와 교직원들이랑 이야기를 나누었을 때, 그리고 나중에 뉴욕 타임즈 매거진 기사를 읽고 대화를 나누고 싶어 했던 수많은 사립학교 학부모와 교사와 졸업생들을 만났을 때, 그들이 가장 우려했던 부분이 바로 이것이었다. 아이들이 역경으로부터 지나치게 보호받아 실패를 극복하거나 거기서 배우는 능력을 키우지 못하고 있다는 걱정 말이다. 리버데일에서 자료를 구하면서 나는 오늘날 풍요의 문화 안에 (다소 초기적이긴 하지만) 널리 퍼져 있는 불안을 우연히 알게 되었다. 성과만을 추구하는 미국의 전통적인 채널 안에 무언가가 심각하게 잘못되었다는 느낌, 탁월한 자격과 잘 갈고닦은 시험 기술을 갖고 우리의 멋진 고등교육기관을 졸업하는 젊은이들에게 세상을 헤쳐 나가도록 도와줄 기술은 별로 없다는 느낌. 요즘은 국내 최고의 대학을 졸업하고 사업가가 되는 경우는 점점 더 드물고, 인습을 타파하는 용기도 드물며, 예술가도 더 드물다. 사실 투자은행에 다니는 사람들과 경영컨설턴트를 빼면 모든 게 드물어졌다. 최근 뉴욕 타임즈의 보도에 의하면 2010년 프린스턴 졸업생 가운데 36퍼센트가 금융업에 속한 직장을 구했고, 26퍼센트는 프린스턴이 서비스업이라고 칭한 범주에 취직했는데 후자에는 경영컨설팅이 들어있는 게 두드러진다. 다시 말하면 졸업생들의 절반 이상이 투자금융이나 컨설팅으로 진출하고 있다는 얘기다. 그것도 2008년, 금융업이 거의 붕괴할 뻔했던 직후에 말이다. (금융위기 이전에는 프린스턴 졸업생의 3분의 2가량이 투자금융이나 컨설팅 커리어를 택했다.)

어떤 분석가들이 보기에, 우리 젊은이들 가운데 가장 탁월하고 총명한 인재들을 개인의 만족감이나 사회적 가치란 측면에서 그리 높다고 할 수 없는 전문직으로 보내고 있다는 사실은 수많은 리버데일 교사들이 나한테 이야기했던 바로 그 현상의 —아이들이 공부는 열심히 했지만 어려운 의사결정을 한다든지 정말 힘든 과제를 만날 필요가 없었던 현상, 그래서 능력은 있되 이미 패배한 상태에서 성인의 세계로 들어가는 현상의— 계속일 따름이다. 법학 교수이면서 경제학 관련 블로그를 운영하는 제임스 곽 James Kwak이란 사람은 2010년, 바로 이 이슈에 관하여 "왜 하버드 친구들은 월스트리트로 향하는가?"라는 제목의 통찰력이 번득이는 포스트를 올린 적이 있다. 제임스 곽도 하버드를 졸업한 후 많은 동기생들처럼 경영컨설턴트로 일했다. 그리고 이렇게 설명했다. 물론 돈을 많이 받는 게 그리 나쁘진 않지만, 그처럼 많은 사람들이 그 진로를 밟는 까닭은 돈이 아니다. 진짜 이유는 회사가 길을 다 닦아주기 때문에, 결정하기가 너무나 쉬울 뿐 아니라 거절하기 어렵다는 것이다.

그는 또 이렇게 썼다. "오늘날 하버드의 전형적인 학부 학생들은 무슨 특별한 일을 하려는 구체적인 열망이 아니라, 성공을 못하는 데 대한 두려움에 의해서 떠밀려가고 있다. 아이비 리그 학생들의 졸업 후 선택은 주로 두 개의 의사결정 원칙에 좌우된다. ❶ 가능한 한 많은 옵션을 열어두라. 그리고 ❷ 미래에 넘치도록 성과를 올릴 가능성을 높이는 일만 하라." 투자은행과 컨설팅회사의 채용 담당자들은 이러한 심리를 잘 이해하고, 그것을 완벽하게 써먹는다. 그래서 일자리는 얻기 힘들고 높은 지위의 상징이지만, 지원하고 채용되는 과정은 엄격하고도 예측가능하다. 또한 채용 담당자들은 졸업을 앞둔 대학생들에게 이런 주장을 펼친다. "당신들이 골드만 삭스나 매킨지 같은 회사에 들어간다면, 그건 당신들이 사실 뭔가를 **선택하는 게** 아니다. 당신들은 그저 돈을 벌면서 (또 어쩌면 세상에 좋은 일도 좀 하면서) 몇 년을 보내고, 그런 다음 어떤 시점에 당신들이 무엇을 하고 싶은지, 당신들이 어떤 사람이 되고 싶은지, 그런 것에 대해 **진짜** 결정을 내리게 될 것이다." 이에 대해 제임스 곽은 이렇게 적고 있다. "활짝 열린 경제에서 직장을 구할 줄 모르는 사람이나 삶의 한 단계가 끝날 때마다 다음 단계에서 가장 고급스러운 일을 하기 위해 시험을 보는 사람에게, 이 모든 것은 자연스럽게 다가온다."

색다른 도전

당신이 하버드 대학생이라면, 성격이라는 문제로 씨름하더라도 좀 감흥을 돋우지는 않지만 투자은행 같은 데 일자리를 구할 수 있을 것이다. 하지만 당신이 시카고 사우스 사이드에서 자라는 10대라면, 성격의 문제는 당신을 감방에 집어넣을 수도 있고 아니면 적어도 비비언 서머즈 대안학교 같은 데로 보낼 것이다. 그래서 사회가 아이비 리그 졸업생들의 잠재력을 충분히 살리도록 도와줄 의무가 있다고 주장하기는 무척 어렵지만, 빈곤과 역경 속에서 자라는 아이들의 성공적인 발달을 위해 사회가 중요한 역할을 한다는 논리를 펴기는 수월하다. 정부가 빈곤층 가족들을 어떻게 도와야 하는지에 대해서 자유주의자들과 보수주의자들의 의견은 날카롭게 갈리지만, 정부가 **무엇인가 대책을 세워야** 한다는 데에는 거의 모든 사람이 동의한다. 가난의 충격을 완화해주고 젊은 이들에게 가난을 벗어날 기회를 제공하는 것, 역사적으로 그것은 다리를 놓고 국경을 지키는 일과 더불어 모든 국가정부의 기본적인 기능 가운데 하나였다. 퓨 리서치 센터에서 진행 중인 태도에 관한 여론조사의 결과도 미국인 대부분이 이에 동의한다는 걸 보여준다. 2008년 이후로 빈곤층 지원에 대한 지지도는 (경제가 어려울 땐 종종 그러했듯이) 약간 수그러들었지만, '정부는 모든 시민들이 먹을 음식과 잘 곳을 넉넉히 보장해야' 한다는 명제와 '스스로를 보호할 수 없는 사람을 보살피는 것은 정부의 책임'이라는 명제에는 대다수의 미국인들이 뚜렷이 동감하고 있다. 그리고 이런 이슈가 **기회라는 측면**에서 표현되면, 대중의 합의는 더욱 더 분명하고 확고하다. 즉, 퓨가 이런 질문을 던지기 시작한 1987년 이래로 모든 여론조사에서 87~94퍼센트의 응답자들이 '우리 사회는 모든 사람들이 성공을 위한 동등한 기회를 가질 수 있도록 필요한 모든 조치를 취해야' 한다는 명제에 동의했다.

그러나 불우한 이웃들의 성공을 돕는 데 대한 미국인들의 지지도는 여전히 굳건한 반면, 무언가 중요한 것이 지난 몇 십 년 사이에 두드러지게 변했다. 빈곤을 퇴치할 수 있는 가장 좋은 방법이 무엇인지, 한때 온 나라가 떠들썩하고 열정적으로 주고받던 대화가 수그러들어 거의 사라진 것이다. 1960년대만 해도 빈곤 퇴치는 공적인 논쟁의 주요 사안이었다. 그 이슈에 끼어들지 못하고는 진지한 정책전문가가 될 수 없었다. 존슨 정부 때엔 워싱턴의 스마트하고 야심찬 젊은이들이 몰리는 곳은 빈곤과의 전쟁을 지휘하는 본부 격인 경제기회국이었다. 1990년대 들어 다시 한 번 빈곤에 대한 논의가 활발해졌는데, 이번에는 그 중심이 복지개혁으로 변했다. 그러나 지금은 그런 논의들이 거의 사라졌다.

우리 대통령은 민주당 출신으로, 지금 YAP 지지자들이 일하고 있는 바로 그 동네에서 따지고 보면 그들과 유사한 일을 하면서 정치경력의 초기를 빈곤과의 전쟁으로 보냈다. 그러나 대통령에 취임한 이후 그는 민주당 출신의 그 어떤 전임 대통령보다도 빈곤에 관해 공적으로 이야기하는 시간이 적었다.

그렇다고 빈곤 자체가 사라진 것은 아니다. 전혀 그렇지 않다. 빈곤과의 전쟁이 한창이던 1966년 빈곤율은 불과 15퍼센트였으나, 2010년에도 여전히 15.1퍼센트에 이른다. 게다가 아동빈곤율은 17퍼센트를 약간 상회했던 1966년보다도 22퍼센트까지 올라간 지금이 **현저히** 높다. 현재 미국의 아이들 가운데 5분의 1에서 4분의 1 정도가 가난 속에서 자라고 있다는 뜻이다.

자, 그럼, 빈곤 문제가 1960년대나 마찬가지로 중요 이슈인 지금, 어째서 이에 대한 논의가 적어도 국가적으로는 거의 중단된 것일까? 그 답은 소위 공공지식인들의 심리와 일부 관련이 있다는 게 내 생각이다. 고등교육을 받고 빈곤과의 전쟁을 치렀던 지식인들에게 그 전쟁은 아주 깊은 상처를 남겼고, 정책전문가들에게 일종의 외상 후 스트레스 장애를 야기했던 것이다. 케네디 대통령이 인간을 달에 보냈을 즈음, 처음으로 가난에 종지부를 찍자고 이야기했던 걸 기억하는가? 1960년대 초의 워싱턴은 위대한 낙관주의와 희망에 물들어 있었고, 아폴로 우주비행은 그 희망을 충족시켰다. 그것은 거대한 국가적 승리였고, 국민 전체가 어떤 문제에 전념한다면 얼마든지 해결할 수 있다는 메시지를 던져주었다.

하지만 가난의 문제는 풀지 못했다. 물론 빈곤과의 전쟁을 대신했던 몇몇 정책들은 효과적이었지만, 그렇지 못한 정책들이 훨씬 더 많았다. 도움을 주기보다 오히려 해를 끼친 것들도 부지기수였다. 정부를 통해서 일하는 사람들이 커다란 문제를 해결할 거라고 믿는다면, 그건 참으로 받아들이기 어려운 사실이다. 획기적으로 가난을 줄이는 일이 생각보다 훨씬 어렵다는 사실을 인정하기란 괴로운 노릇이다. 하물며 45년이 지난 지금에도 어찌할 바를 모르고 있다는 점을 인정하기는 한층 더 어렵지 않겠는가.

빈곤에 대한 논의가 사라진 이유를 설명할 수 있는 또 다른 일이 지난 10년 사이에 일어났다. 즉, 그 논의가 교육에 대한 논쟁 속으로 녹아든 것이다. 원래 공공정책에 있어 교육과 가난은 완전히 별개의 주제였다. 신新수학운동과 '왜 우리 아이들은 글을 읽지 못 하는가'에 대한 논의는 빈민가와 굶주림과 복지와 도시재개발에 관한 논의와 엄연히 구분되어 있었다. 그러던 것이 점차 하나의 논의로 통일되어서, 부자와 빈자 사이의 성과 차이라는 주제로 ―가난한 가정에서 자라난 아이가 학교에서의 성적도 형편없다는 아주 현실적인 상황으로― 좁아졌다.

이런 현상에는 몇 가지 이유가 있다. 첫째 이유는 IQ에 관한 찰스 머리와 리처드 헌스틴의 1994년 저서로 많은 논쟁을 불러일으킨 《벨 커브》에서 찾아볼 수 있다. 간단히 말해서 인종 간 학력 검사 성적의 차이는 그들의 유전자 차이에서 비롯된 결과라는 것이 이 책의 요지다. 나를 비롯한 많은 사람들은 그런 결론이 잘못된 거라고 믿지만, 이 책은 대단히 새롭고 중요한 관점을 담고 있다. 학업 성적과 학력시험 결과는 각 개인이 살아가면서 이룩할 여러 가지 성과를 예측해주는 훌륭한 지표라는 것이다. 즉, 단순히 우리가 학교에서 얼마나 좋은 성적을 거두고 졸업할 때 얼마나 많은 것을 배우고 나오느냐 뿐만 아니라, 범죄를 저지르거나 마약을 복용할 가능성은 얼마인지, 결혼은 하게 될지, 했다가 이혼을 하게 될지, 등등까지도 예측해준다는 얘기다. 학교에서 잘했던 아이들은 가정환경이 좋든 나쁘든 사회에 나가서도 잘한다는 것을 〈벨 커브〉가 보여주었다. 그리고 이것은 갖가지 정치적 성향을 지닌 사회개혁가들에게 호소하는 하나의 흥미로운 아이디어를 이끌어냈다. 우리가 가난한 아이들을 도와 공부 기술과 학업성적을 개선하도록 한다면, 추가로 지원금이나 보조금을 주지 않더라도 자신의 능력만으로 빈곤의 악순환을 벗어날 수 있다는 생각이었다.

1990년대 말과 2000년대 초에 이런 아이디어는 두 가지 중요한 현상 때문에 탄력을 얻게 된다. 그 하나는 낙오학생방지법 No Child Left Behind Law 이 2001년에 통과된 것이었다. 이 법은 사상 최초로 각 주와 도시 그리고 모든 학교가 학생들의 —단순히 학생들 전체가 아니라 소수인종 학생, 저소득층 학생, 비영어권 학생 등등 개별 하위 그룹들의— 학업성과에 관한 상세한 정보를 수집해 보관하도록 규정했다. 일단 그런 자료가 축적되면서 그런 수치들이 반영하는 성적의 차이는 피할 수도, 부정할 수도 없게 되었다. 모든 주, 모든 시, 모든 학교의 모든 성적 등급에서 저소득층 학생들은 중산층 가정의 학생들보다 두드러지게 성적이 나빴다. 그들이 중학교를 마칠 즈음이면 평균적으로 2~3등급씩 뒤떨어져 있었다. 게다가 해가 거듭될수록 부유층—빈곤층 아이들의 학업

성적 차이는 커져만 갔다.

제2의 현상은 성적 차이를 잘 극복하는 것처럼 보이는 학교들이 나타난 것이다. KIPP 학교들이 좋은 예이고, 뉴 헤이븐의 아미스타드, 보스턴의 록스버리 프렙, 이와 유사한 성격의 학교들, 뉴어크의 노스 스타 아카데미 등 KIPP과 유사한 성격의 학교들이 여기에 속한다. 데이빗 레빈과 마이클 파인버그 그리고 다른 교육자들의 도움을 얻어 학생들이 일구어낸 초기의 놀라운 시험성적은 전국적으로 대중의 주목을 끌었다. 이 교사들이 믿을 만하고 복제 가능한 대도시 학교들의 성공 모델을 보여주었기 때문이다.

이와 같이 세 가지 요소가 모여서 빈곤의 문제를 걱정하는 사람들을 위한 삼단논법을 형성하게 되었다.

❶ 학교에서 치른 학력고사 성적은 학생의 환경이 어떻든 간에 인생 전반의 성과와 깊은 상관관계를 지닌다.

❷ 저소득 가정의 아이들은 그렇지 않은 학생들보다 학력고사 성적이 훨씬 나쁘다.

❸ 전통적인 공립학교와 전혀 다른 모델을 채택한 일부 학교들은 저소득층 학생들의 성적을 획기적으로 높일 수 있었다.

(결론) 그러한 학교들이 보여준 성과를 전국적으로 확대하여 대규모로 복제한다면 가난이 아이들의 성공에 미치는 악영향을 대폭 줄일 수 있다.

이것은 이전까지 빈곤을 바라봤던 관점과 사뭇 달랐다. 그것은 나를 포함한 많은 사람들을 들뜨게 만들었다. 그때까지 별의별 다른 방법을 써봤지만 효험이 없었기 때문이다. 가난한 부모들에게 복지 지원금을 주기도 해봤고, 주거비 보조금도 주어봤고, 불우한 미취학 아동들을 위한 헤드 스타트 프로그램도 시도해봤고, 지역사회 경찰활동까지 시도해봤다. 그렇지만 가난한 아이들이 나아지는 데 별로 소용이 없었다. 그런데 이제 공립학교들의 효율을 (대폭) 개선하기만 하면, 이전의 어떤 시도보다도 훨씬 강력한 빈곤퇴치의 도구가 될 수 있다는 얘기가 아닌가? 그것은 가히 혁신적인 아이디어였다. 그리고 교육개혁운동이라는 하나의 운동을 촉발했다.

다른 종류의 개혁

　교육개혁운동의 초기 단계엔 지지자들조차 자신들이 어디를 향해 가고 있는지 확실히 감을 잡지 못했다. 그들은 하나의 비전을 —KIPP처럼 저소득층 학생들에게도 도움 되는 학교들이 전국 곳곳에 자리 잡은 모습을— 공유하긴 했다. 하지만 어떤 정책 메커니즘이 그 비전의 실현에 가장 도움이 될지에 대해선 합의를 이루지 못했다. 쿠폰을 사용해야 하나? 전국적으로 통일된 커리큘럼? 혹은 차터 스쿨의 확대? 교실의 규모를 줄여야 할까? 10여 년이 지난 지금, 교육개혁자들은 특별히 '교사의 자질'이라는 한 가지 이슈에 관해서는 대충 뜻을 모았다. 실적이 부진한 교사들이 (특히 극심한 빈곤 지역의 학교에) 너무나도 많으며, 이런 학교들의 성과를 개선시키려면 교사들의 임용과 교육 및 보상과 해직 방식에 변화를 줄 수밖에 없다는 것이 개혁 지지자들 대부분의 공통된 생각이다.

이러한 주장은 1990년대 말에서 2000년대 초에 실시된 몇몇 연구조사 결과에 그 뿌리를 두고 있다. 에릭 하누셰크, 토머스 케인, 윌리엄 샌더즈 등 여러 경제학자들과 통계학자들이 발표한 이 논문들은 '부가가치'로 알려진 통계학 방법을 통해서 또렷이 다른 두 종류의 교사들을 구분할 수 있다고 주장한다. 학생들의 학업성과 수준을 정기적으로 높여줄 수 있는 교사들과 학생들의 성과가 지속적으로 부진하고 뒤떨어지는 교사들로 나뉜다는 것이다. 이 아이디어에서 하나의 이론이 탄생했다. 성적이 부진한 저소득층 학생이 몇 년 동안 계속해서 자질 높은 교사의 지도를 받으면 그의 시험성적이 지속적으로 개선되고, 그것이 축적되어 3~5년 후에는 자신보다 부유한 가정의 학생들과 격차를 극복할 수 있다는 이론이다. 이런 생각을 한 걸음 더 확장시키면 어떻게 될까? 학교 시스템과 교사 임용계약을 어떻게든 손질해서 **모든 저소득층 학생들이** 자질 높은 교사의 지도를 받도록 한다면, 학업성과의 격차는 완전히 해소될 수 있다.

최근 몇 년 동안은 정부의 최고위층도 이런 이론을 수용했다. 사실 오바마 행정부의 주된 교육 이니셔티브는 모든 주에게 교직단체를 관장하는 주 법률을 개정하도록 경쟁적인 인센티브를 제공하는 것이었다. 많은 주들이 연방정부의 이런 제안을 받아들인 결과, 전국적으로 학교 시스템 안에서 교사들에 대한 보상이나 평가나 임기 등에 대한 다양한 실험이 다양한 형태로 이루어지고 있다. 그리고 다른 어떤 자선단체보다 많은 돈을 교육에 투자하고 있는 게이츠재단은 바람직한 교육이 무엇이며 어떻게 해야 좀 더 나은 국가 차원의 교사집단을 만들 수 있는지에 대한 결정적인 해답을 얻기 위해서, 소위 MET Measures of Effective Teaching; 효과적인 교수법 측정라는 이름의 3억 달러짜리 프로젝트에 착수한 상태다.

개혁자들의 이러한 합의에도 불구하고 교사의 자질 향상을 위한 전국적인 노력은 상당히 많은 논란을 야기했다. 특히 교원노조들은 그런 노력이 지난 몇 십 년간 자신들이 투쟁하면서 추구해온 교직의 보호막을 무너뜨리려는 노골적인 시도라면서 두려워하고 있다. 노조에 대한 독자의 의견이 무엇이든, 몇 가지 중요한 측면에서 교사들에 관한 연구가 여전히 확실한 결론에 이르지 못했다는 것만큼은 사실이다. 첫째, 아직 우리는 주어진 시점에서 어떤 교사들이 최고 수준에 이를 것인지를 믿을 만하게 예측하는 방법을 모른다. 완전히 실패작이라고 생각한 교사들이 갑자기 학생들과 더불어 장족의 발전을 하기도 한다. 탁월한 교사들이 갑자기 내리막길을 걷는 경우도 있다. 그리고 일련의 뛰어난 교사들이 저소득층 학생들의 학업에 연이어서 긍정적 효과를 창출하는지 아닌지도 알 수가 없다. 최고 수준의 교사가 내리 3년간 가르치면, 딱 1년만 가르치는 것보다 3배의 성적 개선을 기대할 수 있다는 것은 **일리가 있는 것 같다**. 하지만 그렇지 않을 수도 있다. 1년만 지나도 그 효과가 없어질지 모르잖아? 지금까지 이런 문제에 대한 확실한 답은 없었다.

어쨌거나 기존의 체제는 누구보다 탁월한 교육을 받아야 할 아이들에게 가장 능력이 떨어지는 교사들이 배치되는 경향을 여러 해 동안 보여준 것이 사실이다. 이건 심각한 문제다. 그러나 가난한 아이들의 삶을 개선하려는 국가 차원의 노력에서 교사 임용의 개혁은 어떻게든 핵심적인 정책도구로 사용될 수 있었다. 그렇지만 하누셰크 등이 썼고 개혁 지지자들이 즐겨 인용하는 오리지널 논문들조차 교사들의 자질 차이는 학생들 간의 학업성과 격차가 생기는 이유 가운데 10퍼센트조차 되지 않는다고 결론짓고 있다.

이 때문에 교육 논쟁과 빈곤 논쟁을 뒤섞어놓으면 불리하다. 진짜 중요한 이슈에서 벗어날 수 있기 때문이다. 중요한 문제는 단지 "교사의 자질을 어떻게 개선할 것인가?"라고 생각할지 모르지만, 그건 사실 "수백만 명의 가난한 아이들이 인생의 기회를 획기적으로 개선시키려면 국가는 어떻게 해야 하는가?"라는 훨씬 더 폭넓고 심각한 문제의 사소한 일부에 지나지 않는다.

그리고 빈곤 논쟁이 교육개혁의 논쟁 속으로 사라지게 되면서 우리는 또 다른 중요한 사실을 놓치고 말았다. (탁월한 성과를 보이는 차터스쿨을 포함해서) 가장 인기 좋은 학교개혁의 대다수는 재능 있는 저소득층 아이들의 경우에 가장 높은 효과를 보이지만, 재능이 없는 저소득층 아이들에겐 별로 효험이 없다는 점이다. 재정적인 수요를 정의하는 연방교육당국의 개괄적인 방식은 이러한 사실을 가리는 경향이 있다는 게 문제다. 오늘날 미국 공립학교 학생의 경제적 상태를 나타내는 유일한 공식 지표는 학교급식보조금 수령 자격이 있느냐 없느냐이다. 2012년 현재, 4인 가족 기준 연간소득 41,348달러를 빈곤선으로 보는데, 연간소득이 이 빈곤선의 85퍼센트 이하인 가정은 정부 혜택인 이 보조금을 받을 수 있다. 그러니까 어떤 개혁이나 학교가 저소득층 학생들의 성과를 올려주었다고 하는 경우, 우리는 교육당국의 저소득층 개념이 미국 아동의 40퍼센트가량을 커버한다는 사실을 기억해야 한다. 여기에는 우리가 통상 노동계급 혹은 중산층이라고 규정하는 가정의 학생들까지도 포함된다. (시카고 공립학교의 경우 급식보조금을 받을 **자격이 없는** 학생은 8명 중 1명뿐이다.) 교육당국이 말하는 저소득층 학생의 집단 가운데 절반 정도만이 진짜 빈곤층으로 빈곤선 이하에서 살고 있다. 그리고 그런 학생 중에서 다시 절반(미국 아동의 10퍼센트 정도)은 빈곤선 수준의 반에도 못 미치는 소득의 가정에서 자라고 있다. 4인 가족인 경우 이것은 연간소득이 11,000달러도 안 된다는 뜻이다.

그리고 만일 당신이 연간 11,000달러도 벌지 못하는 가정에서 자라는 700만 미국 아동 중의 한 명이라면, 연간 41,000달러를 버는 가정의 아이들이 만나지 않을 수많은 성공의 방해물과 맞닥뜨리게 될 것이다. 우선 순전히 재정적인 문제가 있다. 당신의 가정은 새 옷이나 책이나 교육용 완구는 고사하고, 주거의 공간이나 영양가 높은 음식조차 충분히 제공할 수 없을 테니까. 하지만 당신이 넘어야 할 정말 고약한 학업의 장애는 집에서 사줄 수 있느냐 없느냐의 문제 정도가 아니다. 소득이 그 정도로 낮으면 집안에 풀타임으로 일을 하는 사람이 거의 없을 것이다. 일자리가 귀하기 때문이기도 하겠지만, 부모의 신체적 혹은 정신적 장애, 우울증, 약물 남용 등 다른 문제 때문일 수도 있다. 통계적으로 보면 당신은 교육도 제대로 못 받은 미혼모 아래 자라고 있을 가능성이 높다. 게다가 당신의 양육자는 당신을 학대했거나 방치했다는 이유로 아동복지기관에 한 번쯤 신고 당했을 가능성도 많다.

이런 가정에서 자라는 학생들은 ACE 스코어도 높고, 스트레스나 트라우마의 효과를 완화시켜주는 양육자와의 확실한 애착관계를 누릴 가능성은 적을 것이다. 그리고 이는 그런 아이들의 실행기능이 평균 이하일 것이고, 스트레스가 많은 상황을 타개하는 데 어려움을 겪을 가능성이 높다는 뜻이다. 이런 사실들은 신경과학자들과 심리학자들이 이야기했기 때문에 우리도 잘 안다. 이런 아이들은 수업 중 집중력이 낮고, 사회적 기술이 모자라며, 가만히 앉아 지시에 따르는 능력도 부족하고, 교사들이 나쁜 품행으로 보는 짓을 저지른다.

이런 아이들의 강렬한 욕구에도 불구하고 학교 개혁을 외치는 사람들도 그들에게 효험 있는 교육방법을 만드는 데 실패했다. 연간 41,000달러 수준의 소득이 있는 가정의 아이들한테 효과를 보는 교육은 제법 성공적으로 만들었지만 말이다. 말이야 바른 말이지, 심각하게 불우한 환경의 아이들을 돕는 믿을 만한 방법은 **어느 누구도** 찾아내지 못했다. 오히려 지금껏 만들어진 것은 이들의 아동기와 청년기를 종작없이 추적해보는 일관성 없고 임시방편적인 정부기관이나 프로그램뿐이었다.

이처럼 고장 난 파이프라인은 메디케이드 클리닉에서 시작되어, 사회보장제도, 아동복지 그리고 병원 응급실에 이르기까지 계속된다. [Medicaid: 미국의 사회보장법 제19항에 근거하여 각 주가 연방의 원조를 받아 빈곤자를 위해 실시하는 일종의 의료 공공부조 제도_옮긴이] 일단 아이가 학교에 들어가면 이 시스템은 그들을 특별교육, 보충수업, 대안학교 등으로 이끌어간다. 10대의 경우는 GED 프로그램과 컴퓨터 기반의 성적회복

과정도 있는데 이런 것들을 거치고 나면 학생들은 제대로 된 기술 하나 없이 고등학교를 졸업하는 경우가 허다하다. 학교 밖에서 이 시스템은 위탁양육 가정, 소년원, 보호관찰소 등을 아우른다.

이들 기관 가운데 특별히 잘 운영되고 있거나 양질의 인재들로 충원된 곳은 거의 없다. 열성적이고 이상주의적인 대학졸업자들이 무리지어 가입하는 TfA 같은 기관은 하나도 없다. 그나마 이들의 노력이 서로 잘 조절되는 경우도 거의 없다. 이런 데 관련된 아이나 그 가족들에게, 이런 기관들과 일하는 것은 짜증나고 소외감만 주며 모욕적인 경우도 허다하다. 전체로 봐서 이 시스템은 극히 비싼데다 심각하게 비효율적이며 성공률도 아주 낮다. 이런 시스템을 거쳐 간 아이들 중 대학까지 제대로 졸업한 경우도 없고, 좋은 직업이나 온전한 가족이나 안정된 가정 같은 성공적이고 행복한 인생의 표상을 이룩하는 경우도 없다.

그러나 가정에 깊고 넓게 스며든 역경과 싸워야 하는 아이들을 위해 우리는 완전히 다른 체계를 디자인할 수 있다. 너딘 버크 해리스가 베이뷰-헌터즈 포인트에 건설 중인 병원처럼 포괄적인 소아건강센터로 시작해보는 건 어떨까? 방문하는 환자를 위해 트라우마에 초점을 맞춘 치료와 사회보장 지원 같은 서비스를 가미하는 것도 좋으리라. 그런 다음 안정된 애착관계의 기회를 높여주는 양육을 지원하는 형식으로 계속할 수 있을 것이다. 델라웨어대학에서 개발한 ABC(Attachment and Biobehavioral Catch-up; 애착과 생물행동 따라잡기) 프로그램이 그런 예에 속할 것이다. 또 유치원 이전 단계에선 '마음의 도구' 같이 꼬마들에게 실행기능 기술과 자제력을 증진시키는 프로그램으로 나타날 수 있겠다. 물론 우리는 이런 학생들이 훌륭한 학교에서 -그들을 보충수업으로 몰아붙이는 학교가 아니라, 좀 더 높은 수준의 노력을 하도록 과제를 주는 학교에서- 공부하기를 원한다. 그리고 이들이 교실에서 어떤 학업상의 도움을 받든, 그것은 사회적·심리적 성격 계발을 위한 교실 밖에서의 교육으로 보충되어야 한다. 예컨대 일리저베스 도지어가 펜저에 도입했던 프로그램이나 '아이들을 위한 턴어라운드Turnaround for Children'라는 이름의 그룹이 뉴욕과 워싱턴의 몇몇 저소득층 학교에 제공하는 지원이 그런 것들이다. 고등학교의 경우, '원골'과 '대학까지 KIPP'이 부여하는 강점을 이리저리 결합시키면 이런 학생들이 혜택을 받을 것이다. 그들을 고등교육으로 인도하고 학업 면에서뿐만 아니라 정서적-심리적으로도 대학생활에 대비하도록 하는 프로그램이 되기 때문이다.

　가장 실패의 위험이 높은 10~15퍼센트 학생들을 대상으로 이렇게 두루 조화를 이룬 시스템을 구축하는 데는 말할 것도 없이 많은 돈이 들 것이다. 그러나 지금 우리가 가지고 있는 임시방편의 시스템보다는 훨씬 경제적일 것이다. 거의 틀림없다. 그런 시스템은 그들의 인생도 건지고 돈도 절약할 것이며, 장기적으로 그럴 뿐 아니라 당장 혜택을 볼 수 있을 것이다.

불우와 역경의 정치

빈곤한 가정이 아이들의 성공과 실패에 미치는 영향을 이야기한다는 것은 참으로 불편한 노릇일지 모르겠다. 교육개혁자들은 성공을 가로막는 주된 장애를 학교 시스템 안에서 찾고 싶어 한다. 또 그런 장애의 해결책 또한 교실에서 찾을 수 있다는 것을 그들의 신조로 삼는다. 이와는 대조적으로 개혁에 회의적인 사람들은 저소득층 아이들의 부진한 성과 원인으로 학교 밖의 요소들을 지적하기 일쑤인데 - 이런 요소들의 리스트는 나도 많이 보았다 - 가정의 기능과는 별 상관이 없는 것들을 선택하는 경향이 있다. 그러니까 이들은 환경의 독소, 음식물의 위험성, 의료와 주택의 부족, 인종차별 등등 주로 개인과는 무관한 사안들을 지적하는 것이다. 그렇지만 그들은 가난한 (극도로 가난한) 아이들이 자주 경험하는 가장 큰 성공의 장애를 정확히 꼬집어내지는 못한다. 고도의 스트레스를 조성하는 가정과 사회라든지, 아이들이 그런 스트레스를 관리할 수 있게 만드는 양육자와의 안정된 관계가 없다는 점 등을 말이다.

자, 우리는 가난에서 비롯된 성취 부족의 근본 원인을 찾는다면서 어찌하여 엉터리 범인에게만 초점을 맞추고, 과학적으로 봐도 가장 피해를 많이 입힌다는 원인들은 무시하는 걸까? 여기엔 세 가지 이유가 있다고 나는 생각한다. 첫째는 그 과학이란 것이 잘 알려져 있지도, 제대로 이해되고 있지도 않기 때문이다. 그것이 잘 이해되지 않는 이유 중의 하나는 그것이 너무 치밀해 뚫고 들어가기 어렵다는 점이다. 뭔가 논리를 펴기 위해서 **시상하부-뇌하수체-부신** 같은 용어를 써야 한다면 문제가 될 수밖에 없잖은가?

둘째, 우리들 중에서 저소득층에 속하지 않은 사람들은 가족의 기능상실 같은 주제를 불편해할 수 있다. 이해가 가는 일이다. 다른 사람들의 양육 관습을 공공연히 비난하듯이 토론한다는 건 무례한 짓이다. 내가 누리는 물질적 우위를 갖지 못한 부모들에 관해서 이야기하는 것은 더더욱 무례하다. 그리고 그런 언급을 하는 사람이 백인이고 논의 대상이 되는 부모가 흑인인 경우, 모두의 불안감은 높아질 수밖에 없다. 이런 대화는 불가피하게 미국 정치와 심리 가운데 아픈 이슈를 들추어낸다.

마지막으로 역경과 불우한 환경에 대한 이 새로운 과학은 —그 모든 복잡성으로 인해서— 좌파, 우파를 가릴 것 없이 깊숙이 간직한 정치적 신념의 일부에 생생한 도전장을 던진다. 자유주의자들에게 이 과학은 이렇게 말한다. "**결국 성격이 문제**라고 하는 아주 중요한 점에서 보수주의자들의 말이 옳아." 불우한 청소년들에게 제공할 수 있는 빈곤 퇴치의 도구 중에서 키서 존즈와 키워너 러머와 제임스 블랙이 그토록 듬뿍 지니고 있었던 성격강점, 즉, 성실-근성-회복탄력성-인내-낙관과 같은 성격강점이야말로 가장 소중한 것이리라.

빈곤에 관한 보수주의자들의 전형적인 주장에서 모자라는 점은, "**결국 성격이 문제야······.**"라고 하는 바로 거기에서 흔히 멈춰버리고 그걸로 끝이란 것이다. 가난한 사람들이 심기일전해서 어떻게든 더 나은 성격을 개발할 때까진, 사회가 할 수 있는 일이 별로 없다. 그럴 때까지 우리들은 그저 신경을 끄고 있으면 된다. 가난한 사람들에게 잔소리도 하고 시키는 대로 하지 않을 경우 벌도 줄 수 있지만, 우리의 책임은 그쯤에서 끝난다. 그런 논리다.

그렇지만 이 과학은 사실상 완전히 다른 현실을 제시한다. 이 과학은 청소년들의 성공에 그토록 **필요한 성격강점은 타고나는 것이 아니라고** 말한다. 그런 성격은 운이 좋거나 유전자가 좋아서 우리 안에 마술처럼 나타나는 게 아니란 얘기다. 그렇다고 단순히 선택의 문제도 아니다. 그런 것들은 뇌의 화학작용에 그 뿌리를 두고 있으며, 아이들의 성장환경에 의해서 -측정할 수 있고 예측할 수도 있는 방식으로- 형성된다. 우리들이 (사회 전체로서) 아이들의 성격형성에 영향을 미칠 수 있는 일은 어마어마하게 많다. 어떤 종류의 교육을 제공해야만 아이들이 태어나서부터 대학과정을 마칠 때까지의 전 과정에 걸쳐서 그런 성격강점과 기술들의 발전을 도와줄 수 있을까? 이제 우리는 그 점에 대해서 상당히 많은 것을 알게 되었다. 부모는 그러한 교육의 탁월한 도구가 될 수 있지만, 부모만이 유일한 도구는 아니다. 사회복지사, 교사, 성직자들, 소아과전문의 그리고 이웃사람들에 이르기까지 아이들의 삶을 바꾸는 도움은 다방면에서 언제나 얻을 수 있다. 그러한 교육이나 개입이 반드시 정부, 비영리조직, 종교단체, 혹은 이들의 결합에 의해서 제공되어야 하는가? 얼마든지 논쟁의 여지가 있다. 그러나 분명한 것은 우리가 할 수 있는 일이라곤 아무것도 없다는 주장만큼은 더 이상 할 수 없다는 사실이다.

아동과 불우한 환경에 대한 새로운 사고방식을 옹호하는 이들이 주장을 펼칠 때, 그들은 종종 그 기반을 경제에 둔다. 한 국가로서 우리가 새로운 방식으로 아이의 성장에 접근해야 하는 까닭은 그것이 비용을 절약하고 경제를 개선시키기 때문이란 요지다. 하버드에서 아동발달센터를 이끌고 있는 잭 숀코프 교수는 저소득층 어린 아이들의 부모를 지원하는 프로그램이 지금처럼 나중에야 보충교육이라든지 직업훈련 형태로 지원하는 방식보다 훨씬 비용도 저렴하고 효과도 높다는 점을 설득력 있게 주장했었다. 또 제임스 헥먼은 그런 수학적 사고를 한 걸음 더 발전시켜서 페리 유치원생들에게 투자된 1달러가 미국 경제에 7~12달러의 구체적인 혜택을 가져왔다는 계산까지 내놓았다.

비록 이런 경제적인 논리가 강력하긴 하지만, 내 경우는 순전히 개인적인 논리가 훨씬 더 가슴에 와 닿는다. 역경을 헤치고 성장하는 어린이들을 만나 함께 시간을 보낼 때면, 나는 두 가지를 느끼지 않을 수 없다. 첫째는 그들이 이미 놓쳐버리고 만 것들에 대한 분노의 감정이다. 미네소타의 중학교에서 다른 아이들이 수학이며 은유법 따위를 배우고 있는 동안, 자기는 WINGS 보충수업을 받는답시고 영화나 보고 팝콘이나 먹으면서 마치 창고에 내던져진 물건 같은 기분이 들더라는 키워나의 이야기를 들을 때 내가 느끼는 기분은 어떤지 아는가? 마치 어린 제임스 블랙이 체스판 너머의 세상에 대해서 얼마나 무지했던가를 일리저베스 스피겔이 깨달았을 때 그녀가 느꼈던 기분이랑 똑같았다. 즉, 나는 키워너를 대신하여 불같이 화가 치밀었던 것이다. 그런 시절의 결과로 키워너는 지금 두 배로 열심히 살아야 하니까 말이다.

기특하게도 키워너는 정말 두 배로 열심히 살고 있다. 그 점이 나의 두 번째 느낌을 설명해준다. 좀 더 나은 길을 따르고 피할 수 없는 숙명처럼 보였던 것에서 과감히 돌아서겠다는 선택, 더 나은 길을 따르고자 어렵고도 아픈 선택을 하는 청소년들을 바라볼 때 느끼는 감탄과 희망 같은 것이다. 제임스, 키워너, 키서……. 이들은 모두 스스로를 재창조하고 자신의 삶을 개선시키기 위해 내가 10대였을 때 그랬던 것보다도 훨씬 더 열심히 노력하고 있다. 그리고 한층 더 찬란한 성공의 미래로 향하는 사다리를 매일같이 한 단계씩 차근차근 올라가고 있다. 그러나 그들을 보는 우리는 어떤가. 그들의 노력에 그저 박수를 보내면서 언젠가는 좀 더 많은 젊은이들이 그들의 뒤를 따라가리라고 희망하는 것만으로는 부족하다. **그들이 혼자서 그 사다리에 올라선 것은 아니었잖은가? 지금 그들이 거기에 있는 것은 오로지 그들이 첫 발걸음을 뗄 수 있도록 누군가가 도와주었기 때문이잖은가?**

Discussion Guide

⟨아이는 어떻게 성공하는가⟩를 읽으면서
함께 토론할 여러 가지 이슈들

우리가 어린 시절이라든지 인생의 성공 등을 이야기할 때 흔히 등장하는 주제는 아이의 지능이다. 유치원에서부터 대학교에 이르기까지 각종 시험성적이 좋았던 아이가 성공한다는 내용이다. 그러나 이 책 ⟨아이는 어떻게 성공하는가⟩에서 저자 폴 터프는 무엇이 아이를 성공하게 만드는가에 대하여 완전히 색다른 이해와 관점을 주장한다. 신경과학, 경제학, 심리학 등 다양한 분야에서 이루어진 획기적인 연구조사의 결과를 다채롭게 인용하면서, 저자는 성공하는 삶에서 가장 중요한 요소는 IQ가 아니라, 뚝심, 호기심, 성실성, 낙관적 심성, 자제력 등의 성격강점이라는 것을 보여준다.

이 책은 아이들이 성격을 개발하는 과정과 방식, 생각하는 것을 배우는 방법 그리고 역경을 극복하는 방법에 대하여 우리의 인식을 근본적으로 변화시켜주고 있는 새로운 세대의 과학자들과 교육자들을 흥미롭게 소개한다. 동시에 저자는 성공과 실패의 사이에 서서 항상 올바른 길을 선택하고자 노심초사하는 젊은이들의 개인적인 스토리를 들려줌으로써 보기 드문 감동을 전하기도 한다. 그러면서 자라나는 아이들을 어떻게 해야 성공하는 미래로 가장 잘 인도할 수 있는지를 새롭게 생각하자고 주장한다.

이 책은 도발적이면서도 희망에 가득 찬 이야기로서 단순히 읽는 사람들에게 놀라운 영감을 불어넣을 뿐만 아니라, 아동기 및 청소년기에 대한 우리들의 이해 자체를 혁명적으로 바꾸어준다.

01 본문 '들어가는 말'에서 저자는 이미 많은 사람들이 널리 받아들이고 있는 인지이론, 즉, 성공은 주로 인지능력에 달려있다는 가설을 논의한다. 이러한 기존의 인지이론은 당신이 가르치는 커리큘럼에 어떻게 반영되고 있는가?

02 저자는 지난 10여 년에 걸쳐서 각 방면의 연구자들이 '인지이론을 뒷받침하고 있는 여러 가설에 도발적인 이의를 제기하는 증거들을' 제시하기 시작했다고 말한다. 이런 연구자들의 주장에 의하면 아동 교육에 있어서 가장 중요한 것은 아이들이 '끈기, 자제력, 호기심, 성실성, 뚝심 그리고 자신감'과 같은 인성을 계발하도록 돕는 것이다. 당신이 교육자로서 축적해온 개인적 경험에 비추어봤을 때, 이런 연구자들이 알아낸 많은 사실에 동의하는가? 당신의 학교는 커리큘럼 안에서든 밖에서든 어떤 방식으로 아이들이 이런 성격(강점)들을 배양하

도록 도와주는가?

03 책 속에 나오는 펜저고등학교의 일리저베스 도지어 교장선생님은, 어느 지역의 학교는 그것이 자리 잡고 있는 공동체(지역사회)를 반영한다는 사실을 깨닫게 되었다고 말한다. 동시에 어느 학교의 문제점을 해소하기 위해서도 그 공동체 안에서 무슨 일이 벌어지고 있는지를 반드시 고려해야 한다고 지적한다. 그러면 당신의 학교가 안고 있는 어려운 과제들은 어떤 식으로 당신의 공동체(지역사회)가 지닌 문제점들을 반영하는가? 당신의 학교는 어떻게 해야 지역사회와의 유대관계를 더 튼튼하게 만들 수 있을까? 지역사회와의 좀 더 공고한 관계는 어떻게 당신의 학교에 혜택을 줄 수 있을까?

04 저자는 이렇게 쓰고 있다. "스트레스가 심한 환경에서 자라는 아이들은 대체로 가만히 앉아 있는 것도 더 힘들고 실망으로부터 회복하는 것도 더 느리며 지시를 따르는 것도 더 힘들어 한다." 학생들이 교실에까지 가지고 오는 스트레스를 완화시켜주기 위해서 선생님이 할 수 있는 일은 무엇일까?

05 빈곤이 아이들의 정서적, 신체적 건강에 미치는 영향에 대해서 저자가 보고하고 있는 다양한 조사들은 학교 환경에서 어떤 식으로 다룰 수 있을까?

06 키서 존즈의 이야기를 사례로 들면서 저자는 이렇게 썼다. "10대 청소년들은 어린 아이들과는 달라서 자신의 삶을 다시 생각하고 다시 만들어갈 수 있는 능력을 (혹은 적어도 그런 잠재력을) 갖고 있다." 당신이 아이들을 가르치면서 이처럼 거의 실패할 것으로 보였던 학생이 성공의 길로 완전히 돌아선 사례를 들어보라.

07 "많은 사람들은 성격이 무언가 타고난 것, 바뀌지 않는 것, 개인의 본질 자체를 규정하는 일련의 핵심적인 속성을 가리킨다고 생각한다. 하지만 셀리그먼과 피터슨은 성격을 전혀 다른 방식으로 정의했다. 즉, 얼마든지 바뀔 수 있는, 아니, 사실은 완전히 유동적인 일련의 능력이나 강점이라고 말이다. 다시 말해서 그것은 배울 수 있고, 연습할 수 있고, 가르칠 수 있는 기술이라고 정의한 것이다." 본문에 나오는 말이다. 당신은 성격에 대한 셀리그먼과 피터슨의 정의에 동의하는가? 저자가 성공을 위해 필수 불가결이라고 말하는 성격 특성들은 기존의 커리큘럼에서 정말 가르칠 수 있는가? 아니면 이런 성격들을 가르치기 위해서는 커리큘럼을 바꾸어야 할 필요가 있는가?

08 미국 교육성이 전국 학교의 성격교육 프로그램을 평가해봤더니, 인기 높은 7개의 초등학교 교과과정이 그런 성격교육 프로그램의 영향을 전혀 받지 못했던 것으로 밝혀졌다고 한다. 학생들의 태도나, 학업 성적 또는 학교의 문화 등이 전혀 영향을 받지 않았다는 것이다. 당신의 학교에서 실시되고 있는 성격교육 프로그램은 얼마나 효율적

이라고 생각하는가?

09 "아이들에게 성공을 위하여 물질적인 인센티브를 부여하면 커다란 효과가 있어야 하겠지만, 현실적으로는 반드시 그렇게 되지를 않는다." 라고 저자는 쓰고 있다. 학생이나 교사들에게 물질적인 인센티브를 주었더니 크게 효과가 있었다든지, 혹은 실패로 끝나버렸던 경험이 있는가?

10 "아이들에게 베풀어주고 아이들이 원하거나 필요로 하는 것이면 뭐든지 다 주며 크든 작든 위험하거나 불편한 것으로부터 아이를 보호해주려는 지극한 충동, 거의 생물학적인 충동. 이 충동은 사실 오늘날 자녀양육의 가장 핵심적인 패러독스다. 그럼에도 우리는 약간의 어려움, 어느 정도의 어려운 과제, (극복할 수 있음을 스스로에게 확인시키기 위해서라도) 극복할 수 있는 약간의 결핍 등이 아이들에게 반드시 필요하다는 사실을 -적어도 어느 정도는- 알고 있다. 부모로서 우리는 매일같이 이 쉽지 않은 질문을 붙들고 씨름을 한다. 역시 본문에 나오는 말이다. 역경이나 실패를 경험하는 것이 아이의 성격 개발에 도움이 된다는 것을 부모들에게 확신시키기 위해서 학교는 무엇을 할 수 있을까?

11 IS 318 초등학교 체스 팀에 관해서 저자가 특별히 감명 깊다고 생각하는 점은 무엇인가? 이 팀의 성공은 아이의 성격강점 개발이 그

들의 성공을 불러온다는 저자의 관점을 어떤 식으로 뒷받침해주는가?

12 일리저베스 스피겔이 체스 팀의 학생들에게 가르치는 인지의 융통성과 인지의 자제력은 어떤 방식으로 다른 학과목 영역에 적용될 수 있을까?

13 저자는 이렇게 적고 있다. "미국이 겪고 있는 문제는 대학 입학 가능성이 제약되어 있다든지 불평등하다는 점이 아니라, 대학의 졸업 능력이 제한되어 있고 불평등하다는 점이다. 이러한 사실은 지난 몇 년 사이에 뚜렷하게 드러났다." 〈결승선을 넘다〉의 저자가 알아낸 바에 의하면, 대학교육을 제대로 마칠 수 있는지의 여부를 가장 정확하게 예측해주는 것은 무엇인가? 학생들이 대학을 무난히 마칠 수 있게 도와주기 위해서 학교는 어떻게 해야 할까?

14 '원골OneGoal'이라든지 '마음의 도구' 같은 교육 프로그램의 좋은 점과 나쁜 점은 무엇이라고 생각하는가?

15 학생들에게 끈기, 자제력, 호기심, 성실성, 뚝심 그리고 자신감을 불러일으키기 위해서 당신의 학교에서 시행할 수 있는 다섯 가지의 전략을 열거해보라.

Index

감성지수 emotional intelligence · 144
개방성 openness · 166~167
게이츠, 스티브 Steve Gates · 81~82, 116, 121
경제기회국 the Office of Economic Opportunity · 368
경제협력개발기구 OECD · 304
고정관념의 위협 stereotype threat · 210
골딘, 클로디어 Claudia Goldin · 303
골먼, 대니얼 Daniel Goleman · 144
곽, 제임스 James Kwak · 365~366
교차양육 cross-fostering · 94
그릿 스케일 Grit Scale · 175~176
낙오학생방지법 No Child Left Behind Law · 371
낯선 상황 the Strange Situation · 101
넬슨, 제프 Jeff Nelson · 312, 335, 344
다울링, 제인 Jane M. Dowling · 220
대학입학자격시험 SAT: Scholastic Aptitude Test · 212, 298, 309
대학진학의 로드맵 · 322
덕워스, 앤절러 Angela Duckworth · 144, 150, 240, 270
덩컨, 안 Arne Duncan · 47
도지어, 메리 Mary Dozier · 110
도지어, 일리저베스 Elizabeth Dozier · 44, 48, 80

동기 motivation · 155~156, 158
되씹기 dwelling · 205
드 그로트, 아드리안 Adriaan de Groot · 283
드웩, 캐럴 Carol Dweck · 212, 330
딥 벤치 deep bench · 258
딥 블루 Deep Blue · 237~238
뚝심 grit · 175, 223, 279
랜돌프, 도미닉 Dominic Randolph · 141, 187
레먼, 니컬러스 Nicholas Lemann · 309
레빈, 데이빗 David Levin · 135, 193, 216
레빗, 조너선 Jonathan Levitt · 238
레빗등식 Levitt equation · 238
로더릭, 멀리사 Melissa Roderick · 323, 336
로버츠, 브렌트 Brent Roberts · 167, 172
로우슨, 조너선 Jonathan Rowson · 239, 270
루, 에디 Eddie Lou · 318
루타, 수니야 Suniya Luthar · 188
리바인, 매들린 Madeline Levine · 188
리버먼, 얼리셔 Alicia Lieberman · 107
리즐리, 토드 Todd Risley · 24
마시멜로 테스트 · 152
마음의 도구 Tools of the Mind · 21~22
막스, 민디 Mindy Marks · 343
많이 핥아주고 쓰다듬어주는 high-licking-and-grooming 부모 · 362

매튜, 제이 Jay Matthew · 196
맥도널드, 헤더 Heather MacDonald · 115
맥퍼슨, 마이클 Michael S. McPherson · 306
머리, 찰스 Charles Murray · 307, 370
머큐언, 브루스 Bruce McEwen · 63
메타인지 metacognition · 203
메틸화 methylation · 96
몰입 flow · 277
미 청소년 추적조사 NLSY · 162
미국을 위한 교육 Teach for America: TfA · 137
미니, 마이클 Michael Meaney · 91, 106, 362
미셸, 월터 Walter Mischel · 152
미취학아동을 위한 다차원치료 위탁양육 Multidimensional Treatment Foster Care for Preschoolers · 110
반증 falsification · 284
뱁콕, 필립 Philip Babcock · 343
베닛, 윌리엄 William Bennett · 143
보울비, 존 John Bowlby · 100
보울즈, 새뮤얼 Samuel Bowles · 169
보원, 윌리엄 William Bowen · 306
볼, 해리엇 Harriett Ball · 137
불안전애착형 anxiously attached · 101~102, 105
불우아동기경험 Adverse Childhood Experiences · 57
브런젤, 톰 Tom Brunzell · 195, 201, 252
블레어, 클랜시 Clancy Blair · 252
블록, 잭 Jack Block · 171
비네, 알프레드 Alfred Binet · 282
비인지 학업기술 noncognitive academic skills · 323
비인지(非認知)기술 noncognitive skills · 26

사폴스키, 로버트 Robert Sapolsky · 62
샘버그, 미셸 Michelle Schamberg · 75
성격강점 character strengths · 136, 145
성격성적표 character report card · 179, 195, 198
성실성 conscientiousness · 166
성장의 마음가짐 the growth mindset · 212, 330
셀리그먼, 마틴 Martin Seligman · 137, 203, 240
소프트 스킬 Soft Skills · 32
숀코프, 잭 Jack Shonkoff · 73, 385
스루프, 앨런 Alan Sroufe · 103
스미스, 진 Gene Smith · 169
스타인버그, 로런스 Lawrence Steinberg · 80
스테플, 미셸 Michele Stefl · 329
스트룹 테스트 Stroop test · 74
스틸, 클로드 Claude Steele · 210
스피겔, 일리저베스 Elizabeth Spiegel · 229, 310, 364
시걸, 카밋 Carmit Segal · 160
시먼, 터리저 Teresa Seeman · 68
신경성 neuroticism · 166
실행기능 executive function · 71, 74
실행의도와의 심리적 대조 MCII: Mental Contrasting with Implementation Intentions · 204
심리치료 child-parent psychotherapy · 108~109
아동가족서비스국 DCFS · 123
아이들을 위한 턴어라운드 Turnaround for Children · 381
안전애착형 securely attached · 101~102
알로스타시스 allostasis · 63
알린스키, 솔 Saul Alinsky · 115
앤더, 로버트 Robert Anda · 57
언더매칭 undermatching · 308
에걸런드, 바이런 Byron Egeland · 104, 106

Index · 395

에릭슨, 안더스 K. Anders Ericsson · 272
에번즈, 게리 Gary Evans · 75, 98
에인즈워스, 메리 Mary Ainsworth · 100
연간 적정 향상도 adequate yearly progress · 328
예방이 최선 Ounce of Prevention · 112
외팅언, 가브리엘 Gabriele Oettingen · 204
외향성 extraversion · 166
워터즈, 에버릿 Everett Waters · 103
원골 OneGoal · 320~322
웨이슨, 피터 Peter C. Wason · 284
웩슬러, 닉 Nick Wechsler · 112
위터, 마이크 Mike Witter · 215
의지 volition · 155~156
인센티브 처리 시스템 · 80
인지 컨트롤 시스템 · 80
인지가설 · 23~26
인지의 유연성 · 240
인지의 자제력 · 240
인지행동치료 CBT: cognitive-behavioral therapy · 202
작업기억 · 75
제대군인원호법 GI Bill · 304
제임스, 윌리엄 William James · 207
조기개입 · 126
조기교육 early intervention · 126
종합교육발전 General Education Development · 29
진티스, 허버트 Herbert Gintis · 169
차터 스쿨 charter school · 131
청소년지원프로그램 YAP: Youth Advocate Programs · 81
체스 인 더 스쿨 Chess-in-the-Schools · 246
최적의 경험 optimal experiences · 279
치케티, 단테 Dante Cicchetti · 109

칙센트미하이, 미하이 Mihaly Csikszentmihalyi · 279
친화성 agreeableness · 166
칭거스, 매튜 Matthew Chingos · 306
카스파로프, 개리 Garry Kasparov · 237
카츠, 로런스 Lawrence Katz · 303
캄스키, 가타 Gata Kamsky · 275
컴스탯 CompStat · 82
케슬러, 데이빗 David Kessler · 206
코언 K.C. K.C. Cohen · 182
코졸, 조너선 Jonathan Kozol · 313
크리밍 creaming · 330
큰 그림 사고 big-picture thinking · 252~253
킨들런, 댄 Dan Kindlon · 190
킹, 매트 Matt King · 318
특성화학교 magnet school · 47, 298
파인버그, 마이클 Michael Feinberg · 136
펠리티, 빈선트 Vincent Felitti · 57
평균학점 혹은 평점 GPA: Grade Point Average · 154, 176, 339
포퍼, 칼 Karl Popper · 284
폴가, 라즐로 Laszlo Polgar · 273
프라이어, 롤런드 Roland Fryer · 159
피셔, 필립 Philip Fisher · 110
피어스트, 캐런 Karen Fierst · 182, 184, 194
피터슨, 크리스토퍼 Christopher Peterson · 144
필수신고자 mandated reporters · 123
하트, 베티 Betty Hart · 24
학업 전 기술 pre-academic skills · 21
행동주의 심리학 · 100
허위의 입증 falsification · 284
헤드 스타트 Head start · 72
헬리콥터 부모 · 187

혼란애착 disorganized attachment · 109
확증편향確證偏向 confirmation bias · 284, 286~287
후버먼, 론 Ron Huberman · 82, 115
휘트먼, 데이빗 David Whitman · 148, 196

ABC Attachment and Biobehavioral Catch-up · 110~111, 380
ACT American College Test · 306, 308, 318~319
AP Advanced Placement · 142
CBT cognitive-behavioral therapy · 202
CPA character point average · 179
Chess-in-the-Schools · 246
High LG high-licking-and-grooming · 362
HPA · 62~64
KIPP Knowledge Is Power Program · 131
MET Measures of Effective Teaching · 376
Medicaid · 379
OneGoal · 320
Ounce of Prevention · 112
SLANT Sit up, Listen, Ask questions, Nod, Track the speaker with your eyes · 198
TED Technology, Entertainment, Design · 142
TfA Teach for America · 137
Title I · 231
Tools of the Mind · 14, 21
Turnaround for Children · 381
WINGS · 338, 386
YAP Youth Advocate Programs · 81

역자 소개 권기대

번역이란 서로 다른 문화와 언어를 넘나들며 새로운 콘텐트를 만드는 창의적 작업이라고 믿는 번역가. 앙드레 지드의 미발표 소설 『코리동』을 완역 출간함으로써 국내에서는 전무후무한 영어·독어·불어 문학작품의 번역이라는 "트리플 크라운"을 달성한 학구파다. 서울대학교 경제학과를 졸업한 후 미국 뉴욕의 모건은행에서 일했으나, 이내 월스트리트를 떠나 거의 30년간 미국, 호주, 인도네시아, 프랑스, 독일, 홍콩 등을 편력하며 서양 문화를 흡수하고 동양 문화를 반추했다. 홍콩에서 영화 평론과 예술영화 배급을 했으며, 최근 귀국하여 다수의 해외 TV 프로그램을 수입-공급하기도 했다.

그가 번역한 영어 서적으로는 2004년의 베스트셀러 『덩샤오핑 평전』(황금가지), 부커상 수상작 『화이트 타이거』(베가북스, 2008) 한국학술원 우수도서로 선정된 『부와 빈곤의 역사』(나남출판, 2008)를 위시하여 『우주전쟁』(베가북스 2005), 『헨리 키신저의 중국이야기』(민음사, 2012), 『살아있는 신』(베가북스 2010) 등이 있고, 독일어 서적으로는 페터 한트케의 『돈 후안』(베가북스, 2005)과 『신비주의자가 신발끈을 묶는 방법』(미토, 2005) 등이 출간되었다. 어린이를 위한 그림책도 『괜찮아 그래도 넌 소중해』, 『내 친구 폴리 세계평화를 이룩하다』, 『병아리 100마리 대소동』, 『달님이 성큼 내려와』 등 다수를 번역하였다.

아이는 어떻게 성공하는가
뚝심, 호기심, 자제력 그리고 숨겨진 성격의 힘

초판 1쇄 발행 2013년 11월 20일
초판 2쇄 발행 2013년 12월 16일

저 자	폴 터프
역 자	권기대
감 수	손석한

펴낸이	권기대
펴낸곳	도서출판 베가북스

편 집	한수정
디자인	김은희
마케팅	배혜진 추미경 송문주

출판등록 제313-2004-000221호

주소 (158-859) 서울시 양천구 중앙로 48길 63 다모아 202호
주문 및 문의전화 02)322-7241 **팩스** 02)322-7242

ISBN 978-89-92309-71-4

홈페이지 www.vegabooks.co.kr
블로그 http://blog.naver.com/vegabooks.do
트위터 @VegaBooksCo **이메일** vegabooks@naver.com

※ 잘못된 책은 본사나 구입하신 서점에서 바꿔드립니다.
※ 책값은 뒤표지에 있습니다.
※ 좋은 책을 만드는 것은 바로 독자 여러분입니다.
　베가북스는 독자들의 의견에 항상 귀를 기울입니다.